高等职业教育"十三五"规划教材(物流管理专业)

仓储作业管理

叶靖 编著

中国水利水电出版社
www.waterpub.com.cn
·北京·

内 容 提 要

本书以仓储企业的作业流程为框架，从仓储作业管理整体认知入手，指导学习者掌握仓储出入库作业流程，对在库物品进行堆码、保存、盘点、养护，用效益和成本的手段管理经营仓储作业活动。

本书图文并茂，备有大量仓储时新案例，力图加深初学者的感性认识及拓展对仓储行业认知度。本书借鉴德国胡格教学模式中的教育理念和教学方法，在各单元的项目中设置了理论和实践环节，并给予教学活动一定的教学设计建议，着重引导学生应用所学理论知识去解决实际问题，利于提高学生的动手能力、有助于培养学生的自主学习、团队协作和探索创新的能力。

本书可供高职院校和大专院校物流管理专业及相关专业的学生使用，可作为物流企业、仓储管理部门和物流咨询机构的职工培训教材，还可作为从事物流、仓储研究与教学人员的参考用书。

图书在版编目（CIP）数据

仓储作业管理 / 叶靖编著. -- 北京：中国水利水电出版社，2019.6
 高等职业教育"十三五"规划教材. 物流管理专业
 ISBN 978-7-5170-7746-6

Ⅰ. ①仓… Ⅱ. ①叶… Ⅲ. ①仓库管理—高等职业教育—教材 Ⅳ. ①F253.4

中国版本图书馆CIP数据核字(2019)第112865号

策划编辑：周益丹　　责任编辑：周益丹　　加工编辑：武兴华　　封面设计：李　佳

书　名	高等职业教育"十三五"规划教材（物流管理专业） **仓储作业管理** CANGCHU ZUOYE GUANLI
作　者	叶靖　编著
出版发行	中国水利水电出版社 （北京市海淀区玉渊潭南路1号D座　100038） 网址：www.waterpub.com.cn E-mail: mchannel@263.net（万水） 　　　　sales@waterpub.com.cn 电话：（010）68367658（营销中心）、82562819（万水）
经　售	全国各地新华书店和相关出版物销售网点
排　版	北京万水电子信息有限公司
印　刷	三河航远印刷有限公司
规　格	184mm×260mm　16开本　16.25印张　398千字
版　次	2019年6月第1版　2019年6月第1次印刷
印　数	0001—2000 册
定　价	39.00元

凡购买我社图书，如有缺页、倒页、脱页的，本社营销中心负责调换

版权所有·侵权必究

序

职业教育是国民教育体系和人力资源开发的重要组成部分,在培养多样化人才、传承技术技能、促进就业创业、服务经济结构调整和产业转型升级中,发挥着不可替代的重要作用。习近平总书记在十九大报告中指出,要建设知识型、技能型、创新型劳动者大军。孙春兰副总理在出席职业教育有关活动时也强调,要办好新时代职业教育,培养高素质技术技能人才。

《北京职业教育改革发展行动计划(2018—2020年)》明确提出改进人才培养模式,推进"工学结合、校企合作"育人模式改革,广泛开展"有趣、有用、有效"的课堂教学,形成以小班化、模块化、项目式、案例式、混合式教学和探究性、合作性学习为主要特色的人才培养模式。国家和北京市教委的部署为做好职业教育的工作指明了方向,提供了根本遵循。

北京财贸职业学院坚持以立德树人为根本,以服务发展为宗旨,以就业为导向,充分利用地处北京城市副中心、京冀多校区办学的区位优势,主动适应首都经济社会发展的需求,为首都现代服务业发展提供人才支撑和智力服务。学院被首都商界誉为"黄埔军校"和"经理摇篮"。

为更好地服务于我国职业教育的发展,在培养高素质高技能型人才的过程中,学院物流教学团队联合企业合作开发了本系列物流教材,此系列教材得到基于"胡格模式"的物流核心课程开发研究项目支持。本着以学生为中心,以提升学生沟通、协作、表达、动手等非专业能力为重点,坚持素质教育在课堂,坚持教为学服务的教学理念,创新设计教学内容,不但选取包含经济、环境、法律和伦理等内容,而且内容形式案例化、多元化、综合化,并且给出了教学方法的建议。

本系列教材共8本,包含《仓储作业管理》《公路运输实务》《采购与供应链管理实务》《空运综合方案设计》《仓储规划与运作》《物流管理信息系统》《国际货运代理海运操作实务》《运输作业设计与操作》,具有以下特点:

1. "立德树人"理念贯穿全书

《高等职业教育创新发展行动计划(2015—2018年)》明确提出"加强文化素质教育,坚持知识学习、技能培养与品德修养相统一,培育学生诚实守信、崇尚科学、追求真理的思想观念。"为此,在教材编写的过程中,选取任务时将技能培养与非专业能力结合,与"爱心、诚信、责任、创新"等素养教育相结合,促进职业技能培养与职业精神养成相融合。

2. "工学结合"理念融进工作任务

教材中的工作任务选取以促进学生综合职业能力提升为目标,合理设计教学任务,对接国家职业标准和行业操作标准，着重提升学生专业能力、方法能力及社会能力，促进学生职业生涯的可持续发展。

3. "以学生为中心"理念融入教学过程

课堂是教育的主战场，是培养学生适应终身发展和社会发展需要的必备品格和关键能力的核心环节。本着"以人为本，以学为本"的理念，给出教学方法建议，最大程度地调动学生学习的自主性，实现以学习者为中心，打造"三有"课堂。

本系列教材部分内容基于教育部现代物流学徒制的教学模式，与北京安信捷达物流有限公司合作开发。

本系列教材是物流教学团队学习和研究的成果，因能力有限和对职业教育理解的局限性，其他如典型任务的确定、代表案例的选取等方面仍需要进一步的研究，特别是教材内容如何与"三有"课堂紧密结合更需深入研究，也希望各位专家老师给出中肯的建议。

编写组于北京通州

2018 年 11 月

前　言

　　伴随着中国经济转型和产业结构的升级，高等职业教育的人才培养目标需要从培养"制造型人才"向培养"创造型人才"转型，课程设计也要从专注于企业岗位对接的专业能力培养向着眼企业未来发展，兼顾职业知识的不断更新，职业能力的不断提升和职业道德素养的不断提高，突出解决问题能力和革新创新培养的方向调整。

　　仓储是储存物品的活动，将物流的理念和仓储结合起来，就构成现代仓储的雏形。传统仓储的目的是存好物品，减少物品的损坏和丢失。而现代仓储作业的目的是在传统仓储的基础上，研究如何满足需求，如何方便物品流转和降低仓储成本。目前我国仓储作业总体水平仍然偏低，效率和效益不均衡，从业人员的专业水平和服务意识仍需不断提高。

　　《仓储作业管理》为满足我国目前和未来物流对仓储的需求，在我国经济发展的客观可能条件下，以"就业"和"人才竞争"为导向，围绕高职高专学生可持续发展能力培养，为培养高端技术技能型仓储作业管理人才而编写的。本书分为八个单元，每个单元由若干项目组成，每个项目始于案例引导，后续内容分为理论和实践两部分，单元后续有学习拓展。这样的设置借鉴了德国胡格教学模式中的教育理念和教学方法，在各单元的项目实践任务中给予一定的教学活动设计建议。本书介绍了仓储作业流程及流程运行过程中的方法和所需的要素等理论知识，训练了学生仓储业务处理能力，提升了学生仓储项目管理能力，拓展了学生对仓储相关行业的认知度。在学习专业知识、培养专业技能的基础上，着力提升学生自主学习、分析判断、团队协作和开拓创新等可持续发展能力。

　　建议总学时为72学时，其中理论任务学习32学时，实践任务训练36学时。空余4学时灵活安排。本书由叶靖编著，在编著过程中，参考了大量的文献，编者尽可能在参考文献中将其详细列出，在此对这些前辈、同行、专家、学者表示深深的谢意。由于时间仓促、水平有限，书中难免有不妥之处，敬请读者批评指正。

编　者

2019年2月

目　　录

序
前言

单元一　物流仓储概述 ……………………… 1
　项目一　了解仓储基础知识 ……………… 1
　　理论任务1　了解仓储的概念及作用 …… 2
　　理论任务2　明确仓储的种类 …………… 4
　　理论任务3　辨别仓储的组织结构 ……… 6
　　理论任务4　掌握仓储的业务流程 ……… 7
　　理论任务5　明确仓储业务人员的
　　　　　　　　工作关系 ………………… 8
　　理论任务6　了解仓储信息技术应用 …… 8
　　实践任务1　了解仓储企业 …………… 10
　　实践任务2　了解仓储信息技术应用 … 11
　　实践任务3　了解仓储合同 …………… 12
　项目二　了解仓储业的发展 …………… 16
　　理论任务1　了解传统仓储业 ………… 19
　　理论任务2　明确现代仓储业的状况 … 21
　　理论任务3　展望现代仓储业的发展方向 … 22
　　实践任务　了解仓储发展 …………… 23
　单元小结 ………………………………… 24
单元二　仓库设施设备 ……………………… 29
　项目一　了解仓库 ……………………… 29
　　理论任务1　认识仓库的概念 ………… 30
　　理论任务2　了解仓库的类型 ………… 31
　　理论任务3　熟悉仓库的主要性能参数 … 33
　　实践任务　了解仓库类型及特点 …… 34
　项目二　熟悉仓库的布局 ……………… 34
　　理论任务1　了解仓库的选址 ………… 36
　　理论任务2　把握仓库平面布局 ……… 36
　　理论任务3　了解货场的布置 ………… 37
　　实践任务　了解蒙牛乳业立体仓库
　　　　　　　　库区布置 ………………… 39
　项目三　了解仓库的设备 ……………… 40
　　理论任务1　仓库的消防设备 ………… 42

　　理论任务2　仓库的检验设备 ………… 43
　　理论任务3　仓库的养护设备 ………… 43
　　理论任务4　仓库的储存设备 ………… 44
　　理论任务5　仓库的装卸搬运设备 …… 48
　　理论任务6　仓库的分拣设备 ………… 49
　　理论任务7　仓库设备选配因素 ……… 50
　　实践任务　配置仓储设备 …………… 50
　单元小结 ………………………………… 50
单元三　仓储储位管理 ……………………… 55
　项目一　了解储位管理 ………………… 55
　　理论任务1　储位管理概述 …………… 56
　　理论任务2　储位管理的原则及要素 … 57
　　理论任务3　储位管理的范围 ………… 58
　　理论任务4　储区空间规划 …………… 59
　　理论任务5　储位管理的方法步骤 …… 61
　　实践任务1　储位管理方案设计 ……… 62
　　实践任务2　储存有效面积计算 ……… 63
　项目二　掌握储存策略与储位分配模式 … 64
　　理论任务1　确定储存策略应考虑的因素 … 65
　　理论任务2　确定储存策略 …………… 66
　　理论任务3　储位分配法则 …………… 67
　　理论任务4　了解储位分配模式 ……… 68
　　理论任务5　进行储位编码与货品编号 … 69
　　理论任务6　了解控管技术的应用 …… 70
　　实践任务　储位编码与货品编号 …… 72
　单元小结 ………………………………… 73
单元四　仓储入库作业管理 ………………… 83
　项目一　进货准备 ……………………… 83
　　理论任务1　制订收货计划 …………… 85
　　理论任务2　入库准备 ………………… 86
　　实践任务　收货计划与入库准备 …… 88
　项目二　收货入库 ……………………… 91

理论任务 1	卸货作业	93
理论任务 2	货物验收	95
实践任务 1	收货入库作业	100
实践任务 2	卸载作业安全	102
实践任务 3	验收作业流程	103

项目三　执行货品的仓储 …………………… 105
　　理论任务 1　入库上架 …………………… 106
　　理论任务 2　办理入库手续 ……………… 107
　　实践任务 1　获取储位分配 ……………… 108
　　实践任务 2　入库凭证流转 ……………… 109
单元小结 …………………………………… 110

单元五　仓储在库作业管理 ……………… 115

项目一　进行仓储商品保管 ………………… 115
　　理论任务 1　理解商品保管的基本要求 … 116
　　理论任务 2　熟悉商品存放策略 ………… 117
　　理论任务 3　了解堆码技术 ……………… 118
　　理论任务 4　货物的分类 ………………… 121
　　理论任务 5　仓库 6S 管理规范 ………… 124
　　实践任务 1　在库管理术语 ……………… 125
　　实践任务 2　货位存货量 ………………… 125
　　实践任务 3　组托方案 …………………… 126
　　实践任务 4　ABC 分析 …………………… 127

项目二　进行仓储商品养护 ………………… 128
　　理论任务 1　仓储商品养护概述 ………… 129
　　理论任务 2　仓储商品养护技术与方法 … 130
　　实践任务 1　冷库的管理与养护 ………… 135
　　实践任务 2　温湿度检验 ………………… 136

项目三　开展库存检查与盘点 ……………… 137
　　理论任务 1　开展库存检查 ……………… 138
　　理论任务 2　了解仓库库存盘点 ………… 139
　　理论任务 3　组织仓库库存盘点 ………… 141
　　理论任务 4　分析盘点中存在的问题 …… 142
　　理论任务 5　处理盘点后的工作 ………… 143
　　理论任务 6　持续改进盘点效率 ………… 143
　　实践任务　　盘点作业 …………………… 144
单元小结 …………………………………… 146

单元六　仓储出库作业管理 ……………… 150

项目一　出库准备 …………………………… 150
　　理论任务 1　制订出库计划 ……………… 151

理论任务 2	进行出库准备	153
实践任务	出库准备	153

项目二　备货出库 …………………………… 154
　　理论任务 1　出库作业流程 ……………… 156
　　理论任务 2　处理商品出库问题 ………… 158
　　实践任务　　出库单据 …………………… 159

项目三　处理退货 …………………………… 163
　　理论任务 1　分析退货原因 ……………… 164
　　理论任务 2　处理退货 …………………… 164
　　实践任务　　退货处理 …………………… 165
单元小结 …………………………………… 167

单元七　仓储管理附加业务 ……………… 180

项目一　处理客户订单 ……………………… 180
　　理论任务 1　接受订单 …………………… 182
　　理论任务 2　确认订单 …………………… 182
　　理论任务 3　确认订单号码 ……………… 182
　　理论任务 4　建立客户档案 ……………… 182
　　理论任务 5　存货查询及依订单
　　　　　　　　分配存货 …………………… 183
　　理论任务 6　计算拣取的标准时间 ……… 183
　　理论任务 7　分配后存货不足的处理 …… 183
　　理论任务 8　订单资料输出 ……………… 184
　　实践任务　　处理客户订单 ……………… 185

项目二　组织拣货作业 ……………………… 189
　　理论任务 1　拣货作业管理 ……………… 191
　　理论任务 2　拣货信息的传递方式 ……… 192
　　理论任务 3　拣货方式与策略 …………… 193
　　理论任务 4　补货作业 …………………… 194
　　实践任务　　拣货作业 …………………… 195

项目三　进行包装与加工 …………………… 198
　　理论任务 1　认识包装分类 ……………… 200
　　理论任务 2　明确包装的功能 …………… 201
　　理论任务 3　选择包装材料 ……………… 202
　　理论任务 4　选取包装技术 ……………… 203
　　理论任务 5　进行包装设计 ……………… 205
　　理论任务 6　进行包装与加工 …………… 206
　　实践任务 1　绿色包装 …………………… 206
　　实践任务 2　包装与流通加工 …………… 207
单元小结 …………………………………… 208

单元八　仓储安全管理…………………………216
　项目一　了解仓储安全管理……………………216
　　理论任务1　仓库安全管理概述…………217
　　理论任务2　仓储基本安全管理…………219
　　理论任务3　仓储安全作业管理…………219
　　理论任务4　仓库安全管理信息系统……220
　　理论任务5　远程视频监控系统…………221
　　实践任务　仓储安全管理…………………222
　项目二　加强仓储消防管理……………………224
　　理论任务1　认知仓库火灾知识…………226
　　理论任务2　仓库防火……………………228
　　理论任务3　仓库灭火……………………230
　　实践任务1　仓库应急预案………………231
　　实践任务2　安全管理表格………………233
　单元小结…………………………………………237
参考文献……………………………………………244
附录　教学方法总结………………………………245

单元一　物流仓储概述

通过本单元的学习，学生应能够掌握物流仓储的概念和作用，掌握仓储的分类和组织结构，理解仓储业务运作流程和人员工作关系，明确仓储合同及仓单的内容及特性，了解仓储信息技术的应用情况。

（1）仓储的概念和作用。
（2）仓储的分类。
（3）仓储企业组织结构和工作关系。
（4）仓储合同及仓单。
（5）仓储信息技术。

（1）初步具备组织构建及分析能力。
（2）培养通过组内研讨、运用相关资料解决相关问题的能力。
（3）具有团队合作精神和协调人际关系的能力。

项目一　了解仓储基础知识

【案例 1-1】

中储发展股份有限公司（简称中储股份）是具有中外合资性质、国有控股的 A 股上市公司。公司实际控制人为国务院国资委直属的中国诚通控股集团有限公司，第二大股东为全球领先的物流和工业地产商普洛斯。

公司自 1996 年成立以来，在合作伙伴的支持和广大员工的共同努力下快速成长，已发展成为实体网络覆盖全国主要城市和全球主要经济区域，业务涵盖期现货交割物流、大宗商品供应链、互联网+物流、工程物流、消费品物流、金融物流等领域，资产规模达 217 亿元，净资产达 106 亿元，年均利润 10 亿元以上的国际知名、国内最大仓储物流商。

覆盖全球的仓储物流平台

中储仓储网络覆盖亚洲、欧洲、美洲等世界主要经济区域，在国内 20 多个省、直辖市和自治区投资运营了物流园区，具有立足中国、服务全球的仓储物流服务能力，能够为中外企业的全球化经营提供物流支持。

功能完善的仓储物流平台

中储旗下物流园区、物流中心总占地面积约1000万平方米，其中露天堆场约300万平方米，库房约300万平方米，铁路专用线57条，具备公铁、公水联运功能。公司根据市场需求，持续完善、升级基础设施，能够提供各类物资商品仓储、运输、线上与线下交易、信息发布以及工商税务、餐饮住宿等服务。

中储积极推动仓储技术发展，引入、创新智能化仓储系统，传统物流中心正在向信息中心、数据采集平台转变，与中国物流与采购联合会联合发布中国仓储指数。

客户放心的仓储物流平台

中储以"优质、高效、便捷、周到"为目标，具有五十多年的行业经验，针对各类物资明确作业标准，并持续强化基础管理，优化业务流程，提升服务能力，通过完善的安全管理体系、教育培训与设施设备的持续投入，确保安全事故"零"发生。

中储以诚信为本，与广大客户建立了长期合作关系。2015年，公司提出了"中国放心库"理念，向市场承诺"存货不会短少，单据真实有效，盈余货物返还，服务优质高效"。

（摘自：中储发展股份有限公司简介，http://www.cmstd.com.cn/index.php?id=112）

思考与互动：

1．请仔细阅读以上信息，概括中储拥有怎样的仓储物流平台。

2．中储业务范围涵盖哪些？请对这些业务进行简单的解释说明。

人类社会自从剩余产品出现以来，就产生了储存。现代物流的仓储系统也可以在历史长河中找到蛛丝马迹。仓储制度自夏朝成为国家的一项重要制度开始，历朝都十分重视，仓是存粮之所，贮粮以备不时之需，被视为"天下之大命"。春秋时期的管仲精辟论述了建立国家仓储之制的重要性、必要性——"积于不涸之仓，藏于不竭之府"。随着商品经济的飞速发展，现代意义上的仓储被赋予了更广泛的含义。

理论任务1　了解仓储的概念及作用

1．仓储的定义

"仓"也称为仓库，为存放物品的建筑物和场地，可以为房屋建筑、大型容器、洞穴等；"储"表示收存以备使用，具有收存、保管、交付使用的意思，用于有形物品时又称为储存。"仓储"就是在特定的场所储存物品的行为。

仓储是物质产品的生产持续过程，当社会产品出现剩余或基于产品流通的需要不能被即时消耗掉时，就需要专门的场所存放，仓储由此形成。仓储既包含对有形物品提供存放场所进行物品储存的静态仓储，也包含存取物品和对存放物品进行保管、控制的动态仓储。仓储的对象可以是生产资料或生活资料，但必须是实物动产。

2．仓储的作用

（1）保证社会生产的顺利进行。现代社会生产的重要特征就是专业化和规模化，生产率极高，产量巨大，绝大多数产品不能被即时消费，为避免生产过程被堵塞，保证生产能够继续进行，需要借助仓储手段进行储存。此外，原材料采购后通常需要进行合理的储备，以保证开始生产时物料能够及时供应。仓储是由生产率的提高引起的，良好的仓储条件确保生产规模的进一步扩大，促进专业化分工进一步细化，促进劳动生产率进一步提高。

（2）维持市场稳定，调整供需时间差。批量生产的集中供给与消费需求的持续性之间、生产的持续性与产品消费的季节性之间均存在供需时差，这种矛盾可通过仓储进行调节，对生产出的产成品进行储存，按消费需求均衡地向市场提供产品，才能稳定市场，利于生产的持续进行。否则，就会出现产需不对等，造成供大于需或供不应求的现象。

（3）保存劳动产品价值。产品在消费前必须保持其使用价值，否则会被废弃。在仓储过程中对产品进行保管，以防损坏而丧失价值。同时，仓储作为产品提供消费的最后一道作业环节，可根据市场对产品的需求偏好，进行流通加工，提高产品附加值，以促进销售，甚至增加收益。

（4）衔接流通过程。产品从生产到消费，需要通过仓储进行候装、包装、成组、分批、配载、疏散等；在流通中如需要经过不同运输工具的转换，仓储可辅助有效实现运输方式转换，降低运输转换过程中的作业难度，实现经济运输。

（5）传递市场信息。任何产品的生产都必须满足社会的需要，生产者需要把握市场需求的动向。社会仓储产品的变化是了解市场需求的极为重要的途径。仓储量减少、周转量加大，表明社会需求旺盛；反之则为需求不足。厂家存货增加表明其产品需求减少或者竞争力降低，成本较高或者生产规模不合适。仓储环节所获得的市场信息虽然比销售信息滞后，但更为准确和集中。现代企业生产特别重视仓储环节的信息反馈，将仓储量的变化作为决定生产的依据。现代物流管理特别重视仓储信息的收集和反映，将仓储当作市场信息的传感器。

（6）提供信用保证。在大批量货物的实物交易中，购买方必须检验货物、确定货物的存在和货物的品质，方可成交。购买方可以到仓库查验货物。由仓库保管人出具的货物仓单是实物交易的凭证。仓单本身就可作为融资工具，可使用仓单进行质押。

（7）实现现货交易。仓储还具有商品陈列的功能，存放在仓库里的商品，可以提供给购买方进行查看，实现现货批量交易。国内众多的批发交易市场，就是既有商品存储功能的交易场所，又有商品交易功能的仓储地。近年来我国大量发展的仓储式商店，就是仓储交易功能高度发展、仓储与商业密切结合的结果。

由上可见，仓储是物流的重要环节，物品在物流过程中相当一部分时间处在仓储之中，在仓储中进行运输整合、配送准备、流通加工，也在仓储中进行市场供给调整，仓储中的成本是物流成本的最重要的组成部分。开展物流管理必须特别重视对仓储的管理，有效的仓储管理才能达到物流管理的目的。

3. 仓储相关概念

（1）仓库。仓库是存储保管物品的建筑物和场所的总称。传统仓库的主要功能是防止物品丢失和损伤，注重储存和保管。现代仓库更多考虑经营上的收益，主要功能是加快商品周转，提高商品时间效用，具有接收、分类、计量、包装、分拣、配送、存盘等多种功能。

（2）库存。库存是处于储存状态的物品或商品，指为将来所需而保有的货物。

（3）库存管理。库存管理指通过一定的方法、决策来合理控制库存的数量，以达到最低的成本最高的效益之目的的过程。库存管理的主要目标如下：一为提高客户服务水准，例如存货充足、供货及时等；二为降低存货成本。必须通过适当的管理方法以使两个目标达成平衡，确保最佳的存货水准。

（4）仓储管理。仓储管理指对仓库及仓库内的物资所进行的管理，是仓储机构为了充分利用自己所具有的仓储资源，提供高效的仓储服务所进行的计划、组织、控制和协调的过程，包括对仓库和库存的管理。其目的就是利用恰到好处的仓储活动来实现仓储、生产和运输成本之间良好的、经济的平衡。

（5）仓储技术。仓储技术包括仓储设备和库存管理技术两方面。

（6）仓储合同。仓储合同是保管人储存存货人交付的仓储物，存货人支付仓储费的合同。提供储存保管服务的一方称为保管人，接受储存保管服务并支付报酬的一方称为存货人。交付保管的货物为仓储物，仓储合同属于保管合同的一种特殊类型。

（7）仓单。仓单是保管人收到仓储物后给存货人开付的提取仓储物的凭证。仓单除作为已收取仓储物的凭证和提取仓储物的凭证外，还可以通过背书，转让仓单项下货物的所有权，或者用于出质。存货人在仓单上背书并经保管人签字或者盖章，转让仓单始生效力。存货人以仓单出质应当与质权人签订质押合同，在仓单上背书并经保管人签字或者盖章，将仓单交付质权人后，质押权始生效力。

（8）仓储成本。仓储成本是指由仓储作业（如出入库操作、流通加工、分拣、装卸搬运等）产生的成本，以及建造、购置仓库等设施设备所产生的产生。仓储成本对企业物流成本的影响具有两重性。适当的库存可以避免由缺货而进行紧急采购时引起的成本提高，使企业能在有利时机进行销售或实施购进，从而增加销售利润或减少购进成本。但仓储作为一种停滞，也常常会冲减物流系统效益、恶化物流系统运行，从而冲减企业利润。因此，研究仓储成本的构成，合理计算仓储成本，合理控制仓储成本，加强仓储成本管理是企业物流管理的一项重要内容。

理论任务2　明确仓储的种类

1. 按仓储经营主体划分

（1）自营仓储。企业自营仓储又称自用仓储，主要为企业的产品生产或商品经营活动提供服务。仓库的建设、保管物品的管理以及出入库等业务均由公司自己负责。所保管物品的种类、数量相对确定，仓库结构和装卸设备与之配套。生产企业自营仓储为生产企业使用自有的仓储设施对生产的原材料、半成品、产成品实施储存保管的行为，以满足生产为主要目的。流通企业自营仓储则为流通企业以其拥有的仓储设施对其经营的商品进行储存保管的行为，其储存目的为支持销售。

（2）营业仓储。仓储经营人以其拥有的仓储设施，向社会提供商业性仓储服务的仓储行为。仓储经营人与存货人通过订立仓储合同建立仓储关系，并依据合同约定提供服务和收取仓储费。营业仓储通过提供仓储服务获得经济回报，实现经营利润最大化，包括提供货物仓储服务和提供仓储场地服务。

（3）公共仓储。公共仓储是利于公用事业的配套服务设施，为车站、码头提供仓储配套服务。其主要运作目的是保证车站、码头的货物作业，处于从属地位，具有内部服务性质。但对于存货人而言，公共仓储也适用于营业仓储的关系，只是不独立订立仓储合同，而是将仓储关系列在作业合同之中。

（4）战略储备仓储。国家根据国防安全、社会稳定的需要，对战略物资实施储备而产生的仓储。战略储备由国家政府进行控制，通过立法、行政命令的方式进行。战略储备特别重视储备品的安全性，且储备时间较长。战略储备物质主要有粮食、油料、能源、有色金属、淡水等。

2. 按仓储对象划分

（1）普通物品仓储。普通物品仓储为不需要特殊保管条件的物品仓储。一般的生产物质、生活用品、普通工具等杂货类物品，不需要针对货物设置特殊的保管条件，采取无特殊装备的通用仓库或货场存放货物。

（2）特殊物品仓储。在保管中有特殊要求和需要满足特殊条件的物品的仓储。如危险物品仓储、冷库仓储、粮食仓储等。特殊物品仓储一般为专用仓储，按照物品的管理、化学、生物等特性，以及法律规定进行仓库建设和实施管理。

3. 按仓储功能划分

（1）储存仓储。储存仓储是指产品品种少，存量大且存放时间较长的仓储。储存仓储一般在较为偏远的地区进行，存储费用相对低廉，注重对物资的质量保管。

（2）物流中心仓储。物流中心仓储是以物流管理为目的的仓储活动，是实现物流的空间与时间价值，对物流的过程、数量、方向进行调节和控制的重要环节。一般在交通较为便利、储存成本较低的经济中心处进行。物流中心仓储品种较少，批量较大，吞吐能力强。

（3）配送仓储。配送仓储也称为配送中心仓储，是商品在配送交付消费者之前进行的短期仓储，是商品在销售或者供生产使用前的最后储存，并在该环节进行销售或作用的前期处理。配送仓储一般在商品的消费经济区间内进行，能迅速地送达消费和销售。配送仓储物品品种繁多，批量少，一定量进货、分批少量出库，往往需要进行拆包、分拣、组配等作业，主要目的是支持销售，注重对物品存量的控制。

（4）运输转换仓储。运输转换仓储指衔接铁路、公路、水路等不同运输方式的仓储，一般设置在不同运输方式的衔接处，如港口、车站库场所进行的仓储，以保证不同运输方式的高效衔接，减少运输工具的装卸和停留时间。运输转换仓储具有大进大出的特性，货物存期短，注重货物的周转作业效率和周转率。

（5）保税仓储。保税仓储是指使用海关核准的保税仓库存放保税货物的仓储行为。保税仓储一般设置在进出境口岸附近。

4. 按仓储经营方式划分

（1）保管式仓储。保管式仓储以保管物原样保持不变的方式所进行的仓储。保管式仓储也称为纯仓储，存货人将特定的物品交由保管人进行保管，到期保管人将原物交还存货人。保管物除了所发生的自然损耗和自然减量外，数量、质量、件数不发生变化。保管式仓储又分为仓储物独立保管和将同类仓储物混合在一起的混藏式仓储两种。

（2）加工式仓储。加工式仓储指保管人在仓储期间根据存货人的要求对保管物进行一定加工的仓储方式。保管物在保管期间，保管人根据委托人的要求对保管物的外观、形状、成分构成、尺度等进行加工，使仓储物发生委托人所希望的变化。

（3）消费式仓储。消费式仓储指保管人在接受保管物的同时接受保管物的所有权，保管人在仓储期间有权对仓储物行使所有权，在仓储期满，保管人将相同种类和数量的替代物返还给委托人所进行的仓储。消费式仓储特别适合于保管期较短如农产品、市场供应（价格）变化较大的商品的长期存放，具有一定的商品保值功能，是仓储经营人利用仓储物开展经营的增值活动，已成为仓储经营的重要发展方向。

理论任务3　辨别仓储的组织结构

组织结构是企业正常运行的支撑骨架，表明各部门之间的责任与义务关系。仓库人事组织结构主要有以下几种类型。

1. 直线制组织模式

直线制组织模式是一种由一个上级直接管理多个下级的组织结构模式，其特别适合于中小型仓储企业。优点是指令传递直接，易于发布命令，实施强有力的管理；缺点是管理水平受管理者自身能力的限制，同时当业务扩大时，命令执行不统一，管理者压力大。直线制组织模式结构如图1-1所示。

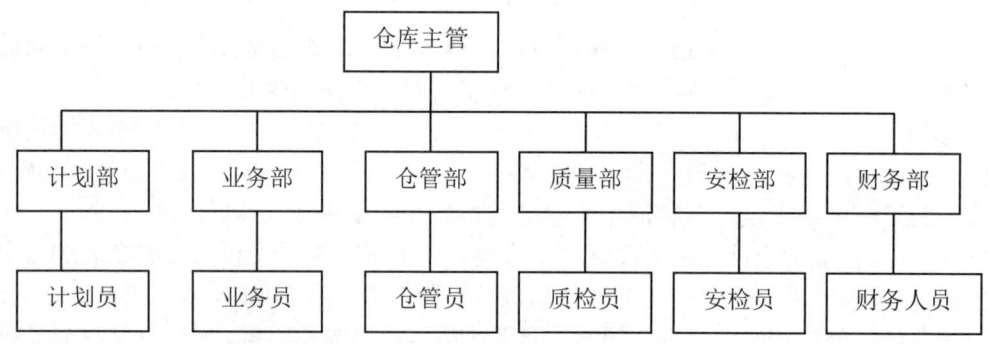

图1-1　直线制组织模式结构

2. 直线职能制组织模式

直线职能制组织模式是在直线制的基础上加上职能部门。目前一般的企业、事业单位、政府机构都采用这种管理模式。直线职能制管理模式只是增加了一些职能来帮助上级管理下级。这些职能机构都是某种职能的组合体，这样就克服了直线制管理模式下由于人的精力和工作时间有限造成的管理缺陷，如管理幅度过大，管理层次少等。直线职能制组织模式结构如图1-2所示。

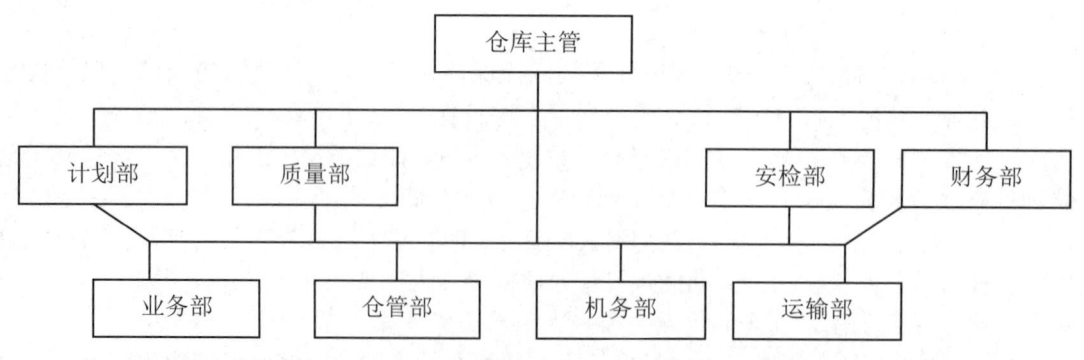

图1-2　直线职能制组织模式结构

3. 事业部制组织模式

事业部制组织模式是以某项事业（或管理模块）为核心组成的一个从决策到执行的管理

系统。优点在于管理决策程序小而全,运行效率高。在各项事业内部管理权力相对集中,所有的经营方案都可以由各事业部自行决策,提高了工作效率。事业部制组织模式结构如图1-3 所示。

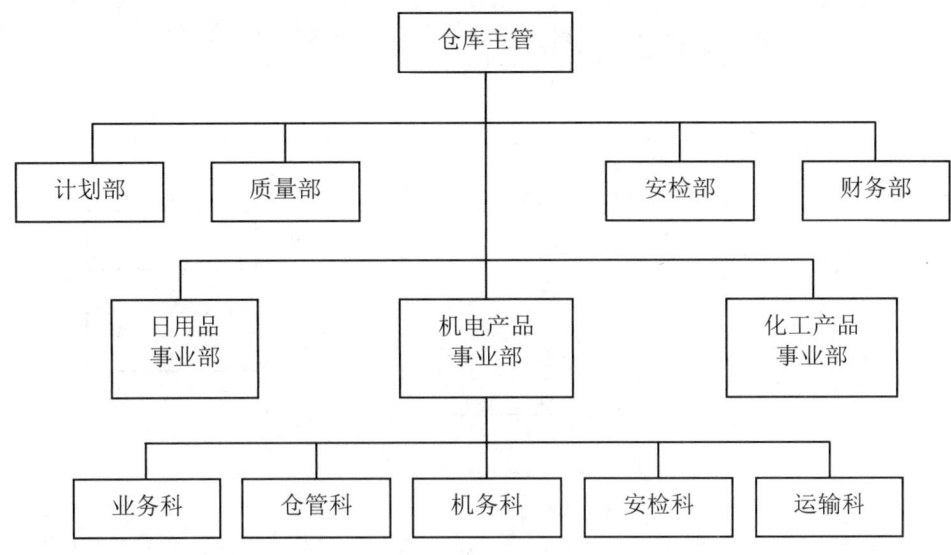

图 1-3　事业部制组织模式结构

理论任务 4　掌握仓储的业务流程

仓储业务指从仓库接受仓储任务开始,在仓库准备接收、堆存、保管、交付货物的整个过程中,仓库所要处理的事务、承办的工作和承担的责任。

仓储业务流程是指以保管活动为中心,从仓库接收货物入库,到按需要把货物全部完好地送出的全部作业过程。

仓储作业过程中既有装卸、堆垛等劳动作业过程,也有货位安排、理货检验、保管、货物记账、统计报表等管理过程,还有收货交接、交货交接、残损处理等商务作业。

仓储业务流程如图 1-4 所示。

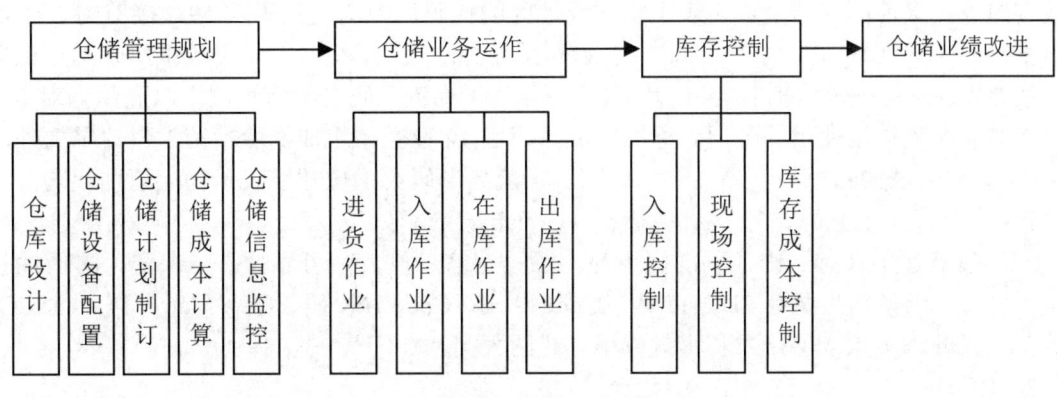

图 1-4　仓储业务流程图

理论任务5　明确仓储业务人员的工作关系

仓储业务人员工作关系如图1-5所示。

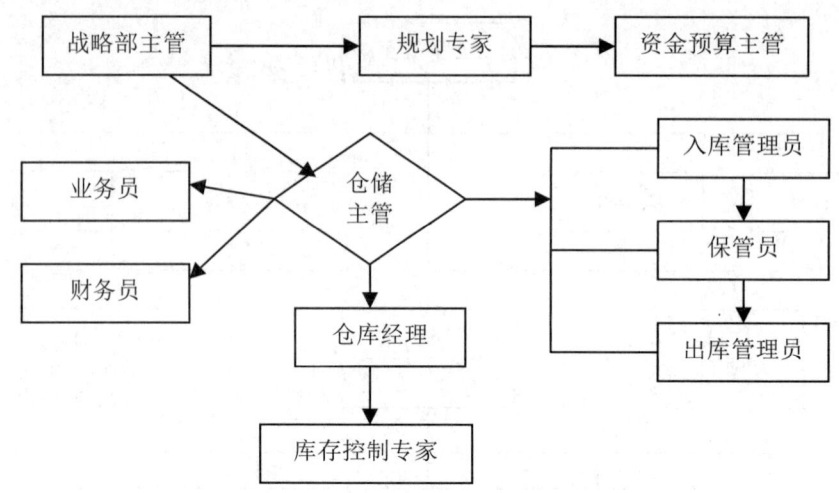

图1-5　仓储业务人员工作关系图

理论任务6　了解仓储信息技术应用

信息技术的使用是现代物流与传统物流的主要区别，通过信息技术的使用，实现了商品的快速移动，客户的服务水平大大提高。物流企业里常用的信息技术主要有条码、RFID等。

1. 条码技术

条码是由一组规则排列的条、空以及对应的字符组成的标记，"条"指对光线反射率较低的部分，"空"指对光线反射率较高的部分，这些条和空组成的数据表达一定的信息，并能够用特定的设备识读，转换成与计算机兼容的二进制和十进制信息。条码可分为一维条码和二维条码两种。

一维条码是我们通常所说的传统条码。一维条码按照应用可分为商品条码和物流条码两种。商品条码是以直接向消费者销售的商品为对象，以单个商品为单位使用的条码。它由13位数字组成，最前面的两个数字表示国家或地区的代码，中国的代码是69，接着的5个数字表示生产厂家的代码，其后的5个数字表示商品品种的代码，最后的1个数字用来防止机器发生误读错误。商品条码包括EAN码和UPC码两种。物流条码是物流过程中以商品为对象、以集合包装商品为单位使用的条码。标准物流条码由14位数字组成，除了第1位数字之外，其余13位数字代表的意思与商品条形码相同。物流条形码第1位数字表示物流识别代码。物流条码包括128码、ITF码、39码、库德巴（Codabar）码等。

二维条码除了具有一维条码的优点外，还具有信息量大、可靠性高，保密、防伪性强等优点。目前二维条码主要有PDF417码、Code49码、Code 16K码、Data Matrix码、MaxiCode码等，主要分为堆积或层排式和棋盘或矩阵式两大类。

2. RFID

RFID即无线射频识别技术，它是利用发射接收无线电射频信号，对物体进行近距离无接触方式和跟踪的一种高新技术。射频识别技术的基本原理是电磁理论，它的最主要特点是非接触式识别。一个典型的射频识别系统由电子标签（Tag）、读写器或阅读器（Reader）组成。阅读器用以产生发射无线电射频信号，并接受由电子标签反射回来的无线电射频信号，经过处理后获得标签的数据信息。电子标签用以存储数字与字母编码，当受无线电信号照射时，能反射回携带有数字与字母编码信息的无线电射频信号，供阅读器处理识别。

3. WMS

竞争实质上是作业效率和成本控制能力的比拼。在过去，人们通过进销存软件管理仓库统计数据。随着市场的不断发展，企业面临的业务模式更加复杂，相应的作业效率和成本控制对管理工作提出了更高的要求。

仓库的操作人员需要正确地掌握作业流程，保证将正确的货物在正确的时间搬到正确的地点。仓库的管理人员需要实时了解现场作业的状况，合理地把任务分配给操作人员。企业管理者希望了解各个仓库的作业情况和处理能力，从而及时满足客户的业务需求。于是，仓储管理系统（Warehouse Management System，WMS）应运而生。WMS 在仓库当中实现仓储管理的过程管控如下：

（1）数据管控。WMS 系统要对仓库的作业过程进行管理，就需要先对仓库的各种数据进行全面管控，包括货物基础数据、仓库资源信息等。系统可以通过技术手段将各分仓、作业区域、库位、停车场、作业人员、货物、设备等信息展现在用户眼前。

用户可以通过电脑、手持设备、Pad 等多种电子设备，随时随地查询旗下所有货物、操作人员和其他资源的状态和相关信息。这对需要远程管理多个大型仓储的企业显得尤为重要。

订单、运单等信息可以通过订单管理系统（OMS）、EDI 接口、手工录入等多种途径和方式导入。对这些信息进行分析，系统能够帮助仓库的管理者了解已知的可预计的出库、入库的货量，并结合现有的货量进行实时分析。在爆仓情况发生前做出预警，避免不必要的损失。

（2）工作分配管控。仓库每天都要处理大量的任务，WMS 系统需要能够科学合理地将这些任务分配到每个操作人员身上。除了根据任务的先后顺序对任务进行排列外，系统还需要根据任务的重要和紧急程度进行设置和排序，从而保证任务有序进行，增强任务安排的灵活性，提高任务时效性。

在分配任务时，系统还需要能按照给定的规则和算法给出最佳的方案。例如，可以根据人员的繁忙程度对其进行自动排序，使得仓库管理人员可依据人员已承担的任务量进行任务分配，避免任务分配不均带来的运作效率低下问题。

（3）作业管控。仓库的业务，特别是第三方物流（3PL）仓储的业务处理流程非常复杂，作业过程中需要操作人员熟练掌握作业规则，自行判断并执行任务。而仓库的业务量存在较大的波动，在繁忙时段常常需要聘用临时操作工，这些人员缺乏培训，出错率高，会降低仓库的作业效率。

带有作业过程管控的 WMS 系统能够将标准作业指导书（SOP）植入软件，通过手机屏幕提示和语音指导等形式指导仓库人员的每一个具体操作动作。依据行业的最佳实践经验，系统能在收货聚集、上架建议、拣货策略、出货规范、库存盘点等环节都做出明确的指导。

（4）工作过程记录。在仓库作业过程中，仅仅把任务分配给操作人员是不够的，要保证每个操作人员都能够按照规定完成操作。系统可以自动采集各个作业环节的节点信息，并通过大屏幕的形式展现在管理者的眼前，从而有效监控管理整体流程，及时反馈作业环节中的异常状况，避免因某个环节的问题而影响到整个体系的运转。

系统日志完整记录每个任务作业过程中的关键时间信息、人员信息、任务内容及状态，可以避免问题出现后人员相互推卸责任。管理人员可以通过系统对发生问题的任务和货品进行查询和取证。

实践任务1　了解仓储企业

在网络上查找仓储企业信息，选中一家仓储企业深入了解其相关信息。

1．简述此仓储企业情况。

2．画出该仓储企业的组织结构图。

3．说明其组织结构类型及优缺点。

企业名称：	
组织结构类型：	
优点：	缺点：
适应企业：	

4．与同学进行交流并简单记录交流情况。

企业名称：	
组织结构类型：	
优点：	缺点：
适应企业：	

5．以小组为单位，结合任务五中的仓储业务人员工作关系图 1-5，制作如下卡片随机抽取进行分工，查阅抽取到的岗位的主要职能，写在各自的卡片背面上，然后进行交流。

战略部主管	规划专家	资金预算主管
入库管理员	保管员	出库管理员
仓库经理	库存控制专家	财务员

实践任务 2　了解仓储信息技术应用

阅读以下案例，并完成相关任务：

20 世纪 80 年代，由于沃尔玛等企业的大力推动，条码得以快速普及。在此基础上，沃尔玛借助强大的信息技术，在供应链与物流管理领域获取了无可比拟的竞争力，并以惊人的速度迅速崛起。20 年后，已然两度荣膺《财富》500 强首席的沃尔玛宣布，将用一项名为 RFID 的技术取代条码，以巩固和扩大其竞争优势。

2003 年 6 月，在美国芝加哥市召开的零售业系统展览会上，沃尔玛宣布将采用 RFID 技术，以最终取代目前广泛使用的条形码，成为第一个正式公布采用该技术的企业。按计划，该公司最大的 100 个供应商应从 2005 年 1 月开始在供应的货物包装箱（盘）上粘贴 RFID 标签，并逐渐扩大到单件商品。如果供应商们在 2008 年还达不到这一要求，就可能失去为沃尔玛供货的资格。通过采用 RFID 技术，沃尔玛预计每年可节省 83.5 亿美元，其中大部分是来自因不必人工查看进货条码而节省的劳动力成本。

1．沃尔玛为何选择用 RFID 技术取代条码技术？

2．列举生活中常见的条码技术及 RFID 的技术应用情况。

条码技术应用	RFID 技术应用

实践任务3　了解仓储合同

1. 认真阅读以下仓储保管合同范例，完成后续任务。

仓库保管合同范本

订立合同双方：

保管方：

存货方：

保管方和存货方依据委托储存计划和仓储容量的情况，双方协商一致，签定本合同，共同信守。

第一条　储存货物的名称、规格、数量、质量：

1. 货物名称：
2. 品种规格：
3. 数量：
4. 质量：
5. 货物包装：

或者采用如下表格：

编号	包装	货物名称	品种规格	数量	质量

第二条　货物包装：

1. 存货方负责货物的包装，包装标准按国家或专业标准规定执行，没有以上标准的，在保证运输和储存安全的前提下，由合同当事人议定。
2. 包装不符合国家或合同规定，造成货物损坏、变质的，由存货方负责。

第三条　保管方法：根据有关规定进行保管，或者根据双方协商方法进行保管。

第四条　保管期限：从　　年　月　日起至　　年　月　日止。

第五条　验收项目和验收方法：

1. 存货方应当向保管方提供必要的货物验收资料，如未提供必要的货物验收资料或提供的资料不齐全、不及时，所造成的验收差错及延误索赔期或者发生货物品种、数量、质量不符合合同规定时，保管方不承担赔偿责任。
2. 保管方应按照合同规定的包装外观、货物品种、数量和质量，对入库货物进行验收，如果发现入库货物与合同规定不符，应及时通知存货方。保管方未按规定的项目、方法和期限验收，或验收不准确而造成的实际经济损失，由保管方负责。
3. 验收期限：国内货物不超过10天，国外到货不超过30天。超过验收期限所造成的损失由保管方负责。货物验收期限，是指货物和验收资料全部送达保管方之日起，至验收报告送出之日止。日期均以运输或邮电部门的戳记或直接送达的签收日期为准。

第六条　入库和出库的手续：按照有关入库、出库的规定办理，如无规定，按双方协议办理。入库和出库时，双方代表或经办人都应在场，检验后的记录要由双方代表或经办人签字。该记录应视为合同的有效组成部分，当事人双方各保存一份。

第七条　损耗标准和损耗处理：按照有关损耗标准和损耗处理的规定办理，如无规定，按双方协议办理。

第八条 费用负担、计算办法：_____
_____
_____。

第九条 违约责任：

（一）保管方的责任

1. 由于保管方的责任，造成退仓或不能入库时，应按合同规定赔偿存货方运费和支付违约金。

2. 对危险物品和易腐货物，不按规程操作或妥善保管，造成毁损的，负责赔偿损失。

3. 货物在储存期间，由于保管不善而发生货物灭失、短少、变质、污染、损坏的，负责赔偿损失。如属包装不符合合同规定或超过有效储存期而造成货物损坏、变质的，不负赔偿责任。

4. 由保管方负责发运的货物，不能按期发货，赔偿存货方逾期交货的损失；错发到货地点，除按合同规定无偿运到规定的到货地点外，并赔偿存货方因此而造成的实际损失。

（二）存货方的责任

1. 易燃、易爆、有毒等危险物品和易腐物品，必须在合同中注明，并提供必要资料，否则造成货物毁损或人身伤亡，由存货方承担赔偿责任直至由司法机关追究刑事责任。

2. 存货方不能按期存货，应偿付保管方的损失。

3. 超议定储存量储存或逾期不提时，除缴纳保管费外，还应偿付违约金。

（三）违约金和赔偿方法

1. 违反货物入库计划的执行和货物出库的规定，当事人必须向对方缴付违约金。违约金的数额，为违约所涉及的那一部分货物的 3 个月保管费（或租金）或 3 倍的劳务费。

2. 因违约使对方遭受经济损失时，如违约金不足以抵偿实际损失，还应以赔偿金的形式补偿其差额部分。

3. 前述违约行为，给对方造成损失的，一律赔偿实际损失。

4. 赔偿货物的损失，一律按照进货价或国家批准调整后的价格计算；有残值的，应扣除其残值部分或残件归还赔偿方，不负责赔偿实物。

第十条 由于不能预见并且对其发生和后果不能防止或避免的不可抗力事故，致使直接影响合同的履行或者不能按约定的条件履行时，遇有不可抗力事故的一方，应立即将事故情况电报通知对方，并应在数天内，提供故事详情及合同不能履行，或者部分不能履行，或者需要延期履行的理由的有效证明文件，此项证明文件应由事故发生地区的公证机构出具。按照事故对履行合同影响的程度，由双方协商决定是否解除合同，或者部分免除履行合同的责任，或者延期履行合同。

第十一条 其他：

保管方：   存货方：
代表人：   代表人：
地址：   地址：
开户银行：   开户银行：
账号：   账号：
邮编：   邮编：

2. 将全部同学分成四组，进行任务分配：

（1）A 组负责查阅仓储合同的作用、当事人、特点及内容，并做成展示海报，海报形式自主设计。请将内容要点简单记录到以下表格。

仓储合同	内容要点记录
作用	
当事人	
特点	
内容	

（2）B 组扮演存货人，思考存货人的权利和义务，做成展示海报，并将内容要点简单记录到以下表格。

存货人的权利	
存货人的义务	

（3）C 组扮演保管人，思考保管人的权利和义务，做成展示海报，并将内容要点简单记录到以下表格。

保管人的权利	
保管人的义务	

（4）D组负责查阅仓单，了解仓单的作用、特性、内容和生效条件等，做成展示海报，并将内容要点简单记录到以下表格。

仓单	内容要点记录
作用	
特性	
内容	
生效条件	

（5）四个小组由讲解员负责对参观者进行本小组海报内容介绍，其他组员以自由参观的形式观看其他小组海报，并交流理解。

项目二　　了解仓储业的发展

【案例1-2】

从亚马逊物流系统看未来仓储物流发展方向

亚马逊是最早玩转物流大数据的电商企业，亚马逊在业内率先使用了大数据，利用人工智能和云技术进行仓储物流的管理，创新地推出预测性调拨、跨区域配送、跨国境配送等服务，不断给全球电商和物流行业带来惊喜。下面介绍亚马逊的十大先进物流技术。

亚马逊的智能机器人Kiva技术

亚马逊2012年斥资7.75亿美元收购了机器人制造商Kiva Systems，这大大提升了亚马逊的物流系统。据悉，时至2015年亚马逊已经将机器人数量增至10000台，用于北美的各大运转中心。Kiva系统作业效率要比传统的物流作业高2~4倍，机器人每小时可跑30英里，准确率达到99.99%。

Kiva的运营模式：Kiva机器人作业颠覆传统电商物流中心作业"人找货、人找货位"模式，通过作业计划调动机器人，实现"货找人、货位找人"的模式，整个物流中心库区无人化，各个库位在Kiva机器人驱动下自动排序到作业岗位。

无人机送货

早在2013年12月，亚马逊就发布Prime Air无人快递，顾客在网上下单，如果重量在5磅（1磅≈0.45千克）以下，可以选择无人机配送，在30分钟内把快递送到家。整个过程实现无人化，无人机在物流中心流水线末端自动取件，直接飞向顾客。2014年亚马逊CEO贝佐斯公开表示，亚马逊正设计第八代送货无人机，将采用无人机为Amazon Fresh生鲜配送服务。

订单与客户服务中的大数据应用

亚马逊是第一个将大数据推广到电商物流平台运作的企业。电商完整端到端的服务可分为五大类，即浏览、购物、仓配、配送和客户服务等。

（1）用户浏览：亚马逊有一套基于大数据分析的技术来帮助精准分析客户的需求。具体方法是，后台系统会记录客户的浏览历史，随之把顾客感兴趣的库存放在离他们最近的运营中心，这样方便客户下单。

（2）购物便捷下单：在这方面可以帮助客户不管在哪个角落，都可以快速下单，也可以很快知道他们喜欢的物品。

（3）仓储运营：大数据驱动的仓储订单运营非常高效，在中国亚马逊运营中心最快可以在30分钟之内完成整个订单处理，也就是下单之后30分钟内可以把订单处理完出库，订单处理、快速拣选、快速包装、分拣等一切都由大数据驱动，且全程可视化。由于亚马逊后台的系统分析能力非常强大，因此能够实现快速分解和处理订单。

（4）配送：精准送达对于当前电商物流来说，绝对是一个技术活，电商物流的快物流不是本事，真正高技术的电商物流服务是精准的物流配送，亚马逊的物流体系会根据客户的具体需求时间进行科学配载，调整配送计划，实现用户定义的时间范围的精准送达，美国亚马逊还可以根据大数据的预测，提前发货，从而在与线下零售PK中获取绝对的竞争力。

（5）CRM客服：大数据驱动的亚马逊客户服务，据悉亚马逊中国提供的是7×24小时不间断的客户服务，首次创建了技术系统识别和预测客户需求，根据用户的浏览记录、订单信息、来电问题，定制化地向用户推送不同的自助服务工具，大数据保证客户可以随时随地电话联系对应的客户服务团队。

智能入库管理技术

亚马逊全球的运营中心，将大数据技术应用得淋漓尽致，其从入库这一时刻就开始了。

（1）在入库方面：采用独特的采购入库监控策略，亚马逊基于自己过去的经验和所有历史数据的收集，了解什么样的品类容易坏、坏在哪里，然后对其进行预包装。这都是在收货环节提供的增值服务。

（2）商品测量：亚马逊的 Cubi Scan 仪器会对新入库的中小体积商品测量长宽高和体积，根据这些商品信息优化入库。例如鞋服类等，都可以直接送过来通过 Cubi 测量直接入库。这给供应商提供了很大方便。客户不需要自己测量新品，这样能够大大提升新品上升速度。同时有了这个尺寸之后，亚马逊数据库可以存储下这些数据，在全国范围内共享，这样其他库房就可以直接利用这些后台数据，再把这些数据放到合适的货物里就可以收集信息，这有利于后续的优化、设计和区域规划。

大数据驱动的智能拣货和智能算法

（1）智能算法驱动物流作业，保障最优路径：在亚马逊的运营中心，基本不会看到很多人聚在一起，这是因为亚马逊的后台有一套数据算法，它会给每个人优化拣货路径。通过这种智能的计算和推荐，可以把传统作业模式的拣货行走路径减少至少 60%。

（2）图书仓的复杂作业方法：图书仓采用的是加强版监控，会限制相似品放在同一个货位，图书穿插摆放。亚马逊通过数据分析发现，这样可以保证每个员工出去拣货的任务比较平均。

（3）畅销品的运营策略：比如奶粉，有些是放在货架上的，有些是放在托拍位上的。像这些离发货区会比较近，亚马逊根据后台的大数据，知道它的需求量也比较高，所以都是整批整批地进，然后就会把它放在离发货区比较近的地方，这样可以减少员工负重行走路程。

随机存储

（1）随机存储的运营原则：随机存储是亚马逊运营的重要技术，但要说明的是，亚马逊的随机存储不是随便存储，是有一定原则的，特别是畅销商品与非畅销商品，要考虑先进先出的原则，同时随机存储还与最佳路径有重要关系。

（2）随机存储与系统管理：亚马逊的随机存储核心是系统 Bin，将货品、货位、数量绑定关系发挥极致。收货：把订单看成一个货位，运货车是另一个货位，收货即货位移动。上架：Bin 绑定货位与货品后随意存放。盘点：与 Bin 同步，不影响作业。拣货：Bin 生成批次，指定库位，给出作业路径。出货：订单生成包裹。

（3）随机存储运营特色：亚马逊的运营中心有两大特色，其中之一就是随机上架，实现的是见缝插针的最佳存储方式，看似杂乱，实则乱中有序。实际上这个乱不是真正的乱，乱就是说可以打品类和品类之间的界线，可以把它放在一起；有序是说，库位的标签就是它的 GPS，各个货位里面的所有商品其实在系统里面都是各就其位的，非常精准地被记录在它所在的区域。

智能分仓和智能调拨

亚马逊作为全球大云仓平台，智能分仓和智能调拨拥有独特的技术含量。在亚马逊中国，全国10多个平行仓的调拨完全是在精准的供应链计划的驱动下进行的。

（1）通过亚马逊独特的供应链智能大数据管理体系，亚马逊实现了智能分仓、就近备货和预测式调拨。这不仅仅用在自营电商平台，在开放的"亚马逊物流+"平台中应用更加有效果。

（2）智能化调拨库存：全国各个省市包括各大运营中心之间有干线的运输调配，以确保库存已经提前调拨到离客户最近的运营中心。以整个智能化全国调拨运输网络很好地支持了平行仓的概念，全国范围内只要有货就可以下单购买，这是大数据体系支持全国运输调拨网络的充分表现。

精准预测、二维码精准定位技术

（1）精准的库存信息：亚马逊的智能仓储管理技术能够实现连续动态盘点，库存精准率达到99.99%。

（2）精准预测库存，分配库存：在业务高峰期，亚马逊通过大数据分析可以做到对库存需求精准预测，在配货规划、运力调配，以及末端配送等方面做好准备，平衡订单运营能力，大大降低爆仓的风险。

（3）亚马逊全球运营中心中，每一个库位都有一个独特的编码，二维码是每一个货位的身份证，就是一个GPS，可以在系统里查出商品定位，亚马逊的精准库位管理可以实现全球库存精准定位。

可视化订单作业、包裹追踪

（1）跨境电商方面：2015年8月13日亚马逊发布了海外购·闪购，这是依托保税区/自贸区发货的创新模式。亚马逊海外购的商品非常有价格优势，同质同价。

（2）全球云仓库存共享：在中国就能看到大洋彼岸的库存，亚马逊实现全球百货，直供中国，这是全球电商供应链可视化中，亚马逊独特的运营能力。在中国独一无二地实现了全球可视化的供应链管理。

（3）国内运作方面：亚马逊平台可以让消费者、合作商和亚马逊的工作人员全程监控货物、包裹位置和订单状态。比如：昆山运营中心品类包罗万象，任何客户的订单执行，从前端的预约到收货，内部存储管理、库存调拨、拣货、包装以及配送发货，送到客户手中，整个过程环环相扣，每个流程都有数据的支持，并通过系统实现全订单的可视化管理。

亚马逊独特发货拣货——八爪鱼技术

"双11"期间亚马逊运营中心大量采用八爪鱼技术。作业人员会根据客户的送货地址，设计出来不同的送货路线，不同时间点经过不同的线路，分配到不同的流水线方向。在八爪鱼这边的作业台操作的员工，主要是负责把在前面已经运作完的货品，分配到专门的路由上去。这种运营模式一个员工站在分拣线的末端就可以非常高效地将所有包裹通过八爪鱼工作台分配到各个路由上去。站在中间那个位置，一个人可以眼观六路，这个作业通达八方，非常高效，没有人员的冗余。另外，八爪鱼上全部是滚珠式的琉璃架，没有任何的板台，员工的作业很轻松。

其他重要的技术应用

（1）物联网技术：在亚马逊的运营中心，安全标准设定很高，人和物要分开，所以会有镜子帮助工作人员了解周围路况。另外，司机有安全带，员工有安全帽，安全帽里有芯片，如果探测到一定范围内有人，也会停下来，镜子的用途即是同理。

（2）双库联动模式：亚马逊昆山运营中心有一个类似于天桥的传送带，全封闭式，其作用是完成不同品类的合单，可以通过传送带将一个库的货物转到另一个库中，这个又叫双库联动。而这里又是超大库，在两个超大库之间进行双库联动对效率有非常高的要求，对时间点的把控也很严格。

（摘自：《亚马逊物流系统看未来物流发展方向》，http://www.zgsyb.com/html/content/2019-01/22/content_936406.shtml）

思考与互动：

1．亚马逊的十大先进物流技术技术分别是什么？

2．亚马逊的智能仓储主要体现在哪些方面？

3．如何理解"双库联动模式"？

仓储业是指从事仓储活动的经营企业的总称。仓储业是一个古老的行业，随着社会经济的不断发展，仓储业已成为社会经济发展的重要力量，在国民经济体系中占有重要的地位。回顾我国仓储活动的发展历史，可以分为古代仓储业、近代仓储业和现代仓储业三个阶段。从仓储业主要特征来看，又可归为传统仓储业和现代仓储业两类。

理论任务1　了解传统仓储业

1．古代仓储业

中国古代商业仓库是随着社会分工和专业化生产的发展而逐渐形成和扩大的。中国古代的"邸店"，可以说是商业仓库的最初形式，但由于受当时商品经济的局限，它既具有商品寄存性质，又具有旅店性质。随着社会分工的进一步发展和交换的不断扩大，专门储存商品的"塌房"从"邸店"中分离出来，成为带有企业性质的商业仓库。

中国国古代商业仓库具有储存、储备两大功能。储存是将漕运来的粮食保管起来，供皇室、吏官及百姓日常消费；储备是为应付战争、灾荒及突发事件的。同时，仓储还有平抑物价之功能。粮丰时收进入仓，粮欠时出仓赈灾，不至于价格飞涨，影响市场稳定。

初营建新都长安，首批重点建设工程就包括了太仓。中国最大的古代粮仓——洛阳含嘉仓，建于隋大业元年（605年），是用作盛纳京都以东州县所交租米的皇家粮仓，历经隋、唐、北宋3个王朝，沿用500余年，后来废弃。据唐人杜佑所撰《通典》记载："隋氏资储遍于天下，隋氏西京太仓、东京含嘉仓、洛口仓、华州永丰仓、陕州太原仓，储米粟多者千万石，少者不减数百万石。天下义仓又皆充满。京都及并州库布帛各数千万，而锡赉勋庸，并出丰厚。"汉代粮仓的模型如图1-6所示。

图1-6 汉代粮仓的模型

关于仓储管理思想，秦代就有专门的仓律，汉代倡立的常平仓制度，设有专门的会计簿册，详细记录仓储谷物数量、品种、出入、经手人、核验等，成为后世封建王朝沿用的主要仓储制度。宋代以后，有关仓储的规章更多、更细、更严。

我国古代仓储系统最发达和完善的是清代，仓京师有15个，通州二库，德州、临清、淮安、徐州各一库，凤阳二库，以上为国家级仓库，省、府、州、县也各设仓库。

2. 近代仓储业

伴随我国近代工业和商业的产生和发展，我国近代仓储业也逐步发展起来了。我国近代仓储业起源于商品流通领域。近代中国的商业性仓库也称为"堆栈"，是指堆存和保管物品的场地和设备。堆栈业与交通运输业、工商业的发展状况，以及与商品交换的深度和广度关系极为密切，在我国工商业发展较快的地区，堆栈也较为发达。如1929年上海的大小仓库已有40多家，库房总容量达90万吨。散装货品、堆场货栈、私营管理是当时的仓储特点。

3. 传统仓储业特征

作为传统的仓储业，在服务质量和效益上还存在着明显不足。传统仓储业具有以下的特点：

（1）条块分割，具有明显的部门。由于我国较长时间实行计划经济体制，物质资源通过部门体制的方式分配，各部门为了占有和争取更多物质，储存所获得的分配资源，均以部门体系的纵向方式部署仓储，形成了中央、地方等部门体系的仓储结构，部门之间互不发生横向交叉联系，因而造成了整体上的仓储互不连接，功能重复，互相不支持配套，重复建设严重的状况。

（2）仓库众多，布局不合理。由于部门行业的分头建设，不同部门、不同层次为了满足自身需要，广泛开展仓库建设，在经济发达地区，特别是部门集中地区，仓库高度集中，数量众多。为了便于纵向的联系和资源调配，都集中在交通中心附近，造成在一个地区，以至于在全国的仓储布局极不合理。仓储集中的地区仓储能力大量剩余，其他许多地方没有足够的仓储能力，特别是经济落后地区，仓储能力的不足严重限制了当地经济的发展。

（3）存量巨大，管理水平较低。总的来说，我国的仓储能力巨大，但是仓储管理水平极其低下。一方面表现在仓储利用率低下，货物周转率低，物资流通速度慢，保管能力差，货物损耗严重，另一方面绝大多数仓储都没有仓储经营的能力，不能充分利用仓储资源，为社会提供优质服务,也没有充分利用仓储中的巨额沉淀资本为企业和社会创造经济价值。仓储管理水平的低下与我国整体上社会性的不重视仓储管理,仓储管理的资源投入不够,仓储管理人员的素质不高、专业知识程度低有密切的关系。许多仓储企业还没有进行现代企业制度改造,没有真正成为独立的市场主体,还不能自主地利用仓储资源。

（4）仓库分散,技术水平差别极大。仓库建设和仓储管理源出多头,互相缺乏联系和合作,多数仓储功能相近,没有形成专业性、功能性的分工。有些只为一时之需,所建设仓库多为简易仓库和货场,缺乏应有的机械设备。多数仓储企业经营管理水平低下,仓储技术水平落后,机械化程度低。当然为了满足社会需要,我国也具有一定数量专业化程度高,机械化、自动化程度很高的仓库,但整体上并没有充分发挥其应有的作用。

（5）仓储物流设备和物流服务能力弱。随着库存保管方式的变化,传统仓库也相应地由储藏型仓库向流通型仓库转变。流通型仓库主要作为物流服务中心来发挥作用。但普遍存在物流设施陈旧、物流服务能力较弱等问题。

（6）仓储管理信息化水平低。我国传统仓储业主要是为本行业的物资或商贸流通企业提供仓储和少量短途运输服务,信息化程度低,经营方式粗放,经济效益不佳。信息技术运用不够,存在对信息的获取、处理、运用能力不强等问题。目前虽然企业引进了信息设备和仓储业务管理信息系统,但对于物流过程中的许多重要决策问题,如货物组配方案、运输最佳路线、最优库存控制等还处于人工、半人工化状态,与现代物流应具备的网络信息技术的要求相比较,还处于较低水平。

（7）仓储管理社会化程度低。我国仓库资源规模较大,但仓库普遍功能不强,而且分散在各个行业中,仓储管理社会化程度不高。即使是同一个企业,有的内部物流资源也不能共用,物流资源利用率低,导致物流效率普遍低下。

理论任务 2　明确现代仓储业的状况

1. 现代仓储业的状况

新中国成立后,随着工业化的逐步发展,仓储业发生了非常大的改变。特别是 20 世纪后期,中国经济快速发展,并且融入经济全球化的发展洪流中,经济的发展带动了物流的发展,经济的全球化、商品的多样化、消费者需求的个性化对物流提出了更高的要求。现代信息技术的发展使物流向着快速、准确、高效和综合的方向发展。在经济发达的城市和地区,现代化的仓储物流设施开始发展起来,它包括先进的库房设施、高货架系统、高货架叉车、自动货架、自动分拣系统、全封闭库房,也包括库房中信息系统、条形码、WMS 系统、无线射频等技术的应用。在冷链物流、城乡配送、跨境电商、危化品仓储、中药材物流等方面取得积极成效,绿色包装、新能源车等新技术也逐步推广应用。

自 21 世纪初以来,中国的仓储地产市场就呈现出了乘数增长的态势,仓库面积飞速扩大,从原来的沿海港口城市（如上海、深圳）延伸至主要的一线及二线城市。此外,各类仓储企业在政策引导和市场推动下纷纷加大投资,仓库设施建设呈现大型化、网络化趋势,电商仓库成为建设热点。

近年来我国营业性通用（常温）仓库面积和冷库容积逐年扩大,前瞻产业研究院《2018—2023 年中国仓储行业市场前瞻与投资战略规划分析报告》数据显示,截至 2016 年底,我国营业性通用仓库面积约 9.98 亿平方米，同比增长 4.5%；冷库总容积约 12008 万立方米，同比增长 12.5%。

2. 现代仓储业的特征

传统仓储业，在历史上承担着"蓄水池""中转站"的作用。随着市场经济的变革，国有仓储业面临着现代物流的冲击，过去那种"被动性、不连续性、不均衡性"的仓储运作早已被打破，商品库存由过去批量大、品种少、周转慢，向着批量小、品种多、周转快方向转化，特别是电子商务、连锁经营的发展对仓储业、仓储条件提出了更高的要求。因此，传统仓储业走向现代仓储业成为必然。现代仓储业具有以下主要特点：

（1）改善仓库的管理功能。传统仓储业对仓库的考核简单地定在库房利用率、出入库差错率、商品的完好率上，大部分标准的制定与统计都是人工操作，现代仓储业需要制定新的仓库管理标准，以适应市场的变化，适应少批量、多品种、周转快的商品及商品技术参数要求，在管理上体现出更深层次的服务，减少人为性、随意性，为商户提供一个良好的仓储平台。

（2）注重仓库的信息化和标准化建设。随着电子商务、连锁经营业态的发展，现代物流必将有着更大的作为，特别是现代物流中信息流贯穿始终，为更快速、更有效地实现信息传递，应搭建好仓储这个信息平台，实现仓库信息化功能。现代物流的发展，对仓储标准化提出了许多新的要求，仓储企业要将标准化纳入到企业战略中来。

（3）注重仓库自动化、智能化建设。当前，多数仓库依旧沿袭着人工或半人工作业的传统，这无可避免地会出现人为事故，影响业务准确率，进而影响企业的诚信度。因此，传统仓储业向现代仓储转换，应考虑如何提升仓储作业的自动化和智能化，并把这两项作为基础工作来抓。

（4）注重加工、配送业务的拓展。现代仓储业不仅要求仓库有储存、保管功能，还要求有分拣、配货、包装、加工、配送功能。传统仓储企业可以充分利用自身的优势，为商家实现这些功能，帮助商家降低流通成本，真正实现商品的场所价值、时间价值。

（5）积极主动地建立网络。传统仓储企业要实现现代物流，应积极主动地参与到社会经济的大流通中去，与先进的物流、生产或营销企业主动结盟，不仅为其提供自己的服务，同时从中吸收、引进先进的管理理念，有条件的还可以建立自己的网点、配送体系等，形成一个跨地区、跨地域的物流网络。

理论任务 3　展望现代仓储业的发展方向

随着我国工业和经济的发展，仓储业的现代化要求也在不断提升。从世界范围来看，物流仓储主要分为人工仓储、机械化仓储、自动化仓储、集成自动化仓储、智能自动化仓储五个阶段。现阶段我国仓储发展正处在自动化和集成自动化阶段，随着信息技术的发展，未来将结合工业互联网的技术向智能化升级。

从产业链来看，智能仓储与普通仓储的下游相同，包括烟草、医药、汽车、零售、电商等诸多行业，但对上游的设备及软件和中游的系统集成提出了新的要求。上游包括叉车、输送机、分拣机、AGV、堆垛机、穿梭车等硬件设备和 WMS、WCS 系统等软件系统；中游为根据行业的应用特点使用多种设备和软件，设计建造智能仓储物流系统。随着工业经济的发展，仓储物流的升级将带动上游和中游的跨越发展。

数据显示，2016年我国仓储行业企业数量达5.2万家，从2010年的1.7万家增长至2016年的5.2万家，年复合增长率为20.4%。截至2016年底，全国累计建成的自动化立体库已经超过3000座。从行业供应方面来看，2016年仓储行业新增固定资产规模达5885.1亿元，同比增长22.5%，由2010年的992.2亿元增长至2016年的5885.1亿元，年复合增长率达34.5%。

2016年我国物流自动化系统市场规模达758亿元，过去16年国内自动化物流仓储系统市场以年均23%的速度快速成长，并且近6年受益消费升级和智能制造发展的推动，增速呈现逐渐加速的趋势，预计未来将保持20%的增速，2022年自动化物流装备市规模将突破2600亿元。而自动化立体仓库也将受益行业整体发展的趋势保持快速增长，根据统计，2016年我国自动化立体库市场规模约149亿元，同比增长23%，近十年来自动化物流仓储系统市场规模保持了平均20%左右的增长速度，预计未来将维持20%增速，到2020年有望达到325亿元。

随着"一带一路"战略的贯彻落实，"互联网＋"热潮的迅猛来袭，中国经济和物流行业都将迎来新的机遇，这必然为仓储业的发展提供巨大的市场需求。同时，中国制造业、商贸流通业外包需求的释放和仓储业战略地位的加强，未来仓储必将会存在巨大的市场需求。

实践任务　了解仓储发展

1. 结合理论知识，简单描述传统仓库和现代仓库的区别：

对比因素	传统仓库	现代仓库

2. 以小组为单位，调研盒马鲜生的实体店。
（1）制订调研计划，可采用实地调研或网络调研形式。

（2）绘制盒马鲜生店内平面布局图。
（3）调研盒马智能店仓作业系统，并进行简单描述。
（4）调研盒马智能订货库存分配系统，并进行简单描述。
（5）谈谈自己对现代仓储发展趋势的展望。

单元小结

"仓储"就是在特定的场所储存物品的行为。仓储具有保证社会生产顺利进行、调整供需时间差、保存劳动产品价值、衔接流通过程、传递市场信息、提供信用保证、实现现货交易等作用。仓储业是指从事仓储活动的经营企业的总称。随着社会经济的不断发展，仓储业已成为社会经济发展的重要力量，在国民经济体系中占有重要地位。随着市场经济的变革，国有仓储业面临着现代物流的冲击，特别是电子商务、连锁经营的发展，使得传统仓储业走向现代仓储业成为必然。现阶段我国仓储发展正处在自动化和集成自动化阶段，随着信息技术的发展，未来将结合工业互联网的技术向智能化升级。

知识问答

1. 仓储的主要作用有哪些？怎样进行划分？
2. 如何理解仓储组织结构？
3. 传统仓储业与现代仓储业各有什么特点？最大区别在哪里？
4. 根据现代仓储业的发展方向，应该掌握哪些仓储技术和技能？
5. 你认为做好仓储业对搞好现代物流有什么帮助？

能力拓展

1. 某百货公司急需购入一批布鞋，但其库存已经都放满了。公司的业务员反映说在储存肥皂的货区还有一个闲置空位可以放。你将如何安排这批布鞋的存放？为什么？
2. 生产企业对物料仓储管理的要求主要体现在哪几个方面？

课外阅读

智能仓储的基本逻辑

智能仓储系统是运用软件技术、互联网技术、自动分拣技术、光导技术、射频识别（RFID）、声控技术等先进的科技手段和设备对物品的进出库、存储、分拣、包装、配送及其信息进行有效的计划、执行和控制的物流活动。

（一）智能仓储行业概念

智能仓储系统是运用软件技术、互联网技术、自动分拣技术、光导技术、射频识别（RFID）、声控技术等先进的科技手段和设备对物品的进出库、存储、分拣、包装、配送及其信息进行有效的计划、执行和控制的物流活动。其主要包括：识别系统、搬运系统、储存系统、分拣系统以及管理系统。2013年以来，国务院、工信部、商务部等部门密集出台政策，推动仓储业发展。

（二）行业发展阶段、产业链及市场格局

1. 仓储行业发展阶段

物流仓储发展主要经历了人工仓储、机械化仓储、自动化仓储、集成自动化仓储、智能自动化仓储五阶段。人工仓储即物资的输送、存储、管理和控制主要靠人工实现；机械化仓储，则以输送车、堆垛机、升降机等机械设备代替人工为主要特点；自动化仓储则在机械化仓储的基础上引入了自动导引小车（AGV）、自动货架、自动存取机器人、自动识别和自动分拣等先进设备系统；集成自动化仓储则以集成系统为主要特征，实现整个系统的有机协作。

现阶段我国仓储发展正处在自动化阶段，主要应用AGV、自动货架、自动存取机器人、自动识别和自动分拣系统等先进物流设备，通过信息技术实现实时控制和管理。货物到达仓库后，由输送机实现入库，由堆垛机与升降机完成货物上架；出库时由AGV将货物运至分拣台，自动分拣系统完成分拣出库，并由堆垛机完成出库时的货物堆垛，与此同时，信息系统能及时地记录订货和到货时间，显示库存量，计划人员可以方便地做出供货决策，管理人员可以随时掌握货源的供应及需求信息。

2. 智能仓储行业产业链

智能仓储产业链主要分为上、中、下游三个部分。上游为设备提供商和软件提供商，分别提供硬件设备（输送机、分拣机、AGV、堆垛机、穿梭车、叉车等）和相应的软件系统（WMS、WCS系统等）；中游是智能仓储系统集成商，根据行业的应用特点使用多种设备和软件，设计建造智能仓储物流系统；下游是应用智能仓储系统的各个行业，包括烟草、医药、汽车、零售、电商等诸多行业。

根据业务性质分类，智能仓储主要应用于两大领域：工业生产物流、商业配送物流。工业生产物流服务于生产，对工厂内部的原材料、半成品、成品及零部件等进行存储和输送，侧重于物流与生产的对接；商业配送物流系统为商品流通提供存储、分拣、配送服务，使商品能够及时到达指定地点，侧重于连接工厂、贸易商和消费者。

根据业务形态的不同，有的系统集成商同时也制造物流设备、开发物流软件，中游的系统集成商处于整个产业链的核心地位。目前比较知名的系统集成商大都是由上游物流设备商或物流软件开发商演变而来的，一部分是由物流设备的生产厂家发展而来，这类企业的硬件技术较强，比如日本大福、德马泰克、昆船物流等；另一部分是由物流软件开发商发展而来，这类企业在软件技术开发上具有较强的竞争实力，以瑞仕格、今天国际为典型代表。

3. 智能仓储行业核心价值分析

智能仓储行业产业链中中游的系统集成商处于整个产业链的核心地位，物流仓储系统不是简单的设备组合，是以系统思维的方式对设备功能的充分应用，并保证软硬件接口的无缝和快捷，目的是实现集成创新，是一个全局优化的复杂过程。只有通过运用系统集成的方法，才能使各种物料最合理、经济、有效地流动，实现物流的信息化、自动化、智能化、快捷化和合理化。仓储物流系统综合解决方案提供商通常在该领域具有整体规划、系统设计和整合行业资源的能力，起到积极而不可替代的作用。

行业内具有代表性的企业如下：

（1）日本大福。突出为客户提供从咨询、方案设计、设备制造及系统集成、售后服务的全方位服务，并且在系统集成中将仓储、搬运、分拣、拣选和控制系统等多种技术综合为最佳、最理想的物料搬运系统。

（2）瑞仕格公司。强调其为医院、仓库和配送中心实施先进的自动化解决方案，公司提供整套的集成系统和服务贯穿解决方案的整个使用周期。

（3）今天国际。公司将自身定位为一家专业的智慧物流和智能制造系统综合解决方案提供商，能够根据客户的需求快速开发各种物流系统、制造系统应用和管理软件、接口软件，自主研发了一系列信息管理系统、电气控制系统产品、物流机器人、工业机器人及设备。

（4）快仓智能。主打为用户提供产品级解决方案，其系统解决方案由智能仓库机器人、可搬运货架、多功能工作站、WMS系统、RCS系统、机器人主体控制系统等一系列硬件、软件系统构成。以人工智能算法为核心的软件优化、调度各类硬件资源，高效、准确地完成包括上架、拣选、补货、退货、盘点等仓库内全部的作业流程。

综上所述，智能自动化仓储以人工智能技术为发展方向，信息技术成为仓储自动化的核心。

4. 智能仓储与传统仓储的对比（表1-1）

表1-1 智能仓储与传统仓储的对比

对比元素	智能仓储	传统仓储
空间利用率	充分利用仓库的垂直空间	需占用大面积土地
储存量	远远大于普通的单层仓库，节约70%以上的土地	单层仓库
储存形态	动态储存，货物在仓库内能够按需要自动存取	静态储存，只是货物储存的场所，保存货物是其唯一的功能
作业效率	货物在仓库内按需要自动存取	主要依靠人力，货物存取速度慢
人工成本	可以节约80%左右的劳动力成本	人工成本高
环境要求	能适应黑暗、低温、有毒等特殊环境的要求	受黑暗、低温、有毒等特殊环境影响很大

5. 市场格局

我国智能仓储市场规模。从企业数量来看，据高工产研机器人研究所（GGII）数据显示，2016年仓储行业企业数量达5.2万家，从2010年的1.7万家增长至2016年的5.2万家，年复合增长率为20.4%。截至2016年底，全国累计建成的自动化立体库已经超过3000座，如图1-7所示。

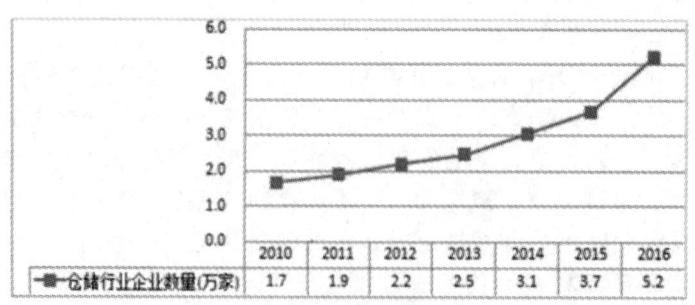

资料来源：高工产研机器人研究所（GGII）

图1-7 2010—2016年仓储行业企业数量

从行业供应方面来看，高工产研机器人研究所（GGII）数据显示，2016年，仓储行业新增固定资产规模达 5,885.1 亿元,同比增长 22.5%。从数据可以看出,固定资产规模正急剧扩张,由 2010 年的 992.2 亿元增长至 2016 年的 5885.1 亿元,年复合增长率达 34.5%,如图 1-8 所示。

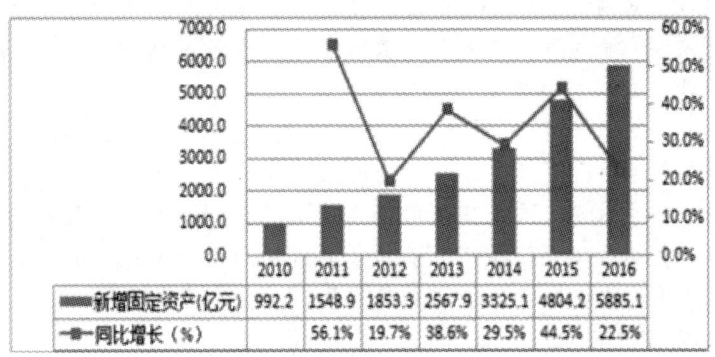

资料来源:高工产研机器人研究所(GGII)

图 1-8　2010－2016 年仓储行业新增固定资产规模

高工产研机器人研究所(GGII)认为,中国经济的持续健康发展和中国物流业的崛起为仓储业的发展提供了巨大的市场需求,加上制造业、商贸流通业外包需求的释放和仓储业战略地位的加强,未来智能仓储存在巨大市场需求,预计到 2020 年,智能仓储市场规模将超过 954 亿元,如图 1-9 所示。

资料来源:高工产研机器人研究所(GGII)

图 1-9　2013－2020 年智能仓储市场规模及预测

(三)智能仓储行业未来市场需求

1. 烟草、医药、汽车行业仓储未来改造需求广阔

中国物流技术协会信息中心数据显示,国内智能物流仓储系统主要集中在烟草、医药和汽车等对自动化要求较高的行业,三个行业约占总需求的 1/3。汽车、医药和烟草行业的仓储自动化普及率分别为 38%、42% 和 46%,高于国内 20%、低于发达国家 80% 的平均水平,未来工厂物流的改造空间巨大。

烟草行业自动化程度高、货物存储量大,流通环节配送物流量大、信息化程度高,且烟草实行专卖管理,产品要求具有可追溯性。烟草行业是国内较早使用自动化物流系统的行业之一，现役的自动化物流系统烟草行业占比最高，未来烟草工业领域对自动化物流系统的需求仍将保持稳定，烟草原叶及流通领域对自动化物流系统的需求已经开始起步并将快速提升。

汽车行业的自动化水平较高，零部件种类繁多，且不同零部件的配送方式差异较大，对零部件物流的及时性、准确性要求高。自动化物流系统在国内汽车行业中应用广泛，如东风汽车自动化物流仓储系统、神龙汽车有限公司武汉工厂零部件配送中心、第一汽车制造厂零配件立体库等，汽车行业对自动化物流系统的需求量较大。

医药行业的自动化水平较高，原材料和产成品种类众多，并且批号要求严格、有效期管理要求高，存货管理复杂、难度大。自动化物流系统在国内医药企业中应用较多，如北京双鹤药业工业园生产自动化立体库、国药集团医药控股有限公司上海自动化物流配送中心、三精制药股份有限公司物流配送中心、杨子江药业集团新成品自动化立体库、北京医药股份有限公司物流配送中心等。自动化物流系统的使用提升了医药企业经营管理效率，自动化物流系统在医药行业中具有较大的市场空间。

2. 电商行业需求将是未来智能仓储重要增长引擎

电商行业仓储虽然仅占立体仓储的 5%，但是近年来电商发展迅速，未来其带来的智能仓储需求将成为重要的增长引擎。艾瑞咨询数据显示，2015 年中国电子商务市场交易规模达 16.4 万亿元，同比增长 22.7%，其中网络购物增长 36.2%，成为推动电子商务市场发展的重要力量，网络购物占零售总额比例的不断提高，到 2015 年达到 12.6%，上升空间依然很大。

电子商务发展快速，其配套设施服务也需跟上，而其中最重要的则为仓储、配送等物流服务。电子商务间的竞争，最终转变为后端物流之争，谁的物流服务好，谁就将赢得更多客户。与传统零售相比，电子商务对仓储配送物流的依赖度更高，达 60%。

（摘自：《智能仓储的基本逻辑》，http://www.chinawuliu.com.cn/information/201805/17/331245.shtml）

单元二　仓库设施设备

单元导读

通过本单元的学习，学生应能够了解仓库设施设备，掌握货架类型，初步具备根据企业的自身条件选择建设或租用不同类型的仓库设备的能力。

知识点

（1）仓库的功能。
（2）仓库的类型。
（3）仓库的设备。
（4）仓库的布局。

技能点

（1）初步具备仓库规划和设备配置的思维能力。
（2）能通过组内研究、互相协作、运用相关资料解决相关问题。
（3）具有团队合作精神和协调人际关系的能力。

项目一　了解仓库

【案例 2-1】

2A 级物流企业：浙江元通物流有限公司（仓储型）

浙江元通物流有限公司诞生于 1999 年 10 月，是在原国家二级企业、全国流通企业 100 强、浙江省机电设备公司储运公司基础上成立的国有企业，自主经营、自负盈亏、依法注册、照章纳税的专业从事物流仓储、运输为主，适时开拓其他经营业务的独立法人企业。浙江元通物流有限公司现有员工 43 名，是一支经过长期仓储物资管理实践，具有一定物资管理收发经验，吃苦耐劳，实干，颇具敬业责任的员工队伍，在全省同行业中树有良好形象。浙江元通物流有限公司物流设施初具规模，其中石桥仓库总占地面积为 33266 平方米，库房 8 座，共 10740 平方米；料棚 6400 平方米、堆场 3000 平方米；5 吨叉车 1 台、3 吨叉车 3 台；10 吨桥式行车 3 台，2 吨门式行车 2 台。环境整洁优美，进出杭城交通快捷便利。草庵村仓库库房 1000 平方米，堆场 2000 平方米，10 吨门式行车 1 台，5 吨桥式行车 1 台。另有位于杭州陶瓷品市场营业用房（十号名品馆）6600 平方米，馆内集中了陶瓷、卫浴的名牌产品，较具竞争实力。经过几代人的艰苦努力和实践，在仓储物资收发存运、市场运作等环节上积累了丰富的实践经验，在此基础上公司于 2002 年 3 月成为全省第一家通过 ISO9001：2000 质量认证的物流企业。2005 年获国家首批 26 家 A 级物流企业之一。

（摘自：《中国著名仓储物流公司排名》，http://www.baoyuntong.com/datum/show-23975.html）

思考与互动：

1．简单描述浙江元通物流有限公司石桥仓库基本情况。

2．简单描述浙江元通物流有限公司草庵村仓库基本情况。

3．简单描述浙江元通物流有限公司杭州陶瓷品市场营业用房基本情况。

仓库是物流企业里最常见的物流设施，传统物流中，国民经济各部门根据需要建立所属的仓库，按照仓库隶属的部门，一般分为工业仓库、农业仓库、建筑业仓库、交通运输业仓库、商业仓库、物资仓库、外资企业、邮电仓库、军工仓库、银行仓库、书店仓库等。但随着物流业的发展，这种按部门、按行业的分类已逐渐被打破。

理论任务 1　认识仓库的概念

1．仓库的概念

《物流术语》（GB/T18354－2001）对仓库的定义是"保管、存储物品的建筑物和场所的总称"。可见仓库是指用来存放货物的场所或建筑物等设施，可以是房屋、场地、棚架、洞穴、地坑、储罐、船舶等多种形式。仓库中储存的货物包括物品、生产资料、工具或其他财产，仓库用来对其数量和价值进行保管，且需防止货物减少或受到损伤。

2．仓库的功能

从社会经济活动来看，不论是生产领域，还是流通领域都离不开仓库。仓库作为物流服务的据点，在物流作业中发挥着重要的作用。一般来讲，仓库具有以下功能。

（1）储存和保管的功能。传统仓库主要为保管型，储存和保管货物是仓库最基本的传统功能。货物的储存保管需要一定的空间和环境条件。仓库就是为储存保管物品提供必要的场所和良好的条件，防止不良因素对物品的影响，以保存物品的使用价值。

（2）配送和加工的功能。现代仓库由保管型向流通型转变，即仓库由原来储存、保管货物的中心向流通、销售货物的中心转变。仓库不仅具有储存保管货物的设施设备，还增添了分拣、配套、成组、加工、输送等设施设备，能够进行拣选、配货、检验、分类等作业，具有多品种、小批量、多批次货物的配送功能以及包装、整理、完型、标注等流通加工功能。这样既扩大了仓库的经营范围，提高了物资的综合利用率，又方便了消费者，提高了服务质量。

（3）调节货物运输能力的功能。各种运输工具的运输能力和运输条件差别较大。如，船舶一般在万吨以上，内河船也以百吨或千吨计；每节火车车皮能装 30～60 吨，一列火车的运量可达几千吨；汽车的运量一般在 10 吨以下。在机场、码头和车站，进行例如航空、铁路和公路等不同运输方式的转运时，运输能力很不匹配，这种运输能力的差异需要通过仓库进行调节和衔接。

（4）信息传递功能。在处理各项仓库业务及相关事务时，需要及时而准确的信息，如仓库利用率、进出库频率、仓库地理位置、仓储物资运输状况、顾客需求以及仓库设备及人员配置等，这些信息对仓库管理能否取得成功至关重要。

理论任务 2　了解仓库的类型

仓库的种类很多，由于各种仓库所承担的储存任务不同，加上储存物品的品种规格、性能各异，其管理要求也会有所不同。从不同角度来考察仓库，可将仓库分成不同的类型。了解仓库的种类及对应的管理要求，使得仓储管理更具有针对性，有助于提高管理效率。

1. **按照使用范围分类**

（1）自用仓库。自用仓库是生产或流通企业为本企业经营需要而修建的附属仓库，完全用于储存本企业的原材料、燃料、产成品等货物或货物。

（2）营业仓库。营业仓库是一些企业专门为了经营储运业务而修建的仓库。

（3）公用仓库。公用仓库是由国家或某个主管部门修建的为社会服务的仓库，如机场、港口、铁路的货场、库房等仓库。

（4）出口监管仓库。出口监管仓库是经海关批准，在海关监管下存放已按规定领取了出口货物许可证或批件，已对外买断结汇并向海关办完全部出口海关手续的货物的专用仓库。

（5）保税仓库。保税仓库指是经海关批准，在海关监管下专供存放未办理关税手续而入境或过境货物的场所。保税仓库是为国际贸易的需要，设置在一国国土之上，但在海关关境以外。外国企业的货物可以免税进出这类仓库而办理海关申报手续，经过批准后，可以在保税仓库内对货物进行加工、存储等作业。

2. **按保管物品种类分类**

（1）综合库。综合库（通用仓库）指用于存放多种不同属性物品的仓库。

（2）专业库。专业库（专用仓库）指用于存放一种或某一大类物品的仓库。由于某类物品数量较多，或是由于物品本身的特殊性质，如对温湿度的特殊要求，或易于对与之共同储存的物品产生不良影响，因此要专库储存。例如金属材料、机电产品、食糖、卷烟仓库等。

3. **按照物品保管条件分类**

由于物品的物理、化学、生物、机械等性能不同，所要求的储存条件、技术设备也不尽相同，从不同的物品维护、保管和仓储业的需要出发，可设计和建造不同类型的仓库，一般可分为通用仓库、专用仓库和特种仓库三种。

（1）普通仓库。普通仓库用以储存没有特殊要求的物品，其设备与库房建造都比较简单，适用范围较广。这类仓库备有一般性的保管场所和设施，按照通常的货物装卸和搬运方法进行作业。在物资流通行业的仓库中，这种通用仓库所占用的比重是最大的。

（2）保温、冷藏、恒湿恒温库。保温、冷藏、恒湿恒温库指用于存放要求保温、冷藏或恒湿恒温物品的仓库。

（3）特种仓库。特种仓库是指储存具有特殊性能的，要求特别保管条件的物品，如易燃、易爆、有毒、有腐蚀性或有辐射性的物品等。这类仓库必须配备有防火、防爆、防虫等专门设备，其建筑构造、安全设施都与一般仓库不同。

（4）气调仓库。气调仓库指用于存放要求控制库内氧气和二氧化碳浓度的物品的仓库。

4. **按建筑结构分类**

按照建筑物空间位置不同，仓库分为以下类型：

（1）地面仓库。地面仓库是建筑于地面以上的建筑物，按其构造特征又可分为封闭式仓库（包括平房库、楼房库、高层货架仓库、罐式仓库、简易仓库等）、半封闭式仓库（即料棚，包括固定料棚和活动料棚）、露天场地（即货场）。

（2）半地下仓库。半地下仓库是一部分建筑在地平面以下，另一部分露出地平面的仓库，此类仓库一般适合存放油料等易挥发、怕高温的物品。

（3）地下仓库。地下仓库建筑于地平面以下或山洞等处，其建筑结构与地面封闭式仓库略同，但在建筑设计和施工方面应有防水、防潮等措施。

5. 按照仓库的用途分类

社会再生产过程一般由生产过程、流通过程以及再生产过程的不断循环所构成，相对应的有生产企业仓库、流通仓库、消费（商业）仓库等。

根据仓库所起作用不同，生产企业仓库可分为物资供应库、工具库、中间库（半成品库）；流通仓库还可分为成品库、中转库（储运库）和储备库；商业仓库可再分为采购供应库、批发库、零售库、加工库等。按照仓库的用途主要可以分为以下几种：

（1）采购供应仓库。采购供应仓库主要用于集中储存生产企业收购的和供国际间进出口的物品。一般这类仓库库场设在商品生产比较集中的大中城市、港口地区或交通发达的物资流通要地。这类仓库通常规模较大，可细分为一级和二级采购供应站两种。一级站仓库面向全国，二级站仓库面向省、市、自治区或经济发达特殊区域。

（2）批发仓库。批发仓库主要是用于储存从采购供应库场调进或在当地收购的商品，然后供应给同一地区的中小批发商店以及零售商店。为了迅速有效地向零售商店供应物品，这类仓库一般贴近商品销售市场，规模同采购供应仓库相比要小一些，它既从事批发供货业务，也从事拆零供货业务。

（3）零售仓库。物品零售仓库主要用于为商业零售业做提供短期储货服务，以供门市销售。零售企业从批发部门进货后，不能把所有物品直接陈列在门市出售，一般都要入库拆包、检验、分类、分级、更换包装。这类仓库归零售行业所属，常与零售企业设在一起，有的设在商店内，一般规模较小。

（4）储备仓库。储备仓库一般由国家设置，以保管国家应急的储备物资和战备物资。货物在这类仓库中储存时间一般比较长，对仓储条件、质量维护和安全保卫的要求较高，并且储存的物资会定期更新，以保证物资的质量。

（5）中转仓库。仓库处于货物运输系统的中间环节，存放等待转运的货物，一般货物在此仅做临时停放，这一类仓库一般设置在公路、铁路的场站和水路运输的港口码头等交通枢纽地附近，以方便货物在此等待装运。这类仓库通常设置在铁路货运站、卡车中转站以及港口附近，甚至在大规模中转仓库库区内建有铁路专用线，以提高装卸、保管、运输的效率。

（6）加工仓库。商业加工仓库是物品保管和加工相结合的流通仓库，主要职能是根据市场需要储存物品和兼营某些物品的挑选、整理、分级分装等流通加工。

以上是常见的几类仓库，生产出来的产品首先是被储存在采购供应仓库，然后流向批发仓库，接着是零售仓库，最后商品进入卖场，在那里向最终用户销售。

6. 按仓库作业的机械化程度分类

按照仓库作业的机械化程度，仓库可以分为人力仓库、半机械化仓库、机械化仓库、半自动化仓库、自动化仓库等类型。

（1）人力仓库。人力仓库一般规模较小，采用人力作业方式，无装卸机械设备。一般储存元器件、工具、备品备件等货物。

（2）半机械化仓库。半机械化仓库是指入库采用机械作业，如叉车等，出库采用人工作业方式。一般适合批量入库，零星出库的情况。

（3）机械化仓库。机械化仓库指入库和出库均采用机械作业，如行车、叉车、输送机等，适合整批入库和出库、长大笨重的货物储存等情况。一般机械化仓库配备高层货架，这有利于提高仓库空间利用率。

（4）半自动化仓库。半自动化仓库是自动化仓库的过渡形式，配备高层货架和输送系统，采用人工操作巷道堆垛机的方式，多见于备件仓库。

（5）自动化仓库。自动化仓库是现代仓储业的主要发展方向。它是以高层货架为主体，配备自动巷道作业设备和输送系统的无人仓库。

以上分类是按照目前状况划分的，随着社会的发展，经济体制的改革，仓库的类别也在不断变化。

理论任务 3　熟悉仓库的主要性能参数

仓库有两个最重要的性能参数，分别为仓库的库容量和出入库频率。库容量是指仓库能容纳物品的数量，是仓库内除去必要的通道和间隙后所能堆放物品的最大数量。一般用"t""m"或"货物单元"表示。出入库频率表示仓库货物出入的频繁程度，它的高低决定了仓库内搬运设备的参数和数量，出入库频率可用"t/h"或"托盘/h"表示。

决定仓库性能的还有其他一些因素和参数。如贮存物品的特性、托盘及其辅助工具的尺寸、仓库的自动化程度、出入库平均作业时间、仓库约束条件（如运输条件、仓库高度、面积及地面承载能力）等。

评价仓库经营效率的主要指标为库容量利用系数和库存周转次数。

$$库容量利用系数 = \frac{平均库存量}{最大库容量}$$

库容量利用系数是一个随机变动的量，一般取它的年平均值作为考核指标。

$$库存周转次数 = \frac{年入库总量}{年平均库存量}$$

对于储备性仓库，库存周转次数不是一个重要指标。由于其库存货物只是紧急状态下使用的，周转次数极少，但此时，出库速度可能成为重要的指标。对于生产性和经营性的仓库，库存周转次数越多说明资金周转越快，经济效益越高。一些经营好的仓库周转次数每年可以达到 24 次以上，即不到半个月就周转一次。

其他的衡量指标还有以下几个：

（1）单位面积的库容量，这是总库容量与仓库占地面积之比。在土地紧缺、征用费用高的地方，这是一个很重要的经济指标。

（2）全员平均劳动生产率，这是仓库全年出入库总量与仓库总人数之比。它通常取决于仓库作业的机械化程度。

（3）装卸作业机械化程度，是指用装卸机械装卸货物的作业量与总的装卸作业量之比。

（4）机械设备的利用率，指机械设备的全年平均小时搬运量与额定小时搬运量之比。可用这个系数来评估机械设备系统配置的合理性。

实践任务　了解仓库类型及特点

通过对常用仓库建筑结构特点及适用范围的了解，扩大学生的知识面，开拓学生的视野。

仓库从建筑形式上来看，有单层仓库、多层仓库、高架仓库、露天堆场、货棚、筒仓、地下油库等形式，分别适用于不同的场合。各种形式仓库的特点及适用范围，见表2-1，请补齐相应的仓库类型。

表2-1　各种形式仓库的特点及适用范围

仓库类型	建筑特点	优点	缺点	适用范围
	有起重机	结构简单、建造容易、造价低、使用方便	占地多、空间利用困难	适用于存放一般中、小件物品和单元化货物
	无起重机	结构简单、装卸作业机械化效率较高、使用方便	占地多、空间利用率低	适用于存放长、大型货物和托盘集装货物
	有站台	节约用地、库容量大、库房干燥	作业环节增多，需要增加升降设备，结构复杂，投资较大	底层和上层可以根据需要分别存放轻、重货物以及保管条件、进出库特征不同的物品
	有起重机	节约用地、库容量大、库房干燥、大件货物作业方便	作业环节增多，需要增加升降设备，结构复杂，投资较大、跨距增大	库存物中有较大型货物时需要考虑这种形式
	有地下室	节约用地、库容量大、地上库房干燥、地下库房阴凉	作业环节增多，需要增加升降设备，结构复杂，地下需要通风设备，投资较大	库存类型复杂、场地使用又受限制时可以考虑
	—	空间利用率高、机械化、自动化程度高	建造复杂、投资大、协作条件要求高	适用于高价值、多品种、小批量物品的存放，以及对库存控制水平、配送能力要求高的仓库
	—	结构简单、进出作业方便	保管条件较差	适用于大型货物和集装箱货物
	—	结构简单、造价低、通风条件好	保管条件较差	适用于较大型、包装严密，储存时间较短的货物
	—	容量大、占地少、机械化程度高、密闭性好、防火性好	只能用于一种特种货物的存放	适用于单一品种的大宗粉状、粒状物品和液态物品存放
	—	经济安全可靠，便于防火灭火，可减少油料挥发，卸油可自流	维修不便	用于存放各类易燃液体

项目二　熟悉仓库的布局

【案例2-2】

京东八大仓库在哪里？浅析京东仓储布局情况

2017年4月30日，京东物流与海淀区人民法院签署战略合作协议，根据约定，京东物流将与海淀区人民法院共同打造北京市首个法企共建的"智慧化物流中心"。京东抢滩法企智慧物流引起业内广泛关注。但是众所周知在此之前京东已经在全国范围内建立了八大仓库中心，负责全国范围内的仓储以及货物集散。

目前京东八大仓库分别位于北京、上海、广州、沈阳、武汉、西安、成都、德州八座城市。其中北京物流中心覆盖北京、天津、河北、山西、内蒙古、山东地区；上海物流中心覆盖江苏、浙江、上海、安徽、钓鱼岛地区；广州物流中心覆盖广东、广西、福建、海南地区；成都物流中心覆盖四川、重庆、贵州、云南、西藏地区；武汉物流中心覆盖湖北、湖南、江西、河南地区；沈阳物流中心覆盖辽宁、吉林、黑龙江地区；西安物流中心覆盖陕西、甘肃、青海、宁夏、新疆地区；德州物流中心能覆盖周边三四线城市。

除了以上八大仓库中心之外，京东对外发布的2017年业绩报告显示：2017年，京东物流全球首个全流程无人仓和无人分拣中心先后投入使用，全球首个顶配奢侈品仓也正式启用，京东物流运营的大型仓库从2016年底的256个增加到2017年底的486个，总面积从560万平方米增加到1000万平方米，其中，亚洲范围内建筑规模最大、自动化程度最高的现代化物流中心"亚洲一号"在"双11"期间扩展到11座。

京东还加大了对绿色物流的投入力度，启动了对体系内的几十万辆新能源车的替换计划，打造电商物流行业最大规模的绿色运输车队，首批10万个可循环使用的"绿盒子"青流箱投放使用，并成立京东物流绿色基金，用于供应链环保技术改造、创新研发、绿色消费社会的倡导和推动。

在海外布局上，在印度尼西亚市场，京东已经在4个城市设立仓库，配送服务已经覆盖7大岛屿、483个城市和6500个区县，商品品类涵盖3C、家电、时尚、奢侈品等19个品类、127个子品类；在泰国，京东集团与泰国最大的零售企业尚泰集团在泰国成立合资公司，向当地提供电商服务和金融科技服务，并面向泰国和整个东南亚推出一个全新的线上零售平台；京东集团还联合VNG公司共同投资了越南电商平台Tiki，成为Tiki的大股东之一；加之在美国、俄罗斯、英国以及澳大利亚等国家的业务拓展，京东初步构建了跨境电商和跨境物流体系，已有上千家中国企业与京东签署了"出海"意向书，将通过京东"售全球"业务的推动走向全球市场。

除了物流基础设施，京东在物流技术上也有突破。2017年6月起，京东无人机在江苏宿迁、陕西省多个地区都实现了常态化配送运营。其间，全球首个全流程智慧化的无人机智能机场在江苏宿迁投入使用，全球首个无人配送站在陕西西安落成并投入使用，投资100亿元的无人车智能产业基地项目落地长沙。

（摘自：《京东八大仓库在哪里？浅析京东仓储布局情况》，https://www.50yc.com/information/hangye-wuliu/12174）

思考与互动：

1．模拟画出国内京东仓库网点分布图。

2．查找京东"绿盒子"青流箱的相关资讯，并阐述其对京东首创行业全新开放回收体系的意义。

理论任务1　了解仓库的选址

仓库网点规划实质上是一个地区、组织或企业的储备分布问题，配置是否合理不仅会直接影响到该地区、组织或企业资源供应的及时性和经济性，还会在一定程度上影响相关区域、组织或企业的库存水平及库存结构的比例关系。一个仓库建成之后通常会改变其所在地区以往的直达和中转货物的比例。作为非仓库的拥有者，在选择租用已有仓库，进行布点时也应考虑其合理性，因为仓库的布点是否合理，选址是否得当，对物流合理化会产生重要影响。合理、全面、科学地组建仓库网时，影响因素有很多，应考虑的主要有经济环境、自然环境和政策环境等因素，具体内容见表2-2。

表2-2　仓库选址考虑因素

因素		内容
经济环境	货流量的大小	仓库位置应在物流量较大的区域
	货物的流向	仓库位置应考虑其服务的产业的大量货品流动方向
	城市的扩展与发展	城市扩张使仓库未来可能处于交通繁忙及大型货车出入受限制的城市中心
	交通的便利性	仓库要考虑选择在两种以上运输方式的交会地
自然环境	地理因素	选择地面较坚硬，空气较干燥地区，不得有地下水上溢，远离闹市或居民区，远离产生腐蚀性气体、粉尘、辐射热和易发生火灾的单位
	气候因素	关注所在地的自然气候环境，例如湿度、盐分、降雨量、风向、风力、瞬时风力、地震、山洪、泥石流等
政策环境		关注企业优惠措施（土地提供、减税）、城市规划（土地开发、道路建设计划）、地区产业政策等

理论任务2　把握仓库平面布局

仓库库区总体布局是指在城市规划管理部门批准使用地的范围内，按照一定的原则，把仓库的各种建筑物、道路等各种用地进行合理协调的系统布局，使仓库的各项功能得到发挥。

1. 仓库总平面布局的原则

（1）适应仓储企业生产流程，有利于仓储企业生产正常进行，即单一的物流方向、最短的运距、最少的装卸环节、最大的利用空间。

（2）有利于提高仓储经济效益。要因地制宜，充分考虑地形、地址条件，满足物品运输和存放上的要求，并能保证仓容充分利用。总平面布局应能充分、合理地利用机械化设备。

（3）有利于保证安全生产和文明生产。库内各区域间、各建筑物间应根据"建筑设计防火规范"的有关规定，留有一定的防火间距，有防火、防盗等安全设施。总平面布局应符合卫生和环境要求，满足库房通风、日照、环保、文明生产。

2. 仓库的总体构成

仓库库区的主要组成部分包括储运生产作业区、辅助生产区和行政商务区，如图2-1所示。

（1）储存生产作业区。储存生产作业区是仓库的主体部分，是物品储运活动的场所，主要包括储货区、铁路专用线、道路、装卸台等。储货区是储存保管的场所，具体分为库房、货棚、货场。货场不仅可存放物品，同时还起着货位的周转和调剂作业作用。铁路专用线、道路是库内外的物品运输通道，物品的进出库，库内物品的搬运，都通过这些运输线路。专用线应与库内其他道路相通，保证畅通。装卸站台是供火车或汽车装卸物品的平台，有单独站台和库边站台两种，其高度和宽度应根据运输工具和作业方式而定。

（2）辅助生产区。辅助生产区是为物品储运保管工作服务的辅助车间或服务站，包括车库、变电室、油库、维修车间等。

（3）商务行政区（图2-1）。

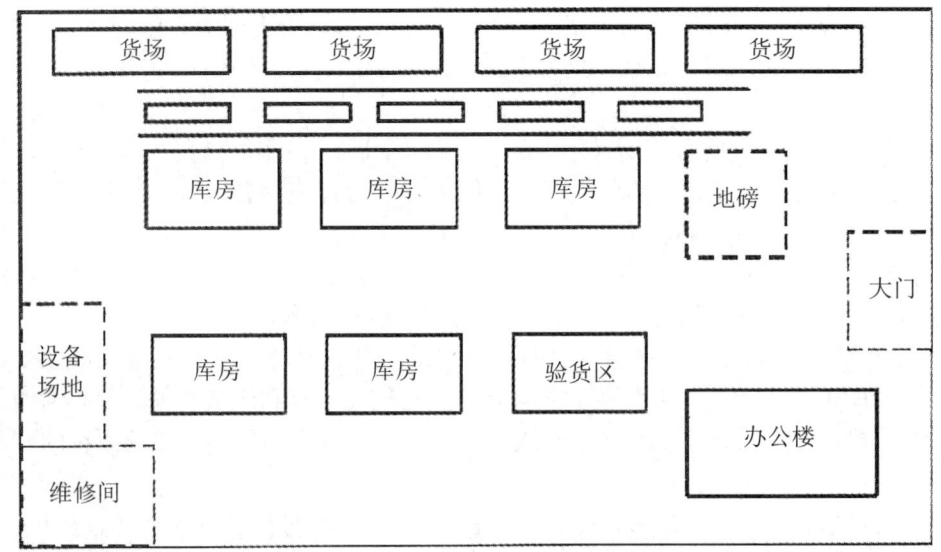

图2-1　仓库库区总体构成示意图

行政生活区是仓库行政管理机构和生活区域。一般设在仓库入库口附近，便于业务接洽和管理，行政生活区与生产作业区应分开，并保持一定距离，以保证仓库的安全及商务行政办公的安静。

理论任务3　了解货场的布置

货场是指用于存放某些物品的露天场地。货场也称堆场，可分为杂货堆场、散货堆场和集装箱堆场几种。

1. 集装箱堆场

集装箱是一种运输设备，应满足以下要求：

（1）具有足够的强度，可长期反复使用。

（2）适于一种或多种运输方式运送，途中转运时，箱内货物不需换装。

（3）具有快速装卸和搬运的装置，特别便于从一种运输方式转移到另一种运输方式。

（4）便于货物装满和卸空。

（5）具有 $1m^3$ 及以上的容积。

集装箱的出现给储存带来了新观念，集装箱本身便是一栋仓库。在仓储过程中，以集装箱存放货物，形成集装箱货场，可以直接以集装箱作为媒介，使用机械装卸、搬运，可以从一种运输工具直接方便地换装到另一种运输工具,或从发货方的仓库经由海陆空等不同运输方式,无须开箱检验,也无须接触和移动箱内货物,直接运到收货人的仓库,省去了入库、验收、清点、堆垛、保管、出库等一系列储存作业。这样不仅装卸快、效率高,而且减少了在仓储与装卸搬运过程中对各种商品的损伤,并且在某种程度上还可以减少包装费用。因而,对改变传统储存作业有很重要的意义,是储运合理化的一种有效方式。

2. 杂货堆场

杂货是指直接以货物包装形式进行流通的货物。货物的包装有袋装、箱装、桶装、笼装、捆装、裸装等,也包括采用成组方式流通的货物。杂货中的相当一部分可以直接在货场露天存放,如钢材、油桶、日用陶器等。杂货在货场存放要考虑是否需要盖、垫垛,以便排水除湿。杂货的杂性使得杂货的装卸、堆垛作业效率极低,而且需要较大的作业空间,同时杂货容易混淆,需要严格的区分。

大多数杂货的货位布置形式均采用分区、类布置,即对存储货物在"三一致"(性能一致、养护措施一致、消防方法一致)的前提下,把货场划分为若干保管区域,根据货物大类和性能等划分为若干类别,以便分类集中堆放。

根据货物不同的性质,对各种堆存的货物进行合理的分类之后,即可按照货场的货区进行分类堆放。货场的货区布置主要有三种:横列式、纵列式和混合式。

(1) 横列式。横列式布置是指货位的长度与堆场的长度方向互相垂直,如图2-2所示。这种布置方式的主要优点是:主要通道长且宽,副通道短,有利于货物的取存、检查;通风和采光条件存;有利于机械化作业。其主要缺点是:主通道占用面积多,堆场面积的利用率会受到影响。

(2) 纵列式。纵列式布置形式是指货位的长度与货场的长度方向相同,如图2-3所示。这种布置方式的优点主要是仓库平面利用率较高;其缺点是存取货物不方便,对于通风采光不利。

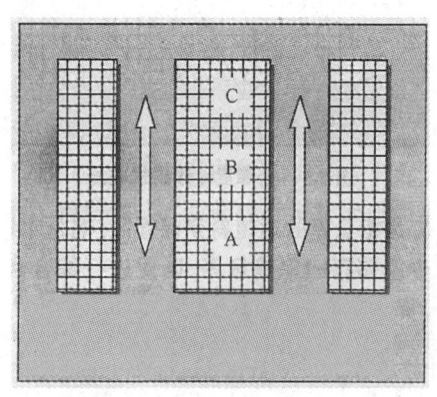

图 2-2 横列式货区布置

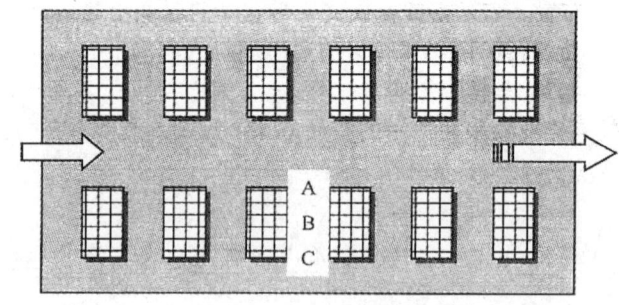

图 2-3 纵列式货区布置

(3) 混合式。混合式布置形式是指货场横列式和纵列式布置兼而有之,是两种方式的结合,兼有上述两种方式的特点。

3. 散货堆场

散货是指无包装、无标志的小颗粒直接以散装方式进行运输、装卸、仓储、保管和使用。在仓储中不受风雨影响的散货一般直接堆放在散货货场上,如沙、石、矿等。

散货堆场根据所堆放货物的种类不同,地面的结构也不完全相同,可以是沙土地面、混凝土地面等。由于存量巨大,要求地面有较高的强度。另外,散货都具有大批量的特性,所以散货堆场往往面积较大。为了便于疏通,采取明沟的方式排水,并且通过明沟划分较大面积的货位。散货堆场都采用铲车或者输送带进行作业,所堆的垛形较为巨大。

实践任务　了解蒙牛乳业立体仓库库区布置

内蒙古蒙牛乳业泰安有限公司乳制品自动化立体仓库,是蒙牛乳业公司委托太原刚玉物流工程有限公司设计制造的第三座自动化立体仓库。该库后端与泰安公司乳制品生产线相衔接,与出库区相连接,库内主要存放成品纯鲜奶和成品瓶酸奶。库区面积8323平方米,货架最大高度21米,托盘尺寸1200毫米×1000毫米,库内货位总数19632个。其中,常温区货位数14964个;低温区货位46687个。入库能力150盘/小时,出库能力300盘/小时。出入库采用联机自动。

根据用户存储温度的不同要求,该库划分为常温和低温两个区域。常温区保存鲜奶成品,低温区配置制冷设备,恒温4℃,存储瓶酸奶。按照生产—存储—配送的工艺及奶制品的工艺要求,经方案模拟仿真优化,最终确定库区划分为入库区、储存区、托盘(外调)回流区、出库区、维修区和计算机管理控制室6个区域。

入库区由66台链式输送机、3台双工位高速梭车组成,负责将生产线码垛区完成的整盘货物转入各入库口。双工位穿梭车则负责生产线端输送机输出的货物向各巷道入库口的分配、转动及空托盘回送。

储存区包括高层货架和17台巷道堆垛机。高层货架采用双托盘货位,完成货物的存储功能。巷道堆垛机则按照指令完成从入库输送机到目标的取货、搬运、存货及从目标货位到出货输送机的取货、搬运、出货任务。

托盘(外调)回流区分别设在常温储存区和低温储存区内部,由12台出库口输送机、14台入库口输送机、巷道堆垛机和货架组成,分别完成空托盘回收、存储、回送、外调货物入库、剩余产品,退库产品入库、回送等工作。

出库区设置在出库口外端,分为货物暂存区和装车区,由34台出库输送机、叉车和运输车辆组成。叉车司机通过电子看板、RF终端扫描来叉车完成装车作业,反馈发送信息。

维修区设在穿梭车轨道外一侧,在某台空梭车更换配件或处理故障时,其他穿梭车仍旧可以正常工作。计算机控制室设在二楼,用于出入库登记、出入库高度、管理和联机控制。

(摘自:《蒙牛乳业自动化立体仓库案例》,https://wenku.baidu.com/view/5d1d49b4c850ad02df8041bf.html)

思考与互动:
1. 阅读案例,标注关键词。

2. 结合本案例分析制作自动化立体仓库的工艺流程。

3. 结合本案例分析制作蒙牛乳业自动化立体仓库布局图。

项目三　了解仓库的设备

【案例 2-3】

蒙牛乳业自动化立体仓库设备及配置

内蒙古蒙牛乳业泰安有限公司乳制品自动化立体仓库主要存放成品纯鲜奶和成品瓶酸奶。库区面积 8323 平方米，货架最大高度 21 米，托盘尺寸 1200 毫米×1000 毫米，库内货位总数 19632 个。其中，常温区货位数 14964 个；低温区货位 46687 个。入库能力 150 盘/小时，出库能力 300 盘/小时。出入库采用联机自动。

一、货架

1. 货架主材

主柱：常温区选用刚玉公司自选轧制的 126 型异型材，低温区采用 120 型异型材。横梁：常温区选用刚玉公司自轧制异型材 55BB 区采用 5BB 型异型材。天、地轨：地轨采用 30 公斤/米钢轨；天轨采用 16＃工字钢。

2. 采用的标准、规范

JB/T5323－1991 立体仓库焊接式钢结构货架技术条件；JB/T9018－1999 有轨巷道式高层货架仓库设计规范；CECS　23：90 钢货架结构设计规范和 Q/140100GYCC001－1999 货架用异型钢材。

3. 基础及土建要求

仓库地面平整度允许念头：仓库 980 长谈主，允许偏差 ±10 毫米；在最大载荷下，货架区域基础地坪的沉降变形应小于 1/1000。

4. 消防空间

货架北部有 400 毫米空间，200 毫米安装背拉杆，200 毫米安装消防管道。

二、有轨巷道堆垛机

1. 设备配置

有轨巷道堆垛超重机主要由多发结构、超升机构、货叉取货机构、载货台、断绳案例保护装置、限速装置、过载与松绳保护装置以及电器控制装置等组成。

驱动装置：采用德国德马格公司产品，性能优良、体积小、噪声低、维护保养方便。变频调整：驱动单元采用变频调速，可满足堆垛机出入库平衡操作和高速运行，具有起动性能好、调速范围宽、速度变化平衡、运行稳定并有完善的过压、过流保护功能。堆垛机控制系统：先用分解式控制，控制单元采用模块式结构，当某个模块发生故障时，在几分钟内便可更换备用模块，使系统重新投入工作。案例保护装置：堆垛机超升松绳和过载、娄绳安全保护装置；载货台上、下极限位装置；运行及超升强制换速形状和紧急限位器；货叉伸缩机械限位挡块；位虚实探测、货物高度及歪斜控制；电器联锁装置；各运行端部极限设缓冲器；堆垛机设作业报警电铃和警示灯。

2. 控制方式

手动控制：有轨巷道堆垛机的手动控制，是由操作人员通过操作板的按钮和万能转换形状，直接操作机械动作，包括水平运行、载货台升降、货叉伸缩三种动作。

单机自动：单机自动控制是操作人员在出入库端通过堆垛机电控柜上的操作板，输入入（出）库指令，堆垛机将自动完成入（出）库作业，并返回入（出）库端待令。

在线全自动控制：操作人员在计算机中心控制室，通过操作终端输入入（出）库任务或入（出）库指令，计算机与堆垛机通过远红外通信连接将入（出）库指令下达到堆垛机，再由堆垛机自动完成入（出）库作业。

三、输送机

整个输送系统由2套PLC控制系统控制，与上位监控机相联，接收监控机发出的作业命令，返回命令的执行情况和子系统的状态等。

四、双工位穿梭车

系统完成小车的高度，其中一工位完成成品货物的接送功能，另一工位负责执行委员会的拆卸分配。主要技术参数如下：安定载荷为1300公斤；接送货物规格为1200毫米×1000毫米×1470毫米（含托盘）；最大空托盘数8个；空托盘最大高度为1400毫米；运行速度为5~160米/分（变频调速）；输送速度为12.4米/分。

五、计算机管理与控制系统

依据蒙牛业泰安立库招标的具体需求，考虑企业长远目标及业务发展需求，针对立库的业务实际和管理模式，为本项目定制了一套适合用户需求的仓储物流管理系统。其主要包括仓储物流信息管理系统和仓储物流控制与监控系统两部分。仓储物流信息管理系统实现上层战略信息流、中层管理信息流的管理；自动化立体仓库控制与监控系统实现下层信息流与物流作业的管理。

（一）仓储物流信息管理系统

1. 入库管理

实现入库信息采集、入库信息维护、脱机入库、条形码管理、入库交接班管理、入库作业管理、入库单查询等。

2. 出库管理

实现出库单据管理、出库货位分配、脱机出库、发货确认、出库交接班管理、出库作业管理。

3. 库存管理

对货物、库区、货位等进行管理，实现仓库调拨、仓库盘点、存货调价、库存变动、托盘管理、在库物品管理、库存物流断档分析、积压分析、质保期预警、库存报表、可出库报表等功能。

4. 系统管理

实现对系统基础资料的管理，主要包括系统初始设置，系统安全管理，基础资料管理，物料管理模块，业务资料等模块。

5. 配送管理

实现车辆管理、派车、装车、运费结算等功能。

6. 质量控制

实现出入库物品、库存物品的质量控制管理,包括抽检管理、复检管理、质量查询、质量控制等。

7. 批次管理

实现入库批次数字化、库存批次查询、出库发货批次追踪。

8. 配送装车辅助

通过电子看板、RF 终端提示来指导叉车进行物流作业。

9. RF 信息管理系统

通过 RF 实现入库信息采集、出库发货数据采集、盘点数据采集等。

(二)仓储物流控制监控系统

自动化立体仓库控制与监控系统是实现仓储作业自动化、智能化的核心系统,它负责管理高度仓储物流信息系统的作业队列,并把作业队列解析自动化仓储设备的指令队列,根据设备的运行状况指挥协调设备的运行。同时,本系统以动态仿真人机交互界面监控自动化仓储设备的运行状况。

仓储物流控制监控系统包括作业管理、作业高度、作业跟踪、自动联机入库、设备监控、设备组态、设备管理等几个功能模块。

(摘自:《蒙牛乳业自动化立体仓库案例》, https://wenku.baidu.com/view/5d1d49b4c850ad02df8041bf.html)

思考与互动:

1. 结合本案例分析自动化立体仓库由哪些设备设施组成。

2. 自动化立体仓库的特点是什么?

3. 分析蒙牛采用的立体化仓库的优越性。

物流设备承担商品载体的作用,通过物流设备的运行,实现商品时空转移。现代化的仓储设备可以根据用途分为六大类,物流企业里常用的仓储设备主要有消防设备、检验设备、养护设备、存储设备、装卸搬运设备、分拣设备等。

理论任务 1 仓库的消防设备

之所以把消防设备放在第一位,是因为对于仓库的管理者和经营者来说,消防安全都是仓储工作的重中之重。仓库是物品重要的集散地,也是储藏和保管物品的场所,其价值和使用价值均很高,一旦发生火灾或爆炸等严重事故,不仅仓库和设施可能被毁坏,而且仓库中的物品也将被毁坏。为了保障仓库的消防安全,必须根据存储商品的种类及性质配备相应的消防器材和设备。常见的消防设备有消防栓、消防管道、烟雾报警器、灭火器、防烟面具、防护服等。

仓库使用的防火器材主要有灭火器、水和沙子等,除此之外,还有消防栓、消防泵和消防车。灭火器是使用最广泛的灭火器材，由于可燃物不同，所使用的灭火器的类型也有所不同。常用的灭火器有干粉灭火器、卤代烷灭火器、二氧化碳灭火器和泡沫火器。火灾类型及适用灭火器见表 2-3。

表 2-3　火灾类型及适用灭火器

火灾类型	可燃物	灭火器类型
A 类	含碳固体可燃物：木材、棉、毛、纸张等	干粉、卤代烷、泡沫
B 类	有机液体：汽油、煤油、柴油、甲醇、乙醇等	干粉、卤代烷、二氧化碳
C 类	可燃气体：煤气、天然气、乙炔等	干粉、卤代烷、二氧化碳
D 类	可燃的活泼金属：钾、钠等	干沙、金属火灾灭火器
E 类	带电物体：电器、电子设备、电线电缆等	干粉、卤代烷、二氧化碳

理论任务 2　仓库的检验设备

检验设备指仓库在入库验收环节、在库质量检查环节和出库交接环节中使用的度量衡称重设备、量具及商品检验的各种仪器等。

1. 仓库的衡器设备

仓库所保管的货物多以重量为计数单位，衡器是仓库作业中使用最多的计量设备。仓库只有在具备精良衡器的条件下，才能保证货物在收发保管过程中数量的准确性。但衡器精确性的保持，主要在于合理使用和妥善保管。因此，仓库工作人员必须懂得如何正确合理地使用与妥善保管衡器，以便保持其精确性。

仓库根据其作业性质与收发量大小，一般配备案秤、台秤、汽车衡等衡器设备。

2. 仓库的量具设备

仓库所保管的货物还有以长度为计量单位的，同时绝大部分货物都有一定的规格尺寸，所有货物的长度和材料规格尺寸的计量，都必须应用各种量具来完成。因此，熟练掌握量具的使用，是仓库工作人员所必须掌握的技能。

仓库常用的量具包括普通量具和精密量具两种。普通量具中又有直接量具（如直尺、折尺、卷尺等）和辅助量具（如卡钳、线规等）之分。精密量具中有游标卡尺和千分尺等。

理论任务 3　仓库的养护设备

一般应用于对仓库产品质量的维护、监控以及设备的维护，常见的有温湿度控制器、自动喷淋装置、除锈机和烘干机等。

影响库存物品储存的因素多种多样，而仓库温度与湿度条件是影响库存物品质量的两个重要因素。为了使库内的温度与湿度条件符合物品养护条件标准，有时就需要排除库内多余的热量，对库内温度与湿度进行控制，改善库内的储存环境。这样就需要设置通风设备、减湿设备等。

1. 通风设备

按照通风系统动力的不同，通风系统可以分为自然通风和机械通风两种。

自然通风是通过定期开启门、窗等方法或者根据空气自然流动规律，利用门、窗来控制与调节流入和排出的空气。自然通风是一种经济有效的通风方式，但它要受到自然条件（如外界风力、风向、室外空气温度与湿度、室外空气质量、季节等）的限制和影响。当室外的气象条件较差，例如温度过高、所含灰尘超过了最大的允许浓度时，要保证送入通风仓库内的空气符合仓库的技术要求，光靠自然通风是很困难的，这时就需要考虑采用机械通风的方法。

机械通风是指依靠通风机所造成的压力差，借助通风管网来实现输送空气的方法。机械通风系统可以分为进气式通风系统、排气式通风系统、联合式通风系统和空气调节系统四类。

2. 减湿设备

空气的减湿处理，对某些相对湿度有一定要求的货物的储存，有着非常重要的意义。另外，对一些地下建筑，如地下仓库或半地下仓库，空气的减湿往往也是通风工程的主要任务。目前在仓库中常用的减湿方法有三种，即吸潮剂减湿、通风减湿和冷却减湿。

3. 照明设备

出于养护商品和仓库作业需要对物理环境要求的保障，需要有照明设备，如防爆灯等。

理论任务 4　仓库的储存设备

在仓储中有各式的储存设备，其主要指作用于商品的存储和保管作业的设备，常见的有各种储物箱、周转箱、储物袋、托盘和货架等。下面主要介绍托盘和货架两个重要的储存设备。

1. 托盘

托盘是用于集装、堆放、搬运和运输的放置作为单元负荷的货物和制品的水平平台装置。在平台上集装一定数量的单件货物，并按要求捆扎加固，组成一个运输单位，便于运输过程中使用机械进行装卸、搬运和堆存。

托盘按照材质的不同，可分为木制、钢制、塑料、纸制及复合等多种托盘；按照结构不同，托盘可以分为平板托盘、箱形托盘和柱形托盘三种。多种托盘如图 2-4 所示。

（a）网状箱形托盘

（b）平板塑料托盘

（c）柱形托盘

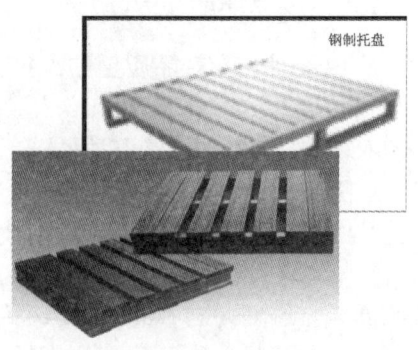
（d）木制平板托盘

图 2-4　各种托盘

托盘与叉车的共同使用，形成了有效的装卸系统，它大大促进了装卸活动的发展，使装卸机械化水平大大提高，使长期以来运输过程中的装卸瓶颈得以解决或改善。随着机械化程度的提高，托盘作为生产、运输、储存及包装的重要工具，使用量越来越大。

2. 货架

货架指用支架、隔板或托架组成的立体的储存货物的设施。货架在现代物流活动中，起着相当重要的作用。其主要有如下几方面功能：货架是一种架式结构物，可充分利用仓库空间，提高库容利用率，提高仓库储存能力；存入货架中的货物，互不挤压，物资损耗小，可保证物资本身的功能；货物放在货架中，存取方便，便于清点及计量，可做到先进先出；很多新型货架的结构及功能有利于实现仓库的机械化及自动化管理。

随着仓库机械化和自动化程度的不断提高，货架技术也在不断完善，其品种数量也越来越多。我们可以按照不同的分类方式对货架进行分类。

（1）按照货架的通用性程度可分为通用货架和专用货架两种。

（2）按照货架的载重量可分为轻型货架（每层货架的载重量在150千克以下）、中型货架（每层货架的载重量在150千克～500千克以下）、重型货架（每层货架的载重量在500千克以上）三种。

（3）按照货架的封闭性程度可分为敞开式货架、半封闭式货架和封闭式货架三种。

（4）按照货架的结构不同可分为层架、层格架、橱架、抽屉架、悬臂架、三角架和栅型货架等。

（5）按照货架的可移动性可分为固定式货架、移动式货架、旋转式货架、组合货架、可调式货架和流动储存货架。

（6）按照货架的高度可分为低层货架（高度在5米以下）、中层货架（高度在5～15米）、高层货架（高度在15米以上）。

（7）按照货架的制造材料不同可分为钢货架、钢筋混凝土货架和木质货架三种。

常见货架的特点及图例见表2-4。

表2-4　几种常见货架的特点及图例

名称	特点	图例
层架	层架结构简单，适用范围非常广泛，还可以根据需要制作成层格架、抽屉式和橱柜式等形式，以便于存放规格复杂多样的小件货物或较贵重、怕尘土、怕潮湿的小件物品	
托盘货架	托盘货架是使用最普遍的一种货架。它以托盘作为货物的存放载体，具有很好的存取性。托盘货架需要较多通道，存储密度不高。托盘货架的特点如下：①托盘货架一般采取组合方式，可任意调整组合，具有很大的灵活性；②适合ABC分类中的B类、C类货物；③架式施工简易、费用经济；④出入库存取不受物品先后顺序之限；⑤一般使用3～5层，高度一般在6米以下，适合堆高机存取	

续表

名称	特点	图例
悬臂式货架	该货架是在立柱上装设杆臂来构成的,其适合于存放钢管、型钢等长形的物品。若要放置圆形物品,则须在其臂端装设阻挡,以防止滑落。其特点如下:只适用于长条状或长卷状货品存放;需配合叉距较宽的搬运设备;高度受限,一般在6米以下;空间利用率低,在35%~50%	
移动式货架	移动式货架的货架底部装有滚轮,开启控制装置,滑轮可以沿轨道滑动。其平时可以密集相连排列,存取货物时通过手动或电动控制装置驱动货架沿轨道滑动,形成通道,从而大幅度减少通道面积。其特点如下:适合少样多量、低频率货物的保管;存储量比固定货架大,节省空间;节省地板面积,地面使用率达80%;可直接存取每一项货品,不受先进先出之限;使用高度可达12米,单位面积储存量可提升至托盘货架2倍左右;机电装置多、维护困难;建造成本高、施工速度慢;主要在档案管理等重要或贵重物品的保管中使用	
驶入/驶出式货架	驶入/驶出式货架采用钢结构,立柱上有水平突出的构件,叉车将托盘货物送入,由货架两边的构件托住托盘。货架中间放空,叉车在货架内行走存取货架上的货物。驶入式货架只有一端可供叉车进出,而驶入/驶出式货架可供叉车从中通过,非常便于作业。其特点如下:适合少样多量货物的存储;存储密度高,存取性差;存取货物受存放先后顺序的限制,不易做到先进先出;托盘单元货物的储存货位与叉车的作业通道是合一的,这就大大提高了仓库的面积利用率	
重力式货架	重力式货架属于重型货架,是由托盘式货架演变而来的,适用于少品种、大批量同类货物的存储,空间利用率极高,货架深度及层数可按需要而定。其特点如下:货物由高的一端存入,从低端取出,可实现存取作业分离;货物遵循先进先出顺序;利于减少运输路线和叉车数量;有助于提供仓储空间利用率;环保,无能耗,噪声低,安全可靠。轻型的重力式货架称为流力式货架	
阁楼式货架	阁楼式货架是为有效利用仓库空间而设计的加层货架,它是将空间作双层以上活用设计,利用钢梁和金属板将原有储区作楼层区隔,每个楼层可放置不同的种类货物的货架,而货架结构具有支撑上层楼板的作用。其特点如下:提高仓储高度、增加空间使用率;上层仅限轻量物品储放,不适合重型搬运设备行走;上层物品之搬运必须加装垂直输送设备;适合各类型货品存放	

续表

名称	特点	图例
可携带式货架	可携带式货架本身可当储放容器随堆高机搬运，不使用时更可叠放节省空间，可大幅增加仓库使用弹性。当货架存放货物时，可彼此叠架避免物品压损，高度可达三四层。其特点如下：①适合不规则货物、易碎货物的储存；②可当货架和容器使用，仓库利用弹性大；③价格低廉且不需维修；④叠放高度受限，太高容易倒塌；⑤最低层料架货品要最后才可取出，只适合相同货品叠放	
后推式货架	后推式货架在前后梁间以滑座相接，由前方将托盘货推入。当物品置于滑座上，后来推入的会将原先的推到后方，目前最多可推入五个托盘。滑座跨于滑轨上，滑轨本身具有倾斜角度，滑座会自动滑向前方入口。其特点如下：适合少样多量货物存储，不适合储存太重货物；存储密度高，较托盘货架省下 1/3 空间；适用于一般堆高机存取	
旋转式货架	旋转式货架设有电力驱动装置。货架沿着由两个直线段和两个曲线段组成的环形轨道运行，由开关或用计算机操纵。存取货物时，把货物所在货格的编号由控制盘或按钮输入，该货格则以最近的距离自动旋转至拣货点停止。旋转式货架可分为水平旋转式和垂直旋转式两种。其特点如下：适合少量多样小物品的存储；减少人力，并可增加空间利用；存取入出口固定，货品不易失窃；可利用计算机快速检索、寻找指定之储位，适合拣货；需要使用电源，且维修费用高；用于电子零件、精密机件等，少量多品种小物品的储存及管理；货架移动快，可达 30 米/分钟，存取物品的效率很高，又能依需求自动存取物品，且受高度限制少，可采用多层，故空间能有效利用	
自动立体仓库	自动立体仓库是在左右两侧的货架中间配置高架搬运存取机，存取机货架中间的通道行走、升降存取货物。钢架的构造分成整体式和自立式货架两种	

  选择货架系统对仓库的使用、管理有利有弊。其有利因素如下：可以充分利用仓库空间，提高仓库空间利用率和存储能力；货物存取方便；对存放货物的保护较好，货损率低。其不利因素如下：货架设置以后不能随意更改，灵活性较差；不适合较重货物的存储；仓库建设标准较平面库高，增加建设成本；货架系统要有较高的仓库管理水平；货架系统投资较大。

  是否选择货架系统，必须考虑上述因素的影响。此外，还要考虑使用货架所能带来的空间利益，通过权衡各种因素，确定存储设备的最佳方案，避免选择不适当的货架。

  现代仓库管理中，为了改善仓库的功能，不仅要求货架数量多、功能全，而且要便于仓库作业的机械化和自动化。因此，在选择和配置货架时，必须综合分析库存货物的性质、单元装载和库存量，以及库房结构、配套的装卸搬运设备等因素进行配置。

理论任务 5　仓库的装卸搬运设备

装卸搬运设备主要使用在仓库作业的过程（出入库、移库、装卸货、调库）中为了实际管理需要实现商品的物理移动的工具，根据业务环节不同可以简单分为装卸设备、搬运设备、输送设备等。常见的装卸搬运设备及特点见表 2-5。

表 2-5　装卸搬运设备及特点

名称	特点	图例
叉车	叉车是指具有各种叉具，能够对货物进行升降、移动以及装卸作业的搬运车辆。它具有灵活、机动性强、转弯半径小、结构紧凑、成本低廉等优点。叉车的类型很多，按照其动力种类可划分为电瓶和内燃机两大类（内燃机的燃料又分为汽油、柴油和天然气三种）；按其基本构造分类，又可分为平衡重式叉车、前移式叉车、侧叉式叉车等	
堆垛机	堆垛机是专门用来堆码或提升货物的机械。它有桥式堆垛机、巷道式堆垛机等类型。普通仓库使用的堆垛机是一种构造简单、用于辅助人工堆垛、可移动的小型货物垂直提升设备。立体仓库中的堆垛起重机主要作用是在立体仓库的通道内来回运行，将位于巷道口的货物存入货架的货格，或者取出货格内的货物运送到巷道口。其具有作业效率高、仓库利用率高、自动化程度高、稳定性好的特点	
输送机	输送机是一种连续搬运货物的机械，其特点是在工作时连续不断地沿同一方向输送散料或者重量不大的单件物品，装卸过程无须停车。其优点是生产率高、设备简单、操作简便；缺点是一定类型的连续输送机只适合输送一定种类的物品，不适合搬运很热的物料或者形状不规则的单件货物；只能沿一定线路定向输送，因而在使用上具有一定局限性。输送机可分为带式输送机、辊子输送机、链式输送机、重力式辊子输送机、伸缩式辊子输送机、振动输送机、液体输送机等	
起重机	起重机指将货物吊起，在一定范围内作水平运动的机械。起重机按照其所具有的机构、动作繁简程度以及工作性质和用途，可以归纳为简单起重机械、通用起重机械和特种起重机械三种。简单起重机械一般只作升降运动或一个直线方向的运动，且大多数是手动的，如绞车、葫芦等。通用起重机械除需要一个使物品升降的起升机构外，还有使物品作水平方向的直线运动或旋转运动的机构。该类机械主要用电力驱动。属于这类的起重机械主要包括通用桥式起重机、门式起重机、固定旋转式起重机和行动旋转式起重机等。特种起重机械是具有两个以上机构的多动作起重机械，专用于某些专业性的工作，构造比较复杂，如冶金专用起重机、建筑专用起重机和港口专用起重机等	

在选择搬运设备时，需要考虑商品的特性、单位、容器、作业流程、储位空间配置等因

素。搬运设备的种类很多，叉车是在各类仓库使用中最普遍的一种搬运设备。叉车是专门设计用于货物搬运的机械工具，它的构造会影响操作的方便性，同时会对物流系统中的其他相关设备产生影响。因此，在选择叉车时，必须详细了解各类叉车的性能，以便于设备投资决策。叉车按构造可分为平衡重式、前移式和侧面叉式三种，按动力装置分为内燃动力叉车和电动叉车两种。具体到选择叉车时，又要根据实际，考虑叉车的负载能力、最大举升高度、自由升程、行走及举升速度、机动性等因素。

理论任务 6　仓库的分拣设备

分拣是指将物品按品种、出入库先后顺序进行分门别类堆放的作业。这项工作可以通过人工的方式进行，也可以用自动化设备进行处理。

1. 自动分拣的基本原理

为了达到自动分拣的目的，自动化分拣系统通常由供件系统、分拣系统、下件系统、控制系统4个部分组成，在控制系统的协调作用下，实现物件从供件系统进入分拣系统进行分拣，最后由下件系统完成物件物理位置的分类，从而达到物件分拣的目的。

（1）供件系统。供件系统是为了实现高效分拣、准确处理而存在的，它的目的是保证等待分拣的物品，在各种物理参数的自动测量过程中，通过信息的识别和处理，准确地送入高速移动的分拣主机中，由于供件系统的处理能力往往低于分拣主机，所以一般要配备一定数量的高速自动供件系统，以保证分拣的需要。

（2）分拣系统。分拣系统是整个系统的核心，是实现分拣的主要执行系统。它的目的就是使具有各种不同附载信息的物件，在一定的逻辑关系基础上实现物件的分配与组合。

（3）下件系统。下件系统是分拣处理的末端设备，其是为分拣处理后的物件提供暂时的存放位置，并实现一定的管理功能。

（4）控制系统。控制系统是整个分拣系统的大脑，它的作用不仅是将系统中的各个功能模块有机地结合在一起协调工作，更重要的是控制系统中的通信与上层管理系统进行数据交换，以便分拣系统成为整个物流系统不可分割的一部分。

2. 自动分拣系统的组成

自动分拣系统种类繁多，但一般由收货输送机、喂料输送机、分拣指令设定装置、合流装置、分拣输送机、分拣卸货道口、计算机控制器等部分组成。

3. 自动分拣系统的特点

自动分拣系统具有如下特点：

（1）能连续、大批量地分拣货物。自动分拣系统不受气候、时间、人的体力等限制，可以连续运行，因此自动分拣系统的分拣能力具有人力分拣系统无可比拟的优势。

（2）分拣误差率极低。自动分拣系统的分拣误差率主要取决于所输入的分拣信息的准确性，而这又取决于分拣信息的输入机制。如采用条形码扫描输入，除非条形码印刷本身有差错，否则不会出错。目前，自动分拣系统主要采用条形码技术来识别货物。

（3）分拣作业基本实现无人化。建立自动分拣系统的目的之一就是减少人员的使用，减轻员工的劳动强度，提高工作效率，因此自动分拣系统能够最大限度地减少人员的使用，并基本做到无人化。

理论任务7　仓库设备选配因素

选择设备必须满足"移动路程最短，存储空间最小，人工控制程度最低"的要求，进行设备决策时，一般来说，应根据仓库现有的内部布局，遵循经济合理、安全可靠、操作方便、满足需求的原则，从生产效率、购置成本设备的可靠性、安全性以及维护的方便性来考虑。

（1）货物特性。货物的物理化学物性不同，使用的储放设备就不同。货物的尺寸大小、外形包装等都会影响储存单位的选用。由于储存单位不同，所以需要使用不同的储放设备。例如托盘货架适用于托盘储放。如果货物外形尺寸特别（如长大、笨重货物）则需要满足特殊要求的储放设备。易燃、易爆、易腐等货物，必须在储放设备上采取防护措施。

（2）存取性。一般存取性与储存密度是相对的。储存货物的存取性越好，储存密度就相对较低。有些货架虽然可以达到较高的储存密度，但储位管理较为复杂。立体自动仓库存取性与储存密度俱佳，但投资大、运营成本高。因此，在选用储存设备过程中，必须综合考虑各种因素，权衡利弊。

（3）出入库量。出入库量大小是影响储存设备选择的重要因素之一。不同的货架对货物的储存影响不同：有的货架可以达到较好的存储密度，但存取性较差；有的货架实现先进先出比较困难。因此，在选定储存设备时，要考虑出入库量的影响。

（4）搬运设备。储存设备的存取作业是以搬运设备来完成的。因此，选储存设备需要考虑搬运设备。货架的高度、通道的宽度，直接影响到堆高机的配置。

（5）建筑结构。建筑结构会影响储存设备的选择。梁下高度会影响货架的高度。梁柱的位置则会影响货架的配置。此外，货架的设计、安装必须考虑地板承受的强度、平整度。

实践任务　配置仓储设备

仓储设备是仓储中心作业的重要保证，其配置不仅关系到仓储中心的建设成本和运营费用，更关系到仓储中心的生产效率和效益。北京顺达仓储有限公司是刚刚注册的新公司，公司坐落在北京市大兴区，主要经营螺丝、螺母、螺栓等小五金的存储服务。

1．试为该公司配置货架等存储设备。
2．请说明配置方案的理由。

单元小结

对仓库进行正确的分类，有利于加深对各种类型仓库的作用和建设规划重点的认识。正确选择仓库地址将对企业未来的经营产生长期的影响。影响仓库选址的因素非常复杂，不仅要注意一些可以量化的因素，还要注意不能量化的潜在因素。仓库面积大小关系到仓库的规模，面积是建设规划的一个基本参数，应该掌握仓库面积的估算方法。仓库设备和系统的科学合理配置可以为仓储工作打下一个良好的基础，所以学习货架、托盘、装卸搬运设备、计量设备、安全设备等的类型和选择方法具有重要意义。

知识问答

1. 仓库有哪些功能？
2. 简述仓库的分类。
3. 仓库的养护设备有哪些类型？
4. 简述货架的类型及特点。
5. 简述仓库平面布局的原则。

能力拓展

一外商投资的中小型企业，主要供应商和客户均在国外。该企业采用订单驱动的生产模式，产品品种多、批量小，所需的原材料品质要求高、种类繁杂，对仓库的利用程度高，仓库的日吞吐量也较大，请问：

（1）该企业应建造自营仓库还是租用仓库？应选择哪种类型的仓库？

（2）若建造自营仓库布局应如何设计？仓库设备如何配备？

选择典型仓库进行参观学习，并分组讨论撰写小论文，谈谈该仓库选址、仓库设备的配置是否合理并阐述理由。

课外阅读

京东如此布局智能装备 车、飞机、仓库要无人化

一、京东智慧物流发展时间轴

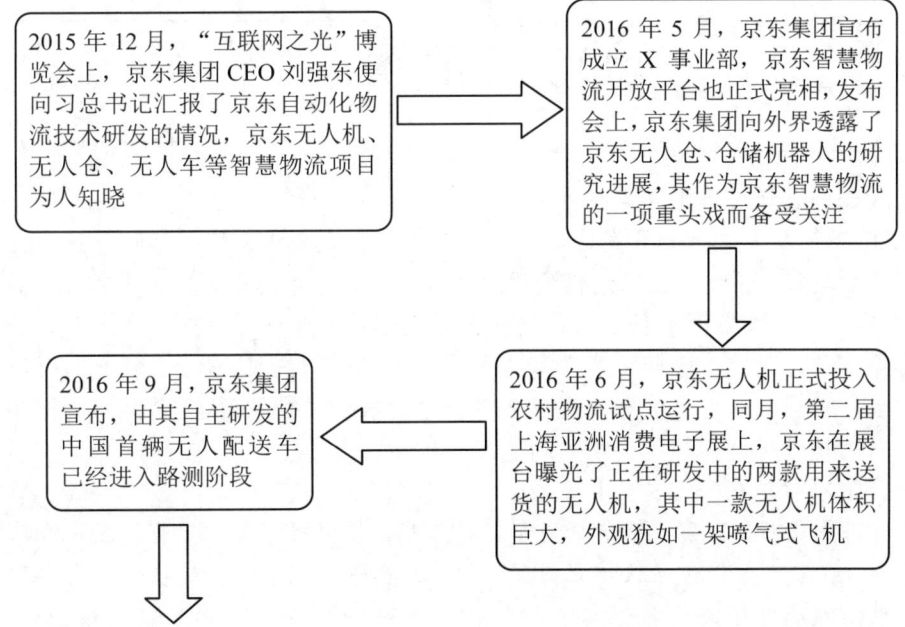

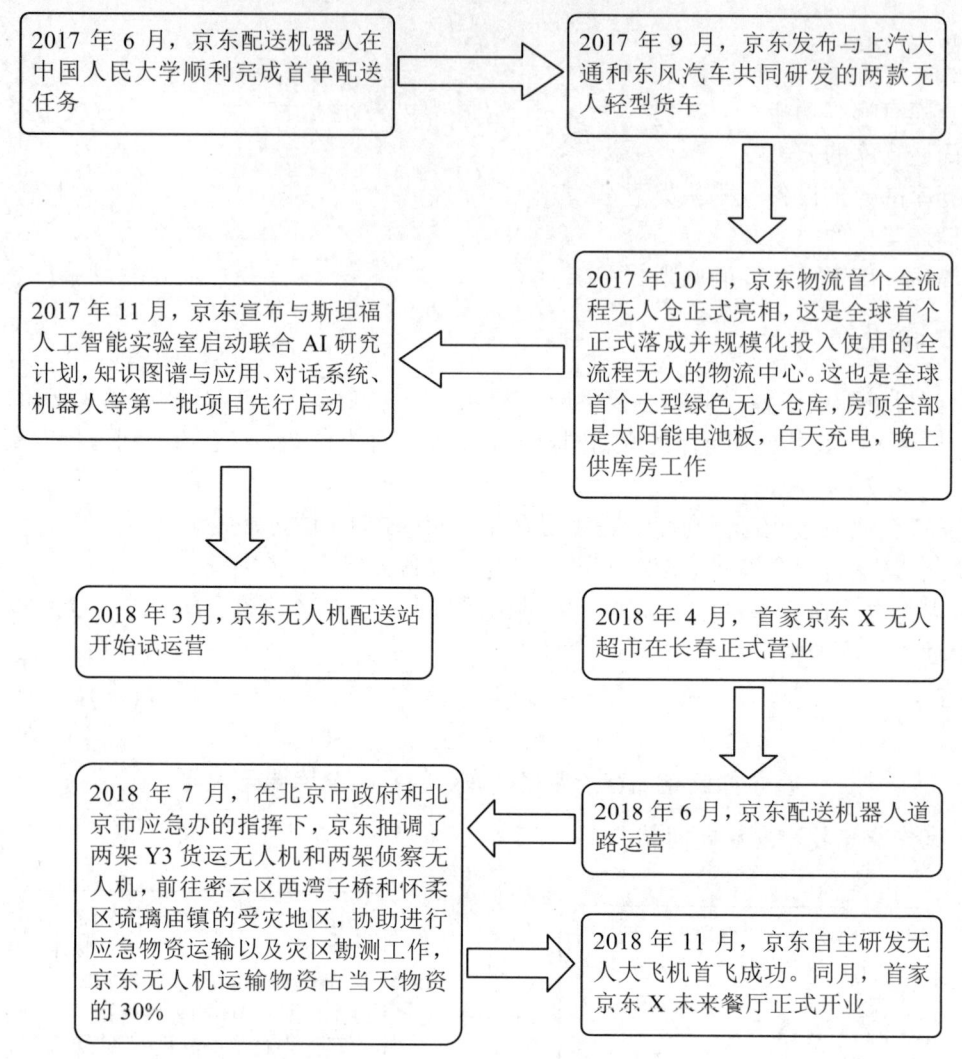

（根据互联网公开资料不完全统计）

据悉，2017年9月，天津开发区与京东集团签署投资合作协议，京东将在开发区建设京东智慧物流产业集群，预计项目一期投资超过100亿元，五年内该项目将投入220亿元；2017年12月，京东无人车智能产业基地项目投资100亿元落户长沙经开区。京东在智慧物流商的投资力度可见一斑。此前，京东X事业部也获得了京东67亿元的资金支持。同时，这一力度仍在不断加大，根据京东财报披露，京东去年全年技术研发投入66.5亿元，而仅在今年前三个季度，京东的技术研发投入就已经达到了86.4亿元。

通过公开资料对京东核心成员名单的查询，京东CTO张晨，副总裁、人工智能领域权威科学家周伯文，副总裁、X事业部总裁肖军，副总裁、数字科技首席数据科学家郑宇，无人机首席科学家李小光，大数据首席科学家黄恒，人工智能研究院学术委员会委员周志华等多名核心成员同智慧物流高度相关。

二、京东智慧物流的发展模式

京东智慧物流的发展模式是自主研发与合作发展相结合，内外兼修。一方面，前文已经提到不论在人力、物力还是财力上，京东都不吝啬在智慧物流上进行投入，相关专利技术仅无人机就已达到500余项，另一方面京东在对外合作方面也非常积极。

1. 与高校的合作

目前，京东已经与清华大学、上海交通大学、北京邮电大学、中央财经大学、西南交通大学等50余家院校合作。这一方面获得了高校强大的科研技术支持，另一方面也培养了大批既懂技术又懂应用的复合型高端人才。另外，高校本身也是极佳的智慧物流试运营场所，京东物流配送机器人的落地运营便是从校园开始的。

2. 与城市的合作

京东已与成都、天津、重庆、福州、兰州、长沙等多个城市达成合作。依托区域资源、地理优势，开展大数据、人工智能、智慧物流、智慧城市等方面的研究工作，以解决物流成本、城市交通、环境保护、边远山区配送等难题。

3. 与行业巨头的合作

如果说京东与高校的合作是在获取技术支持与储备力量，与城市的合作是获取地方支持与区域优势，那么与行业巨头的合作就是整合资源，联手共赢。与中国航发京东集团签署战略合作协议，使得京东无人机物流项目受益；与一汽解放合作，使得京东无人重卡项目受益；与英伟达合作，使得京东新一代无人配送车受益；与中海地产联手，京东无人超市的落地得到了加速。

京东还陆续与科技公司合作，为智慧物流的发展"拉拢"可靠的"盟友"。

三、京东智慧物流目前应用情况及发展水平

在历年"双11"全球好物节中，京东智能供应链表现都十分亮眼。它实现了单一库存管理优化功能到全局全网全流程智能化的突破，并与上游制造企业打通供应链。其中，京东平台智能补货自动单量同比增长了136%，重点品类预测准确率达93%。通过京东智能供应链的助力，让苏泊尔、松下、飞利浦等品牌现货率提升至99%，品牌库存周转同比优化率平均超过30%。不仅如此，京东物流研发人员通过配送和仓内拣货等环节的智能路径优化，使一线员工效率提升10%以上，让他们每天至少少走40000公里路程；通过无人分拣中心的叉车调度系统，在昆山的一个仓，一名操作人员一天内处理的搬运货量超过12万单，准确率可达99.99%。无人仓、无人机等重点项目应用情况和发展水平如下：

1. 无人仓

如今，京东机器人仓群已经投入使用，不同层级的无人仓数量达到50个，分布在北京、上海、武汉、深圳、广州等地。同时，16座大型智能化物流中心"亚洲一号"将继续发挥强大的运营能力，而智能仓储的不断应用，大大提升了京东的订单处理效率。

根据公开资料显示，目前京东无人仓智能大脑在0.2秒内，可以计算出300多个机器人运行的680亿条可行路径，并做出最佳选择。智能控制系统反应速度为0.017秒，是人的6倍，分拣机器人速度达3米/秒。无人仓运营效率达到传统仓库的10倍，仓内机器人达上千个，投用了京东自主研发的地狼、天狼、分拣AGV、交叉带分拣机、AGV叉车、机械臂等近20种机器人，大大提高了分拣效率和准确度。

2. 无人机

京东末端配送无人机已经形成成熟的运营模式，在陕西、青海、福建、海南、江苏、广东、广西7个省份实现常态化运营，有效解决了广大农村、道路不便地区最后一公里配送难题；

在支线与末端衔接环节，京东成功进行了"有人机+无人机"协同运输场景验证，为支线无人机首飞及后续开展物流配送奠定了基础，并已正式获得全球首个覆盖省域范围的《民用无人驾驶航空器经营许可证》。

截至目前，京东无人机已实现智能、结构、导航、飞控、视觉等多项核心技术突破。自主培养的无人机飞服师已经超过500名，助力京东无人机配送距离超过12万公里，重量超过吨级的大飞机也已试飞成功。

3．无人车

京东全球首个智能配送旗舰站已在长沙经开区正式投运。该智能配送站占地面积600平方米，可同时容纳20台配送机器人工作、充电等。每台机器人一次可配送30个订单。该配送站为全球首个100%由配送机器人组成的智能配送站。

京东研发的L4级别的自动驾驶重型卡车，目前已在美国一些获得授权的道路上完成了2400小时的智能驾驶超级测试，未来将在国内建立基于L4级别的自动驾驶重型卡车物流网络，这些自动驾驶的重型卡车会承接北上广和京东七大区域中心在高速公路上面的运行，承担起干线货运中转和长途运输任务。京东还将在高速公路上建设无人卡车服务区，当无人卡车要下高速进入城区前，可以进入无人卡车的服务站，由服务站内的司机完成城区内的驾驶。

4．无人超市、无人餐厅

预计2018京东X无人超市将在国内外开出一百家以上，首家无人餐厅也已正式营业，为国内首个形成产业化的机器人餐厅。

（摘自：《京东如此布局智能装备 车、飞机、仓库要无人化》，http://www.chinawuliu.com.cn/zixun/201812/04/336817.shtml）

单元三　仓储储位管理

通过本单元的学习，了解物流储位及储位管理的概念；掌握储位编码、货品编码规则与方法，以及储位管理的方法步骤；熟悉储存策略、储位分配法则与分配模式；了解储存搬运设备的选择办法。

(1) 储位管理的原则和要素。
(2) 储位编码与货品编号。
(3) 储存策略的确定。
(4) 储位分配法则与分配模式。

技 能 点

(1) 初步具备储位编号及管理能力。
(2) 能通过组内研究、互相协作、运用相关资料解决相关问题。
(3) 具有团队合作精神和协调人际关系的能力。

项目一　了解储位管理

【案例 3-1】

仓库乱怎么处理？

王涛年轻有为，刚 30 岁就被提拔为公司供应链总监，老板在其上任之初就特别叮嘱要特别关注和管好仓库。王涛虽然感觉仓库比较乱，但现场蹲点一个星期之后才知道仓库远比自己原先想象的还要乱，物料员随便进出仓库，有些仓管员来不及补料就让物料员自己去拿，仓库的环境也像一个大市场，一大群人在里面，物料员找仓管员，仓管员找物料员，甚至还有外加工的物料员，更为让王涛吃惊的是，通过快递补发给外加工厂的物料居然没有附发料单，更谈不上签字回单了。

王涛就把负责仓库的徐经理叫到自己的办公室，表明自己看到的这些情况，徐经理却满不在乎地说："仓库有那么多人，当然会显得吵一点，这个其实也很正常啊！物料员进仓库是领料，仓管员这么忙，难道还要仓管员拿到车间送到他们手上啊！至于外加工的物料员，我们都很熟的，不熟我们也不会让他们进去的。"王涛对徐经理的一番言论感到十分惊讶，徐经理却没理会王涛的表情，说道："仓库很忙，如果没有什么事，我先走了。"说完，也不等王涛表态就调头离开了办公室。

看着徐经理的背影，脑海中浮现出仓库混乱的管理现状，王涛陷入了沉思。

（摘自：《仓库乱怎么处理？》，http://www.iepgf.cn/thread-333657-1-1.html）

思考与互动：

1. 徐经理是个老员工，是公司创业就进来的元老。面对这种状况，刘涛应该如何应对？请提出具体的改善思路。

2. "仓库的环境也像一个大市场，一大群人在里面，物料员找仓管员，仓管员找物料员，甚至还有外加工的物料员。""通过快递补发给外加工厂的物料居然没有附发料单，更谈不上签字回单了。"针对这样的现状，刘涛应该提出什么改进方案呢？

储位管理是物流仓储运作的一项十分重要的工作。储位管理主要是解决货物如何放，放在哪里的问题，是仓库作业的基础。储位管理的好坏，直接影响到仓库作业的效率。

理论任务1　储位管理概述

1. 储位管理概念

储位管理就是在把将来要使用或者要发出的货物保管好的前提下，对库存进行检查和控制。仓储作业是在不断的存取中进行的，要使货物的存取快速而有效地进行，必须进行储位管理。

2. 储位管理的目的

仓储中心因型态不同而对储存作业的需求程度有所差别。可将其功能大致分为两类，一是调节生产或市场需求的变化，二是保证其他作业顺利进行。物流中心储存作业的功能通常可分为以下三项：

（1）调节生产制造与需求的功能。部分附属于制造商的物流中心常位于工厂邻近，除具备商品配送的功能之外，还具备一般仓库调节生产过剩或不足的功能，因此要求具有大量的储存区域以供使用。

（2）取得采购优惠的功能。另有部分附属于零售商集团或批发商的物流中心，为了采购时能取得较优惠的折扣，常一次订购所谓经济批量的商品，所以储存区域亦考虑此批量的大小。

（3）补充拣货作业区商品存量功能。前两项都包含在传统仓库的储存作业功能之中，而物流中心内储存作业最重要的功能，就在于补充拣货作业区的商品存量。有时一个物流中心找不到真正的储存区域，其储存作业已包含在拣货作业区。

可见，仓储作业就是一连串"存"与"取"的动作的组合，如：进货存放至进货暂存区，暂存区取出再存放至保管仓，保管仓补货取出再存放至拣货仓，拣货仓拣货取出再存放至出货暂存区，出货暂存区取出再存放至配送车上，这些一连串的"存"与"取"都会使用到保管储放区域，如何使这些"存"与"取"快速而有效地在各作业中的保管储放区域定位，所要依循的就是储位管理。因此，储位管理的目的就是辅助其他作业顺利进行，方便其他作业"存"与"取"的动作以及掌握库存，提供其他作业进行的判断依据，其最主要辅助作业对象就是拣货作业。

3. 储位管理的对象

储位管理的对象有两类，一是保管货品，二是其他资材。

（1）保管货品。在仓储中心的保管区域中的货品，由于其作业需求不同使得其保管型态不同，例如出现栈板、箱、散品或其他包装方式，这些虽然在保管单位上有很大差异，但都必须加以管理。

（2）其他资材。其他资材可分为下列三项：

1）包装材，即标签、包装纸等包装资材。随着卖场促销、特卖及赠品等活动的增加，物流中心的贴标签、包装等流通加工比例增加，对于包装资材的需求就增大，如果管理不善，将出现资材无法满足需求的情况，影响整个作业的进行。

2）辅助材，即一些栈板、容器等搬运载具。目前物流中心对栈板等辅助资材的需求增加，为了不影响货品的搬运流通，就必须对这些辅助资材进行管理。目前很多物流中心制定有专门的辅助资材管理办法。

3）副资材，即经仓储作业中补货或分拣拆箱而剩下的空纸箱。虽然这些空纸箱都可回收利用（卖给资源回收者或用于出货装箱），但因形状不同、大小不一，很容易造成混乱，而影响其他作业，因此必须对这些副资材加以管理。

理论任务 2　储位管理的原则及要素

1. 储位管理的原则

（1）明确标示储位。要搞好仓库管理，必须首先将储区进行规划区分。储区必须标示编号，以便于货物的存取。经过编号的储区必须边界清晰、号码唯一，否则就会造成仓库管理混乱。在实际的操作中，不要随意变更储区编号，要保证储区编号的稳定性、持续性。

（2）货物按照一定的指派法则准确定位。储位规划好以后，不同种类、不同性质的货物按照何种方式被放置在相应的储位上，是储位管理要考虑的重要内容。所有的仓库必须要有一套符合实际的货物定位法则。

（3）及时准确登录异动情况。在仓库管理实际工作中，由于受仓库容量、客户需求等因素的影响，有时需要对货物的储位进行调整，尤其是在物流中心型仓库，货物在不同储位间调整会经常发生。当储存货物的数量、位置发生变化时，必须准确记录变动情况，做到账物相符、账卡相符、账账相符。货物存放储位发生变更，手续非常繁琐，如果没有严格的制度保障，势必造成管理混乱，给其他作业带来不必要的麻烦。货物异动管理是储位管理最困难的部分。

2. 储位管理的要素

储位管理要考虑的因素很多。储位空间、保管货物、作业人员、储放搬运设备、资金等都是要考虑的因素。储位管理的好坏，首先在于对这些因素的综合考虑。

（1）储位空间。从功能上来讲，仓库可以分为保管型仓库和配送型仓库两种。不同类型的仓库，对储位规划的要求不同。就保管型仓库而言，重点规划保管储区的储位分配；就配送型仓库而言，更重视货物分拣、理货区的规划设计。

（2）保管货物。搞好仓库储位管理，要考虑的一个重要因素是需要保管货物的影响。重点是考虑货物的物理化学特性、数量、品种等。不同的货物对储位的设置、分配的要求不同。在对储位进行设置和分配时，要注意以下原则：①按照货物的特性分类存储，大批量使用大储区，小批量使用小储区，相同或相近的货物靠近储放；②重、大货物存储在货架底层或出货区，轻小货物存储在货架高层或较远储区；③周转率高的货物存储于接近出货区及较低区域，周转率低的货物存储于较高储区或较远储区。

（3）作业人员的配置。从理论上来讲，仓库应设置仓库管理员、搬运工、货物分拣（理货人员）、存取设备操作人员等。在实际的工作中，为了降低成本，大多数仓库作业人员的分工不是很细，而是进行统一调配。如果物流中心规模较大，则必须严格按照职业分工规范设置，否则会造成作业混乱。

做好储位管理，除了考虑上述基本因素以外，还要考虑储放输送设备、搬运设备。设备的选择，要在成本和效率之间取得均衡。不能脱离实际，一味采用现代化的设施设备。

理论任务3　储位管理的范围

在仓储中心中使用到的保管区域均属于储位管理的管理范围，其范围因作业方式不同而有四种保管区域，分别为预备储区、保管储区、动管储区和移动储区。

1. 预备储区

预备储区指在进货、出货作业时所使用的暂存区。此区域的主要保管功能在于进出货时，货品的暂时存放并预备进入下个保管区域。虽然货物停留在此区域的时间不长，但若不严格管制很容易引起管理上的混乱。如在预备储区，常因货物只是暂放而不予重视，导致货品缺乏整理整顿，置放凌乱，寻找不易，甚至常有遗失或损毁的情况发生。基于上述缺失，预备储区的管理须纳入储位管理的范围中。

货品放于预备储区中不但应对货物品质进行某种程度的保管，而且对于此区域的标示与货品分批、分类的隔离也要落实执行。先将货品标明、分类区分，再将货品依要求归至定位，排放整齐，以整理、整顿为过程。货品在定位时，需考虑便于下一时点的作业，因此看板、标签必须与目视管理及颜色管理互相搭配运用，使储位更为明确。这样既可缩短寻找所花费的时间，又可使物流管道更为通畅，以达到迅速定位的目的。

对进货暂存区而言，在货品进入暂存区前先行分类，暂存区域也先行标示区分，并且配合看板的记录，把货品依分类或入库上架顺序，配置到预先规划好的暂存区储位。

对出货暂存区而言，对于预备配送的货品，每一车或每一区域路线的配送货品都必须排放整齐并加以区隔分离，安置在事先标示区分好的储位上，再配合看板上的标示，并照出货单上所列，依序进行点收上车。

总而言之，预备储区的管理以"标示、隔离、定位"为方针，再以"整理、整顿"为过程，配合"目视管理与颜色管理"。

2. 保管储区

保管储区指在入库作业时所使用的保管区域，此区域的货品大多以中长期状态进行保管，所以称为保管储区。一般仓储中心均以此区域为最大且最主要的保管区域，货品在此区域均以较大的储存单位进行保管，是整个仓储中心的管理重点，为使保管区域的储放容量增大，需要考量如何将空间弹性运用，以提升使用效率。为了对其摆放方式、摆放位置及存量进行有效控制，应考虑到储位的指派方式、储存策略等是否合宜，并选择合适的储放设备及搬运设备，以提高作业效率。

3. 动管储区

动管储区指在拣货作业时所使用的拣货区域，此区域的货品大多在短时期即将被拣取出货，其货品在储位上流动频率很高。由于这个区域的功能在于满足拣货的需求，为了让拣货时间及距离缩短、降低拣错率，必须在拣取时能很方便迅速地找到欲拣取的货品所在位置，因此对于储存的标示与位置指示就非常重要，而通过电脑辅助拣货系统、自动拣货系统等拣货设备来提升拣货率且降低拣错率则十分必要。动管储区的管理方法主要是位置指示及拣货设备的应用。

目前仓储配送中心亦呈现少量多样、高频率出货的机能，动管效率的评估与提升已被视为重要的一环。

4. 移动储区

移动储区指在配送作业时，配送车上的货品放置区域，此区域货品存放在移动中的车上。由于现在的交通混乱状况，而大多数顾客都有收货时间的限制，当把货品依配送店家顺序由后向前，在配送车上由内到外依序排好后，配送中因塞车而延误前面客户的收货时间。为了争取不延误更多客户的配送时间，就必须先把前面未按时送到的客户的货搬下车，取出后面客户的货，再把前面客户的货品搬回车上，如此搬上搬下既浪费时间又费工，因此常会发生货品相对位置布置及配送顺序未能配合的现象。

假如能预先在车上安排一个回转空间，就不需要把前面客户货品搬下车，只要直接在车上移动前面客户的货品摆放顺序，就可轻易取得后面客户的配送货品。另外，配送车上货品若没有订立一套摆放管理规则，在出货配送时只是胡乱地把配送货品往车上塞，以增加出车装载率，其结果将使货品的配送顺序混乱，在配送时必须花很多时间在车上寻找货品，甚至会有货品遗失的情况发生，这些就是移动储区必须加以管理的理由。

商品未送达给顾客签收时，都还算是仓储中心的存货，故必须有所掌握，库存才能确实与账目相符。因此，移动储区也应加以重视及管理。

在配送车上货品的放置区。此区域货品较难依产品种类在固定有限的范围内做有效的区隔，再加上仓储中心供应的客户、品项相当多，而且每家仓储中心所用的出货容器均有差别，使得仓储中心在进行出货作业时应对配送的路线、区域详细规划，才不致在配送过程中，因交通问题而延滞交货，或因移动储位上配置不佳使卸货时间变得冗长。故而"移动储位"的管理已直接影响到仓储中心的服务水准。

理论任务 4　储区空间规划

储位管理的重点如下：一是提高储位空间的利用率，二是促进货物的流动。要提高保管空间的利用效率，首先要合理规划储区空间。根据货物的储放需求，重点考虑货物的大小、形状、物理化学特性，来规划保管空间。

1. 储区空间的规划布置

储区空间规划就是按照科学合理的原则，对仓储空间进行合理的设计和布置，方便作业，提高物流效率。储区空间规划合理与否，对提高仓储效益和社会效益有着十分重要的意义。

储区空间布局合理与否,要对诸多因素进行综合考虑,主要评估指标如下:

(1)空间效率指标:实际保管容积/保管空间容积×100%;

(2)流量指标:(入库量+出库量)/(入库量+库存量+出库量)×100%。其值在0与1之间变动,越接近1,说明货物的流动性越好,仓库的利用率越高。

(3)成本指标:保管收入/保管货物量。在实际的计算过程中,通常以1立方米的保管费来计算。

(4)作业时间指标:拣货时间+移动时间。作业时间指标实际上是衡量保管货物需要移动时的时间。

(5)作业者感觉指标:作业者对作业方法、作业环境的评价。

2. 储区空间规划需要考虑的因素

储区空间规划必须综合考虑人、物、设备等因素,在这些因素之间进行综合平衡。在人的因素方面,要考虑作业环境和作业方法;在物的方面,必须考虑存放货物的基本特性、合理的库存量与出入库量等;在设备方面,要考虑保管设备和出入库设备的影响。不同因素对储区空间的影响是不同的,要合理规划仓储空间,就必须在这些因素间进行权衡比较,选择一个经济合理的方案。

3. 储区空间的规划布置

保管空间规划重点要考虑三个因素:柱子间隔、梁下高度和通道布置。柱子会影响货架的摆放,车辆的移动;梁下高度会限制货架高度和货物堆高;通道会影响保管区域的使用面积和货物移动的经济性和安全性。

(1)梁下高度。梁下高度,理论上越高越好。实际上受货架高度、货物所能堆积高度、堆高机的最大举升高度限制。梁下高度太高会增加作业及维护成本。一般来讲,单层仓库楼层净高在8~10米。

(2)柱子间隔。柱子间隔就是柱子之间的中线距离。柱子间隔是否合理,对仓库的运作成本和动作效率有很大影响,决定柱子间隔要考虑存贮设备和托盘大小。

(3)通道布置。储区空间规划是指在建筑物的基础上对储区进行合理布置。在实际工作中,由于仓库是事先已经建设好了的,所以储区空间规划的重点在通道的设计上。

通道设计优劣是影响储存作业效率的一个重要因素,也是储存空间分配的重要因素。通道设计考虑的主要因素如下:①流量经济,仓库中的人、物移动路线畅通,形成最佳的作业线;②空间经济,通道通常需占不少空间,设计时,既要保证仓库内人、物的有效移动,又要保证通道的空间占用率最小;③设计的顺序,根据货物出入库位置设计主要通道,然后设计次要通道;④大规模厂房的空间经济,大厂房在通道设计上可达到大规模空间经济性;⑤紧急逃生,必须随时要求通道要够空旷以应危险时尽快逃生的目的;⑥直线原则,通道一般设计为直线;⑦电梯通道,电梯是通道的特例,其目的在于将主要通道的货物运至其他楼层,但又要避免阻碍到主要通道的交通。

4. 储存空间的有效利用

随着经济的发展,土地价格越来越高。在仓库建设中,一般应尽量减少土地的使用面积,最大限度地利用有限的仓库空间。提高储存空间使用效率的主要措施如下:

(1)充分利用库房高度,向上发展。尽可能使用高层货架,增加保管容积。使用高层货架会增加仓储作业成本。

（2）增加平面使用面积。增加平面使用面积，就是增加储存空间的容积。主要措施如下：

1）尽量将办公室等非储存空间设置在保管区域的角落或边缘。

2）在保证作业车辆顺畅作业的前提下，最大限度地减少通道面积。

3）尽量采用方形货架，减少因货架安装产生的无法使用的空间面积。

（3）采用自动化仓库。自动化仓库在空间上的使用效率是最高的，但它的建设和运营成本也是最高的。

理论任务5 储位管理的方法步骤

1. 分析货物的储藏需求

一般而言，仓库都有自己的定位。在进行仓库定位之前，要分析仓库的储放需求。须重点考虑以下问题：

（1）仓库的机能，是重保管型的仓库，还是重配送型的仓库。仓库的机能不同，储位的设置要求就不同。

（2）货物的储放需求。不同的货物需要的储存环境不同，不同货物要求的存储模式也不同。因此，在制订储位规划之前，必须对存储货物的物理化学特性、进出库动态规律、货物的分拣频率等进行分析。

2. 对储存空间进行规划布置

仓储空间的规划布置是储位管理的一项重要工作。空间规划布置的好坏，不仅关系到仓储空间的利用效率，而且关系到货物存取作业的效率。对储存空间的规划布置，必须根据仓库的主要机能来设计。一般来说，注重货物保管功能的仓库，由于货物的出库频率较低，要求最大限度地利用仓库的储存空间，所以在储存空间的规划上，要尽可能地增加储存容积。注重配送机能的仓库，要求在储存空间规划布置上，以仓库吞吐量最大为原则，注重储存空间和作业空间的合理配置。

在规划仓储空间的过程中，一定要在空间、设备、作业效率等因素间进行权衡。

储存搬运设备的选择。储存设备是各种类型的仓库开展储存作业最基本的条件。选择储存搬运设备，除了要考虑货物的基本特性、储放需求、仓库结构外，还要考虑作业的经济性、安全性，做到满足需要、方便作业、经济安全。

3. 进行储编码和货品编号

规划好储存空间以后，为方便管理，须对储位进行编号。实际上，储位编码就是储存货物的存放地址，只有地址明确、唯一，才能对货物进行准确定位。储位编码完成以后，需要对储存货物进行编号，至于说选用哪种编号方法，要根据货物品种、类型以及仓库管理实际选择。

4. 按照储位分配法则，合理分配储位

储位编号完成以后，仓库就可以接收货物入库了。货物入库储存必须遵守一定的规则，否则仓库管理就会乱套。在具体操作过程中，每一个仓库必须确定明确的储存策略，是定位储存、随机储存，还是其他储存策略，需要根据实际来确定。同时，具体到操作上，需要注意储位分配策略的灵活运用。

5. 进行储位维护

储位管理制度制定了以后，重点在于落实。储位管理并不是进行一两天就可完成的，必须不停进行储位维护工作。要让储位维护工作持续不断地进行下去，除了须坚定不移地推行外，还得借助核查与改进的方法实施监督。通过定期、不定期抽查方法对储位管理的执行、储放搬运设备的使用、空间的利用布置等进行监督，及早发现问题，及时落实和改进储位管理。

实践任务 1　储位管理方案设计

连锁企业配送中心的储位管理是许多连锁企业面临的难题，连锁企业为了降低储存成本，减少流动资金占用，必须提高配送中心的库存周转，因此必须采用灵活的储存策略。虽然现实中一些企业采用了固定货位的方式来进行储存，但随着物流行业的快速发展，尤其是配送业务的快速发展，流动型货位储存策略更有利于企业提高储存效率，降低储存成本，并满足连锁企业配送的需求。而采用流动型货位储存策略的关键就是储位的灵活分配问题。对季节性物品或物流量变化剧烈的物品由于周转较快，出入库频繁，流动型货位存货可以按照物流量的变化，灵活安排合适货位来提高储存效率。

某连锁企业配送中心采取流动型储存策略来储存货品，即不安排固定货位储存特定商品，而是按照出入库情况来灵活分配储位，并且每一季度进行一次储位调整。该连锁企业配送中心八大类货品过去一个季度出入库数据的统计见表 3-1。

表 3-1　八大类货品的出入库情况表

货品	入库次数	出库次数	货品	入库次数	出库次数
A	40	40	E	10	100
B	67	67	F	100	250
C	250	125	G	200	400
D	30	43	H	250	250

该配送中心储存货物出入库差别较大，库存周转不均衡，一些货品出入库不频繁，而一些货品出入库比较频繁，为提高配送中心作业效率，应该合理安排储位。

D 和 C 货品是采用货架存货，货架及出入库区布局如图 3-1 所示。

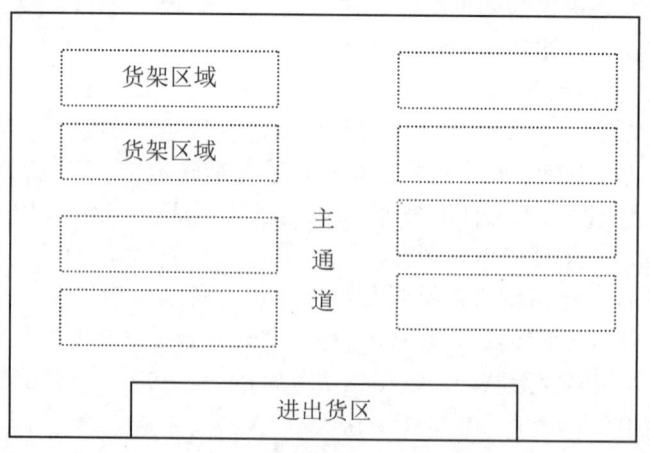

图 3-1　货架及出入库区布局示意图

1. 流动型货位存货方式适合应用于储存怎样的货品？

2. 从表 3-1 提供的数据来看，该连锁企业配送中心的货品周转存在哪些特征？

3. 根据货品出入库数据，完成表 3-2 的填制（按周转次数从大到小排序，周转次数按出入库次数之和计）。

表 3-2 货品周转次数表

序号	货品	周转次数
1		
2		
3		
4		
5		
6		
7		
8		
9		
10		

4. 结合以上分析，在图 3-2 上标出各类货品合适的存储位置。

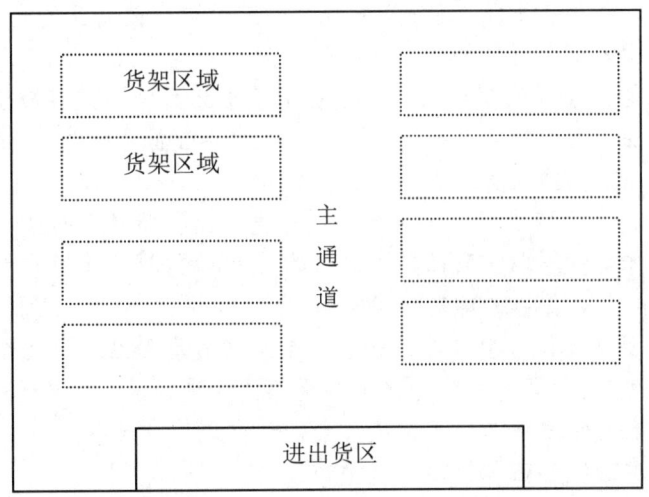

图 3-2 货架及出入库区分布示意图

实践任务 2　储存有效面积计算

某单层长方形库房建筑，长 71 米，宽 41 米，外墙厚度为 0.5 米，走道宽度 4 米，两条支道宽度各 2 米，外墙距 0.5 米，内墙距 0.3 米，若库房内无柱子、无扶梯、无固定设施，但有一道间隔内墙壁，厚度为 0.3 米，如图 3-3 所示，求其有效面积。

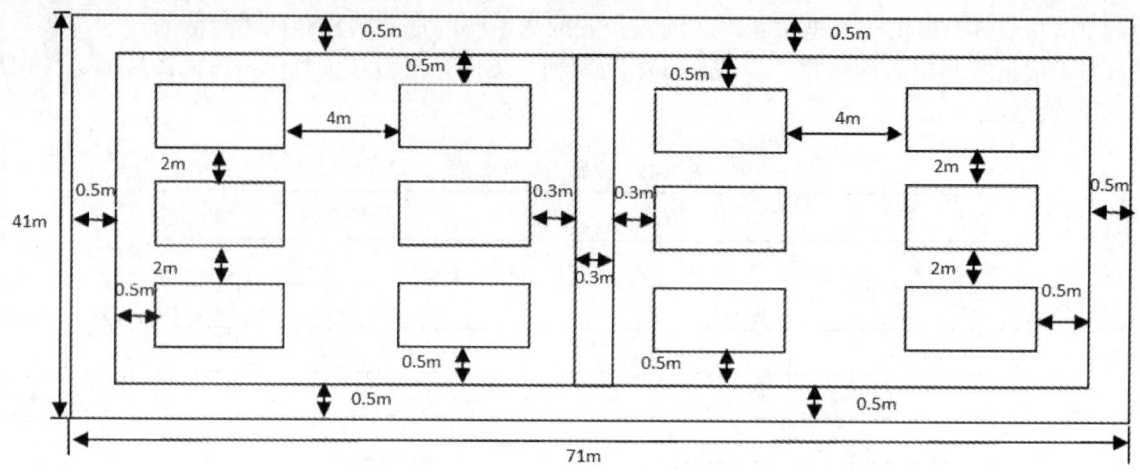

图 3-3　某单层长方形库房示意图

项目二　掌握储存策略与储位分配模式

【案例 3-2】

亚马逊仓储之道　"混乱库存"也能成王道？

混乱库存管理制——有时也被称之为随机存放制度，从本质上来看就是一个存放商品的货架系统。依照目前的经验来分析，还没有发现与固定位置存放商品的仓库有何不同。但亚马逊的出错率远低于普通固定存货系统，关键在于分拣及物流方式。

从分区的商品开始，仓库的工作人员把进货运至货架系统，并存放于空位上。每个货架和每个商品位都有个独一无二的条形码。工作人员用手持扫描仪扫描货架位和对应商品，然后电脑就会存储下该商品的具体位置。

当订单下来需要进仓库取货时，电脑会自动输出一组提货单。根据数据库，提货单上显示的商品会是距离具体负责提取该商品员工最近的，精准而高效。每个物件从货架取下时都要再扫描一次，所以保证了数据库的即时信息更新。

混乱管理并不是混乱操作，也并非意味着全自动化管理系统，因为全自动操作一个混乱存储系统虽然可行，但成本太高，所以不是亚马逊的优先选择。亚马逊通过一项模拟存储进程的实验发现，雇佣适当的仓库管理员工比实现全自动化更节省成本。

混乱库存管理制度的优势在哪里？

和传统有序的库存管理制度相比，混乱库存相对更灵活方便，能更加迅速地应对各种产品存货变化等突发事件，这样减少了计划的总工作量。因为在混乱库存中，不论是各种产品整体数量还是某种商品销售量都不需要做提前计划。

混乱库存能更有效地利用存储空间，因为只要空出了位置就会马上安放其他商品。而在固定位置的存储系统中，一些货架位是预留给某种商品的，即便那个商品的实际存货非常少也不得存放其他商品，这就产生了空间资源浪费的现象。

混乱库存更节省时间，这不仅仅体现在存货时，当有订单取货时也节省时间。进仓的货物是简单放置在货架上空余位置的。只要有人来取货，电脑就会计算出最佳路径并显示在提货单上。这种方法使工作人员的工作距离缩短。另外,亚马逊的提货单不是通过筛选订单得到的,这也就是说需要出库的货物必须通过一个额外的步骤与发货联系在一起。

混乱库存方式能大大降低用于新员工入职培训上的物力和精力。新入职雇员无须记住仓库的整体布局,或是某些特殊商品的存放位置等,系统规划取货路线也使得工作易于上手,这样亚马逊可以更加轻易地更换员工或雇佣临时雇员。

对于混乱库存有什么特别的要求?

大多数商家都会将相似的商品存放在一起,即按照商品的属性、特征、定义存放。所以可能所有的书籍都被存放在仓库的左边,而所有的玩具则都摆放在仓库的右边。但混乱库存管理系统中没有必要这么做。产品的存放只需要满足如温度、湿度等最基础储存的条件,其他详细的特征可直接忽略。所以在亚马逊的仓库中,我们看到各种不同商品都直接相互挨着,比如一个货架上摆放着书、玩具、运动产品、电子产品、珠宝首饰、数码相机。

当然,这不包括储存期短的商品,因为其不值得储存,这些商品的特征是太重或太大,此类货物在亚马逊需要分开存放,易腐商品也不适合混乱库存方式。

无须再提的是,所有的商品都必须有专属的条形码且录入数据库。所有的存储位也在数据库内。电脑需要有类似仓库地图的导航系统,使其能计算最佳提货路径。

要着重指出的是,混乱存货管理需要稳定可靠的仓库管理系统。假如电脑崩溃或者数据丢失,则将直接导致仓库运转中断,直到系统恢复之前都无法运作起来。

混乱存储方式适合日吞吐量大而存货空间又有限的配送中心,最典型的就是电商。

现在消费者在下订单的时候,商品类别跨度较大,所以分类存放的优势不能完全体现,相反,亚马逊的混乱存放,商品和商品之间的差异甚大,所以在取货的时候误取率就降低,这就解释了为何混乱存货方式的提货准确率高于普通存货制度。

最后补充一句,"混乱存储"一词只是从视觉角度上对亚马逊存货方式的一种称呼,从计算机系统操作层面来讲依然是精确的存储制度。

(摘自:《亚马逊仓储之道 "混乱库存"也能成王道?》,http://www.iepgf.cn/thread-245164-1-9.html)

思考与互动:

1. 如何理解亚马逊存货的"混乱存储"方式?

2. "混乱存储"方式对于混乱库存有什么特别的要求?

理论任务1 确定储存策略应考虑的因素

1. 储存保管的目标

(1) 空间的最大化使用。

(2) 劳力及设备的有效使用。

（3）储存货品特性的全盘考量。对储存货品的材积、重量、包装单位等品项规格及腐蚀性、温湿度条件、气味影响等物性求彻底解，来达到对货品能按特性适当储放。

（4）做到所有品项皆能随时准备存取。因为储存增加商品的时间值，因此若能做到一旦有求时物品马上变得有用，则此系统才算是一有计划的储位系统及良好的厂房布置。

（5）货品的有效移动。在储区内进行的大部分活动是货品的搬运，要多数的人力及设备来进行物品的搬进与搬出，因此人力与机械设备操作应达到经济和安全的程度。

（6）货品品质的确保。因为储存的目的即在保存货品直到被要求出货的时刻，所以在储存时必须保持在良好条件下，以确保货品品质。

（7）良好的管理。清楚的通道、干净的地板、适当且有次序的储存及安全的运行都是良好管理所关心的问题，将使得工作条件变得有效率及促使工作士气的提高。

2. 选择储区位置的建议

（1）依照货品特性来储存。
（2）大批量使用大储区，小批量使用小储区。
（3）能安全有效率储于高位的物品使用高储区。
（4）储存笨重、体积大的品项于较坚固的层架底层及接近出货区。
（5）储存轻量货品于有限的载重层架。
（6）将相同或相似的货品尽可能靠近储放。
（7）滞销货品或小、轻及容易处理的品项使用较远储区。
（8）周转率低的物品尽量远离进货区、出货区及仓库较高的区域。
（9）周转率高的物品尽量放于接近出货区及较低的区域。
（10）服务设施应选在低层楼区。

理论任务2　确定储存策略

1. 定位储存

一种物品固定存放在固定存放的位置上，货物不能串位存放。规划储位时要注意，储位容量不能小于需要存放货物的最大库存量。

（1）定位储存适用原则：仓库储存的货物品种较多，量小。

（2）定位储存的优点：每一种货物都有固定的存放位置，方便拣货人员拣货，提高拣货人员的作业效率；由于货物固定位置存储，规划储位时，可以将不同特性的货物分开存放，使货物间的影响降到最小；储位可以按照周转量来规划，以缩短搬运距离，提高搬运作业效率。

（3）定位储存的缺点：由于储位是按照最大库存量设计的，所以储位的使用效率较低。

2. 随机储存

货物的储存位置是随机产生的，任何一种物品可以摆放在任何一个位置上。一般来说，随机储存是由仓储管理人员按照工作习惯来操作。

（1）随机储存的适用原则：仓库空间小，储存货物的品种少，量较多。

（2）随机储存的优点：储位的使用效率较高，可以最大限度地利用储位空间。

（3）随机储存的缺点：仓库的管理难度大，给盘点、拣货作业造成困难；周转量大的货物可能被放在距离出口较远的储位上，降低了搬运装卸效率；容易造成货物的相互伤害或者由于化学特性不同的货物毗邻相放而发生危险。

3. 分类储存

对需要存放的货物按照一定的特性进行分类，每一类货物固定存放在相应的储位上。

（1）分类储存的适用原则：货物的相关性比较大，经常一起出库。

（2）分类储存的优点：具备定位储存的优点；较定位储存而言，有利于储存管理。

（3）分类储存的缺点：由于储位必须按每一物品最大库存设计，因此降低了储位的使用效率。

4. 分类随机储存

每一类货物都有固定的储存位置，在每一类货物的固定储位上，货物的指派是随机的。

（1）分类随机储存的适用原则：仓库面积相对不足，而货物的品种较多。

（2）分类随机储存的优点：较分类储存而言，可节省储位数量，提高储区的使用效率。

（3）分类随机储存的缺点：入库管理和盘点作业难度较高。

5. 共享储存

在确定各种货物的入库时间的前提下，不同的货物可以共用同一储位。

（1）共享储存适用原则：货物的品种少，流转很快。

（2）共享储存的优点：节省储存空间，提高作业效率。

（3）共享储存的缺点：需要清楚货物的到库时间，管理难度较大。

理论任务 3　储位分配法则

对于储位管理而言，制定了储存策略以后，还必须制定储位分配法则才能决定储存作业实际运作的模式。储位分配法则是储存策略的衍生物，主要有以下几项：

1. 靠近出口法则

将刚到达的商品指派到离出入口最近的空储位上。可以与定位储放、分类储放、分类随机储放策略配合。

2. 周转率法则

按照商品在仓库的周转率（销售量除以存货量）来排定储位。依照定位或分类储存法的原则，指定储存区域给每一级的货品。周转率越高则应离出入口越近。

3. 产品相关性法则

经常被同时订购、具有较大相关性的产品尽可能存放在相邻位置。这样可以缩短拣货移动距离，方便盘点作业。产品相关性大小可以利用历史订单数据做分析。

4. 产品同一性法则

产品同一性法则指把同一物品储放于同一保管位置的原则。将同一物品放在同一位置进行管理，是仓库储位管理的一个重要原则，可以避免同一物品散布于仓库内多个位置而造成的货物在储放、取出、盘点等作业的困难。因而同一性法则是任何物流中心皆应遵守的重点法则。

5. 产品类似性法则

产品类似性法则指将类似品相邻保管的原则。

6. 产品互补性法则

互补性高的物品也应存放于邻近位置，以便缺货时可迅速以另一货物替代。

7. 产品相容性法则

相容性低的产品绝不可放置一起，以免损害品质，如烟、香皂、茶便不可放在一起。

8. 先进先出法则

先进先出法则指先进入仓库保管的货物先出库。这一原则一般适用于寿命周期短的商品。例如：感光纸、胶卷、食品等。如果产品寿命周期长，不易发生因保管造成货物品质变化的情况下，需要权衡实施先进先出的管理费用及所得利益，再来决定是否要采用先进先出法则。对于快速消费品，包括食品或易变质货物，必须采取先期到达货物先出货的原则。

9. 叠高法则

所谓叠高法则，就是尽可能使物品叠高，提高保管效率。在运用叠高法则时须注意：货物需要先进先出时，应要考虑使用合适的货架或积层架等保管设备，以使叠高法则不至影响出货效率。

10. 面对通道法则

所谓面对通道法则，即是物品正面面对通道来保管，使作业员可以准确辨识。为了使货物的存、取作业快速有效进行，货物必须要面对通道来保管。

11. 产品尺寸法则

在仓库布置时，同时考虑货物单位大小及由相同的一批物品所造成的整批形状，以便能供应适当空间满足某一特定需要。所以在储存物品时，必须要有大小位置变化，用以容纳各种物品。

12. 重量特性法则

所谓重量特性法则，是指按照物品重量来决定储放货物保管位置的高低。一般来说，重物应保管于地面上或货架的下层位置，而重量轻的货物则保管于货架的上层位置；如果是实行人工进行搬运作业，人腰部以下的高度用于保管重物或大型物品，而腰部以上的高度则用来保管重量轻的物品或小型物品。这一原则对于货架存储的安全性以及人工搬运作业的方便性有很大的意义。

13. 产品特性法则

产品特性法则指考虑货物的物理化学特性来安排储位的原则。物品特性不仅涉及物品本身的危险及易腐性质，同时也可能影响其他的物品，因此在仓库布置设计时必须要考虑此因素。如易腐烂的物品要储藏在冷冻、冷藏或其他特殊设备内；易燃物要存放在有防火设备、具有高度防护作用的仓库内，一般是设置独立仓库。

理论任务 4　了解储位分配模式

1. 人工分配模式

由于以人工分配指派储位，所凭借的是管理者之素质，因而效率会因人而异。虽然人工指派有报表可依据行事，但此报表仍是由人来登录或读取，所以因笔误或看错造成作业不畅在实际工作中屡见不鲜。

人工分配储位优点明显，如以人脑来分配储位，弹性大，投入少，费用低，但也存在很多缺点，如人力投入多、出错率高、效率较计算机低。

人工指派的管理要点如下：

（1）指派决策者必须熟记储位指派原则并且灵活运用。例如，依据 ABC 分析来排列货架，因为从货架上存取货物以腰部的高度最容易取出货品，而在人体工学上也认为此高度最适合存取作业，因此若将货架分成三段，把经常存取的 A 类商品放在中段，下段则放置出货量仅次于 A 类品的 B 类商品，而进出货频率不高的 C 类商品则放在上段。若以缩短取货的距离观点来看，就要把 A 类商品指派到靠近出口处，其次是 B 类品，而货架的最里面则放置 C 类品。若有笨重货品则要考虑指派到储架底层，而贵重物品就要考虑另存放至可封锁隔离的储区中。总之，对于货品的指派，在事先就必须先经一番规划，定出一套适合本公司所保存货品的特性需求规则表。

（2）仓储人员必须严格按照分配者的指令，将货物存放于指定的储位上，并且及时更新存储记录（储位卡）。在实际工作中，要避免过分依赖仓管人员依经验分配储位现象。否则，一旦仓管人员离职或有了变动，就会引起作业混乱。

（3）仓管人员每完成一个储位指派的内容后，就必须把这个储位内容记录至管理台账或表格中，做到账卡一致，账物一致。同样，货物储位移出后也必须登录消除。这些工作虽然很繁琐，但必须确实执行，以保障料账的正确性。

2．计算机指派方式

在储位管理中以计算机来分配储位所依靠的就是现代信息技术。利用自动读取或辨识设备来读取资料，透过无线电或网络，再配合储位监控或储位管理软件来控制储位指派，这两种方式由于其资料输入/输出（I/O）均以条形码读取机扫入，故错误率低，且其一切控制均为实时控制方式。资料扫读后，透过无线电或网络即可把回馈资料传回。计算机管理的优点是效率高，不受人为因素影响，错误率低；缺点是费用高，维护困难。

（1）计算机辅助分配方式：由计算机管理仓库货物的基本信息，储位分配仍由人工来完成。这种方式是利用一些图形监控软件，经收集在库储位讯息后，实时转换显示在库之各储位使用情况，以供储位分配者实时查询，来作为储位指派指示参考，其由人工下达储位指派指示，故仍需调仓作业。

（2）计算机全自动分配方式：利用计算机管理软件，经收集货物信息量和储位信息后，由计算机下达储位分配指示。

理论任务 5　进行储位编码与货品编号

1．储位编码

储区规划完毕以后，为了方便记录和管理，必须对每一储区进行编码。实际上，储位编码如同建筑物内房间的编号一样，为管理者和作业者提供具体的明确的地址，以方便查找。

（1）储位编码的功能。提供准确的储存位置，便于仓储作业管理，提高货物入库、出库、盘点的作业效率；便于对储存货物进行分类管理，确定储存资料的正确性；便于计算机管理。

（2）储位编码的方法。储位的编码方法有四种：地址式、区段方式、商品群别方式和坐标式。一般来说，储位编码方法是由货物特性、货物的储存量、仓库的空间布置等因素决定的。在实际工作中，较多地采用地址式编码方法。

1）地址式。地址式编码方式是各类仓库使用最多的一种编码方式。其编码方法是，参照建筑物的编号方法，利用保管区域的现成参考单位，按照相关顺序来进行编码。

2）区段方式。区段方式是把保管区域分成几个区段，然后对每个区段进行编码的一种方式。每个区段代表的储存区域较大，适合大量或保管周期短的货物保管。

3）商品群别方式。这种方式是把需要储存的货物按照一定的类别区分成几个商品群，对每个商品群进行编码。

4）坐标式。利用空间概念，采用数学上的坐标方法来编排储位的一种方法。这种方法由于储位切割较小，管理上较为复杂，所以适用于流通率较小，须长时间存放的货物。

2. 货品编号

（1）货品编号的作用。方便管理，提高效率；节省人力，降低成本；便于计算机管理。

（2）货物编号的原则。货物编号的主要原则为简单、完整、唯一、可扩展。货物编号要对复杂的货物信息进行简单化处理，方便货物管理；货物编号要清楚完整地表达货物的基本信息；每一货物编号只能代表一种货物；货物编号要留有余地，要为以后的货物预留编号空间。

（3）货品编号的方法。货品编号方法主要有数字顺序编号法、数字分段法和分组编号法三种。

数字顺序编号法按照数字顺序对保管货物进行编号，往往从 1 开始往下编。数字顺序编号需要有编号索引，否则无法了解编号的意义。数字分段法就是指导数字分段，每一段代表一类商品的共同特征，便于区分和查找。这种方法是上述方法的改进型。分组编号法就是把商品按照其特性（类别、形状、材料、大小）分成四个数字组，每一数字组有多少位数由实际情况来决定。

3. 存储模式

存储模式有四种：地板堆积存储、货架存储、储物柜和自动仓库。究竟采取何种存储模式，需要根据企业实际、存放货物特性来选择。

（1）地板堆积存储。地板堆积存储是使用地板作为堆积支撑的存储方式。地板堆积存储分为将直接着地和不直接着地两种。其优点如下：①不规则的货物较易存储；②适合大量可堆叠货物的存储，能给形状规则的货物提供有效的存储空间；③堆叠尺寸可以根据存储量进行调整；④通道要求小，且容易改变。其缺点如下：①不可能兼顾先进先出储位分配法则；②堆叠边缘无法被保护，容易被搬运设备损坏；③地板堆叠不整齐；④一些货物不适合存储，如易燃物。

（2）货架存储。货架存储是指使用货架作为货物堆积支撑的存储方式。货架存储有两种方式：两面开放货架，这种方式货架前后两面都可以用于存储和拣取，设计弹性较大，可以兼顾先进先出法则；单面开放货架，这种存储方式只有单面可供存储与拣取，多使用背对背方式排列货架，在系统设计上弹性较小，实现先进先出法则较为困难。

（3）储物柜。这种方式就是用储物柜作为货物存储支撑的存储方式。储物柜被安排成背对背式摆放，如有可能，储物柜最好靠墙放置，以提供较强的稳定性。

（4）自动仓库。自动立体仓库可以从收货入库到出库装运全部实现自动化。自动立体仓库控制系统是一个信息管理系统，由计算机控制和管理。信息管理系统除了信息接收、处理外，还需要产生作业决策指令，以控制设备的运行状态。

存取机是自动仓库的专用装卸机械，它能在通道中作水平方向来回移动，它的作业臂能作垂直方向上下移动，能够实现货物的快速存取。它的优点是储存空间利用率高，存取作业快；缺点是建设成本，运营成本高。

理论任务6　了解控管技术的应用

储位管理的构成要素是空间、设备、物品和人员。而控管技术就是针对物流中心的设备、物品、人员与车辆的动态信息能实时掌握监控，它可提升物流中心作业与管理品质，达到节省人力、降低成本及提升物流中心经营效率与竞争力的目的。最主要的是，其是进行储位管理最有效率且最科学的方法。借着控管技术上的应用，在储位管理上可有下列功能：各作业时点的资料收集；储位整理指示（上下架、调仓）；储位监控；管理窗体、信息的输出；保管、动管货品全程掌握；盘点辅助。

整体而言，控管技术在应用上是针对整个物流中心的改善应用，但实际上它的应用目的就是储位管理的目的，也就是辅助物流中心的各项作业使其能更顺利进行。

1. 控管技术介绍

控管技术是结合计算机网络、控管软件、信息管理、自动识别、自动控制和无线电传输等六大技术的应用整合，在各作业点上结合一些资料收集设备透过网络信息便可对各作业点进行监控管理。在应用控管技术之前，首先必须了解控管技术的需求，以评估对这些需求所能满足的程度，接着再依据目前的现况，评估信息体系、现场设备与控管技术的兼容程度，并且在对目标及投资报酬率作权衡比较后，再来决定控管技术的采用程度。

2. 资料自动识别与收集技术

资料的自动辨识方法可采用磁卡、IC卡、条形码等方式来达成。而以物流中心而言，由于大多数的储存货品都备有条形码，所以用条形码做自动识别与资料收集是最经济、最方便的方式。借由商品上的条形码资料经条形码读取设备读取后，可迅速、正确、简单地将商品资料自动输入与获取，而达到自动化登录、控制、传递、沟通的目的。其在储存管理上的效益如下：

（1）登录快速、节省人力。

（2）物流作业效率化提升。

（3）减少管理成本。

（4）降低错误率，提高作业品质。

（5）更精确地控制储位的指派与货品拣取。

（6）可方便有效地盘点货品，准确地掌握库存，控制存货。

（7）可做到实时数据收集，实时显示，并经计算机快速处理而达到实时分析与实时控制的目的。

3. 传输技术

在物流中心现场，为了把资料收集器所取得的信息，实时地传送到处理中心，再经处理中心处理后下达响应信息，如此信息一来一往就必须以传输技术为基础。

一般在物流中心的各作业站或各搬运设备上所附带的资料收集及指示设备以无线电通信传输（RFDC）比较方便，例如进货入库、补货/调仓、拣货出货、盘点等作业均可采用RFDC。

4. 监控技术

监控技术是储位管理在所有控管应用技术中，使用最多的一门技术。利用监控软件，以资料收集器所收集的资料，实时地以图控软件显示出来，以便对于各储位的货物储放情况能马上掌握，来作为管理的参考依据。

货品资料查询的搜寻依据主要有依品号查询、依储位查询和依供货商查询等。

（1）依品号查询。需输入品号，查询结果须显示品名、品号、储位、库存量、有效日期、供货商名称等相关资料，且包含同一货品所有储位，查询结果依有效日期排序。

（2）依储位查询。输入欲查询的区号、排号及列号后，可查询某一列储位上的所有货品，查询结果依储位排序，显示储位、品名、品号、库存量、有效日期、供货商等相关资料。

（3）依供货商查询。输入供货商代码，可查询某供货商所生产的所有产品，查询结果依品号排序，显示储位、品名、品号、库存量、有效日期等相关资料。

实践任务　储位编码与货品编号

储位编码与货品编号的应用

问题1：如何在相同的储位编码中，放置数种不同商品？

应用分享：首先不要在相同的储位编码中，放置数种不同商品。当在相同的储位编码中，必须放置数种相类似货品时，这个储位空间则以隔板或其他简易分隔材料，依其种类进行分隔，并在每一分隔区标明货号。

问题2：预备储区（进出货暂存区）如何进行储位编码？

应用分享：这个区域的编码可采用区段式，先依照历史数据，分析每批进出货的量，求取一个概估量，再按照这个量，把暂存区分隔成数个区段，每个区段以有颜色的线标示区分，并在每个区段前方靠近走道处标上20厘米见方大的储区编号。如此由广告牌上便可明了目前暂存区的存放情况，来作为相关作业的参考依据。

问题3：在动管储区的编码标示方面需注意哪些问题？

应用分享：动管储区的编码及品名、货号的标示，必须考虑补货的指引方便，尤其是流动货架在其后方的粘贴标示，甚至条形码也附上，以供补货时可用条码读取器扫描做确认登录。

问题4：收发多品种物品及进行拼装作业的仓库，如何进行储位编码？

应用分享：在收发多品种物品及进行拼装作业的仓库，往往在一个库房有许多货架，每个货架有许多格，作为存货的货位。可先按一个仓库内的货架进行编号，然后再对每个货架的货位按层、位进行编号。常采用的是"四号定位"方法，即第一位表示库序号；第二位表示货架号；第三位表示货架层号；第四位表示货位号如图3-4、图3-5所示。

图3-4　横梁的编号示意图

图 3-5　主柱的编号示意图

（摘自：《仓库储位编码与货品编号的应用》，http://www.iepgf.cn/forum.php?mod=viewthread&tid=150176&highlight=%B4%A2%CE%BB）

1．阅读以上文字，在学校的仓库中依照四种情境进行实际模拟训练。

2．某仓库接收了一批矿泉水、汽水、饼干、洗衣粉、卫生纸、塑料胶桶、毛巾、大米、酱油等商品，经检验后需上货架保管，但是所有的货架并没有编号，请根据给定的商品进行编号，按照"四号定位法"对货架进行编号处理。

单元小结

仓储储位管理是做好仓储业务工作的基础。本单元内容重点阐述了储位空间规划、储存策略、储位分配法则与分配模式、储位编码与货品编码等储位管理和业务运作情况，使学生对仓储业务有了新的认识和体会，认识到仓储储位规划布局合理与否对仓储业务的效率会产生重要影响。

知识问答

1．什么是仓储储位管理？它有什么作用？
2．进行仓储储位空间规划应坚持哪些原则？
3．储位管理的方法、步骤分别是什么？
4．简要比较不同货架的区别，并列出其适用的仓储物资。
5．结合一家物流公司的仓储业务工作，绘制出储位管理的流程图。

能力拓展

阅读以下文字，并画出关键词。思考库存管理与控制的相关方法、储位管理及优化间的联系。

库存管理与控制

一、库存的含义

"库存"指的是仓库中处于暂时停滞状态的物品。物品所停滞位置不仅是在仓库中，同时也是在生产线上、车间里、火车站在等非仓库等流通结点上；物品的停滞状态可能是由任何原因引起的。这些原因大体如下：能动的各种形态的储备；被动的各种形态的超储；完全的积压。一般情况下，人们设置库存的目的是防止短缺，就像水库里储存的水一样。

二、库存的分类

库存按其作用和功能可以分为三类。

1. 基本库存

基本库存是补给过程中产生的库存。如制造企业所需要的原材料、流通企业销售的产品。

2. 安全库存

安全库存是指为了防止由于不确定因素（如突发性大量订货或供应商延期交货）的作用影响订货需求而准备的缓冲库存。

3. 中转库存

中转库存是指正在转移或等待转移的、装在运输工具上的存货。在企业的生产经营中，中转库存越来越重视小批量、高频率的运输和递送，企业积极开展准时制战略，使中转库存在总存货中所占的比例逐渐增大。在企业的存货战略中，应将注意力集中到如何减少总库存的数量及与此相关的不确定因素上。

三、库存的功能

在现实经济生活中，商品的流通并不是始终处于运动状态的，作为储存的表现形态的库存是商品流通的暂时停滞，是商品运输的必需条件，"没有商品储存就不会有商品流通"。库存在商品流通过程中具有以下功能：

（1）调节供需矛盾，消除生产与消费之间时间差的功能。

（2）具有创造商品的"时间效用"功能。

（3）具有降低物流成本的功能。

近年来在国外出现了应商管理用户库存管理方法（VMI）。这种库存管理策略打破了传统的各自为政的库存管理模式，体现了供应链的集成化管理思想，适应了市场变化的要求，是库存功能的发展。

库存是企业的一种资产。它也同其他资产一样，追求投资的最优化。库存过多会造成积压，增加企业不必要的储存成本；库存过少又会造成停产、脱销，影响企业的正常生产经营，因此，企业既不应该库存投资过多，又不应该投资过少，而应保持最优值。

四、库存控制管理

库存控制又称库存管理，是对制造业或服务业生产、经营全过程的各种物品、产成品以及其他资源进行管理和控制，使其储备保持在经济合理的水平上。

库存量过大所产生的问题如下：增加仓库面积和库存保管费用，从而提高了产品成本；占用大量的流动资金，造成资金呆滞，既加重了货款利息等负担，又会影响资金的时间价值和机会收益；造成产成品和原材料的有形损耗和无形损耗；造成企业资源的大量闲置，影响其合理配置和优化；掩盖了企业生产、经营全过程的各种矛盾和问题，不利于企业提高管理水平。

库存量过小所产生的问题如下：造成服务水平下降，影响销售利润和企业信誉；造成生产系统原材料或其他物料供应不足，影响生产过程的正常进行；使订货间隔期缩短，订货次数增加，使订货（生产）成本提高；影响生产过程的均衡性和装配时的成套性。

在保证企业生产、经营需求的前提下，使库存量经常保持在合理的水平上；掌握库存量动态、适时、适量提出订货，避免超储或缺货；减少库存空间占用，降低库存总费用；控制库存资金占用，加速资金周转。

库存控制是受许多环境条件制约的，库存控制系统内部也存在"交替损益"现象，这些制约因素可以影响控制效果，乃至决定控制的成败。制约因素主要有需求的不确定性、订货周期及运输时间的不稳定性、资金暂缺或周转不灵、管理水平达不到控制的要求、价格和成本的制约等。

常见的仓储库存控制系统有以下4种。①连续库存系统。这个系统以经济订货量（EOQ）和订货点的原理为基础。连续库存系统要保持存货数量的记录，并在存货量降低到一定水平时进行补充供应。②双堆库存系统。其特点是没有连续的库存记录，属于固定订货量系统。订货点由肉眼直觉来判断，当存货消耗第一堆时便开始订货，其后的需求由第二堆来满足。③定期库存控制系统。在定期库存系统中，在储物品的数量要按固定的时间间隔进行检查。④非强制补充供货库存系统。其也称为最小最大系统，是连续系统和定期系统的混合物。库存水平均按照固定的间隔进行检查，但订货要在库存余额已经降至订货点时才进行。

五、现代库存控制的方法

1. ABC分析及重点管理

ABC分类法是根据事物在技术或经济方面的主要特征，进行分类排队，分清重点和一般，从而有区别地确定管理方式的一种分析方法。意大利经济学家巴雷托在1897年研究个人收入的分布状态时，发现少数人（20%）的收入占全部人收入的大部分（80%），而多数人（80%）的收入却只占一小部分（20%），他将这一关系用图表示出来，就是著名的巴雷托图。该分析方法的核心思想是在决定一个事物的众多因素中分清主次，识别出少数的但对事物起决定作用的关键因素和多数的但对事物影响较少的次要因素。1951年，管理学家戴克将其应用于库存管理，命名为ABC分类法。后来，朱兰将ABC法引入质量管理，用于质量问题的分析，被称为排列图。到了1963年，德鲁克将这一方法推广到全社会，使ABC法成为企业提高效益的普遍应用的管理方法。

在众多的库存物品中，一般只有少数几种物资的需求量大，所以占用了大多数的流动资金；从用户方面来看，只有少数几种物品对用户的需求起着举足轻重的作用，种类数比较多的其他物品年需求量却较小，或者对于用户的重要性较小。由此，可以将库存物资划分为ABC三类。一般来说，A类物品种类占全部库存物品种类总数的10%左右，而其需求量却占全部物品总需求量的70%左右；B类物品种类占20%左右，其需求量为总需求量的20%左右；C类物品种类占70%左右，而需求量只占总需求量的10%左右。

在对库存物品进行ABC分类之后，应依据各企业的经营策略对不同类别的物品进行不同管理，以便有选择性地对库存进行控制，减轻库存管理的压力。对每类库存物资的管理控制准则可归纳为表3-3。

2. 订货点技术及应用

库存控制是在保障供应的前提下，使库存物品的数量最少所进行的有效管理的经济技术措施。库存控制的重点是对库存量的控制，定货点技术是传统的库存控制方法，它是从影响实际库存量的两方面，即一是销售（消耗）的数量和时间，二是进货的数量和时间入手，来确定商品订购的数量和时间，从而达到控制库存量的目的。因此，定货点技术的关键在于把握订货的时机，具体的方法包括定量订货法和定期订货法两种。

表 3-3　ABC 分类库存管理控制准则表

管理类别	各类库存的管理方法		
	A	B	C
检查	经常检查	一般检查	以季或年度检查
统计	详细统计	一般统计	按金额统计
控制	严格控制	一般控制	金额总量控制
安全库存量	控制较低	较大	允许最高

定量订货法是指当库存量下降到预定的最低库存量（订货点）时，按规定数量——一般以经济订货批量 EOQ（Economic Order Quality）为标准，进行订货补充的一种库存控制方法。它主要靠控制订货点和订货批量两个参数来控制订货进货，达到既最好地满足库存需求，又能使总费用最低的目的。原理是预先确定一个订货点 Q_K，在销售过程中随时检查库存，当库下降到 Q_K 时，就发出一个订货批量 Q^*，一般取经济批量 EOQ。

定期订货法是以时间为基础的订货控制方法。预先确定订货时间间隔，进行订货补充的库存管理方法叫作定期订货法。它设定订货周期和最高库量，从而达到控制库存量的目的。只要订货间隔期和最高库存量被合理地控制，就可能达到既保障需求、合理存货，又可以节省库存费用的目的。定期订货法的原理如下：预先确定一个订货周期和最高库存量，周期性地检库存，根据最高库存量、实际库存、在途订货量和待出库商品数量，计算出每次订货批量，发出订货指令，组织订货。

3. JIT 技术及应用

JIT 的产生缘于 1973 年爆发的全球石油危机及由此所引起的日益严重的自然资源短缺，这对于当时靠进口原材料发展经济的日本冲击最大。生产企业为提高产品利润，增强公司竞争力，在原材料成本难以降低的情况下，只能从物流过程寻找利润源，降低采购、库存、运输等方面所产生的费用，这一思路最初为日本丰田公司提出并应用，取得了意想不到的效果。随后，其他日本公司也多采用这一技术，这为日本经济的发展和崛起做出了重要贡献。

日本企业的崛起，引起西方企业界的普遍关注。西方企业家追根溯源，认为日本企业在生产经营中采用 JIT 技术和管理思想，是其在国际市场上取胜的基础。因此，20 世纪 80 年代以来，西方经济发达国家十分重视对 JIT 的研究和应用，并将它用于生产管理、物流管理等方面。有关资料显示，1987 年已有 25% 的美国企业应用 JIT 技术，到现在，绝大多数美国企业仍在应用 JIT。因为 JIT 已从最初的一种减少库存水平的方法，发展成为一种内涵丰富，包括特定知识、原则、技术和方法的管理哲学。

JIT 的基本原理是以需定供，即供方根据需方的要求（或称看板），按照需方需求的品种、规格、质量、数量、时间、地点等要求，将物品配送到指定的地点。不多送，也不少送，不早送，也不晚送，所送品种要保证质量，不能有任何废品。

JIT 原理虽简单，但内涵却很丰富：

（1）品种配置上，保证品种有效性，拒绝不需要的品种。

（2）数量配置上，保证数量有效性，拒绝多余的数量。

（3）时间配置上，保证所需时间，拒绝不按时的供应。

（4）质量配置上，保证产品质量，拒绝次品和废品。

JIT供应方式具有很多好处，主要有以下三个方面：

（1）零库存。用户需要多少，就供应多少，不会产生库存，占用流动资金。

（2）最大节约。用户不需求的物品，就不用订购，可避免物品积压、过时、质变等不良品浪费，也可避免装卸、搬运以及库存等费用。

（3）零废品。JIT能最大限度地限制废品流动所造成的损失。废品只能停留在供应方，不可能配送给客户。

JIT对减少库存提出了一种新思路：把库存看成一条河水的深度，库存中存在的问题看成河底的石头，水深时，要搞清石块必须潜入水中调查，如果减少水量，石块就会自动显现出来。对于库存来说，若减少库存，存在的问题就会显露出来，就能针对问题提出解决方法，使问题得以全面解决。

看板管理：把工厂中潜在的问题或需要做的工作显现或写在一块显示板或表示板上，让任何人一看看板就知道出了何种问题或应采取何种措施。看板管理需借助一系列的手段来进行，比如告示板、带颜色的灯、带颜色的标记等，不同的方法表示不同的含义。

JIT是一种生产方式，但其核心是消减库存，直至实现零库存，同时又能使生产过程顺利进行。这种观念本身就是物流功能的一种反应，而JIT应用于物流领域，就是指要将正确的商品以正确的数量在正确的时间送到正确地点，这里的"正确"就是"Just"的意思，既不多也不少，既不早也不晚，刚好按需要送货。这当然是一种理想化的状况。在多品种、小批量、多批次、短周期的消费需求的压力下，生产者、供应商及仓储中心、零售商要调整自己的生产、供应、流通流程，按下游需求的时间、数量、结构及其他要求组织好均衡生产、供应和流通，在这些作业内部采用看板管理中的一系列手段来削减库存，合理规划物流作业。

在以上过程中，不论是生产者、供应商还是仓储中心或零售商，均应对各自的下游客户的消费需要作精确的预测，否则就无法准确运用JIT。因为JIT的作业基础是假定下游需求是固定的，即使实际上是变化的，通过准确的统计预测，也能把握下游需求的变化。

课外阅读

储位优化一般性方法及医药物流应用

储区储位优化

储区储位优化在现代医药物流中心是很重要的一项日常运营和管理工作（让商品放到合适的位置，便于用合适的方法存拣）。该工作做好了，不但可以帮助现场管理更加科学化（如5S），同时也会帮助提高现场作业效率，然而我们国内的很多医药物流中心在这方面做得不够好，甚至有些管理者根本不知道相应的理论和方法，对此进行分析，对于一线医药物流管理者有借鉴意义。

传统的仓储作业管理常常把货品放在货品到达时最近的可用空间或不考虑商品动态变化的需求和变化了的客户需求模式，沿用多年习惯和经验来放置物品。传统型货品布局造成流程速度慢、效率低以及空间利用不足等问题。然而，现代物流尤其是在供应链管理模式下的新目标已经转向：

（1）用同样的劳动力或成本来做更多的工作。

（2）利用增值服务把仓库由资金密集转化成劳动力密集的行业。

（3）减少订单履行时间，提供更快捷、更周到的服务。

一种与所谓"仓库关键业绩指标"，即生产率、运送精度、库存周转、入库时间、订单履行时间和存储密度紧密关联的储位优化管理（Slotting Optimization）已经被提出。储位优化管理是用来确定每一品规的恰当储存方式，在恰当的储存方式下的空间储位分配。储位优化管理追求不同设备和货架类型特征、货品分组、货位规划、人工成本内置等因素，以实现最佳的货位布局，能有效掌握商品变化，将成本节约最大化。储位优化管理为正在营运的仓库挖掘效率和成本并为一个建设中的配送中心或仓库提供营运前的关键管理准备。

1. 储位优化定义及目的

（1）定义。储位优化是为了解决为实现最小化订单履行成本的目标，应该将货品放置在仓库中什么位置的问题。

在货品当前位置的基础上基于SKU和预想不到的变化因素而动态地再配置仓库中货物的货位，以保证货位分布处在较为合理的状态，达到提高拣货效率和降低仓库操作成本的目的。

（2）目的。储位优化目的如图3-6所示。

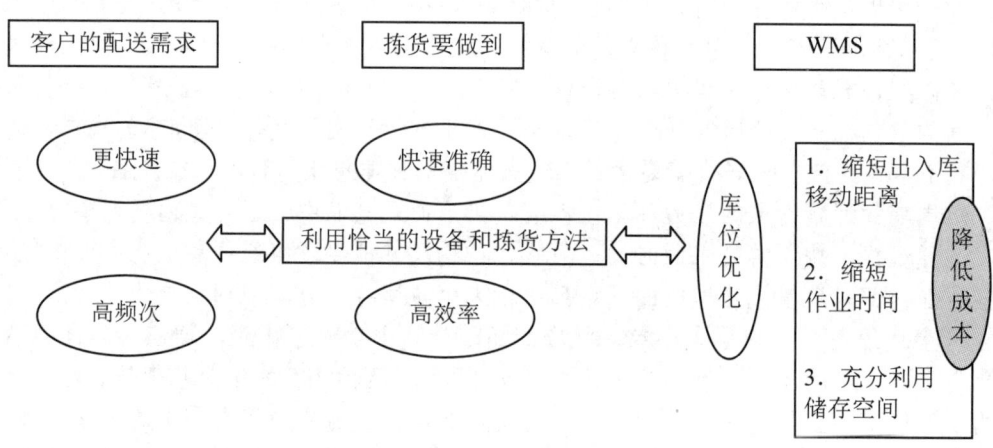

图3-6 储位优化目的示意图

2. 储位优化基本原则

（1）物流中心商品储存九大原则。物流中心商品储存九大原则，其目的是将商品存放在合理的地理位置，总体目标是减少搬运浪费。其具体如下：

1）靠近出口的原则：尽量将货品放在靠近出入库口，减少搬运浪费。
2）周转率原则：周转率越高离仓库的出口越近。
3）货物相关性原则：相关性大的货物在存储时储位相邻。
4）货物同一性原则：将同一种货物存放在同一保管位置上。
5）先入先出原则：先进的货品先出。
6）堆高原则：为提高空间利用率，能堆高的货物尽量堆高。
7）面对通道原则：货物面对通道，便于识别条码、标记和名称。
8）产品尺寸原则：为有效地利用空间，在布置仓库时必须知道物品单位大小和相同物品的整批形状。
9）重量特性原则：重者置于地面或货架下层，轻者置于货架上层。

（2）存储模式最优化。根据货品各自的需要和空间特点、各存储模式的能力和成本，以及总规划要求，选择合适的物流设施，比如地面、单双向货架、旋转式货架等，将每个货品按照成本最低的模式存储，做到每个货品的存储模式成本最小和操作流程最简化。

（3）存储空间最优化。为每个货品分配最优的存储空间，比如从保管区域中划出一个前沿拣货区作为存放畅销货品的密集拣货区，如图3-7所示。

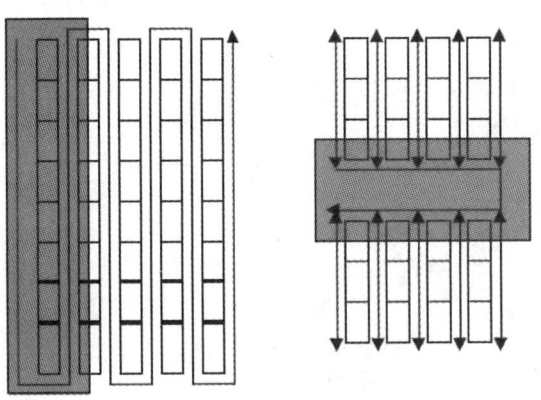

图 3-7 前沿拣货区

前沿拣货区越小，拣货路径越短，拣货效率就越高，然而由于存量小必然带来前沿拣货区和保管区域之间往来补货频率高，因此在拣货成本和补货成本之间需要平衡。

（4）存储场地最优化。库存中的少量货品（周转快的A类货品）对应了大部分拣货作业，拣货频率最高的区域应该位于最便于拣货的区域（黄金区域），这样能提高拣货效率。对于一个托盘存取系统来说，仓库黄金区域通常由靠近地面的20%的场地和靠近出货月台的20%的地面组成，如图3-8所示；对于拣货路程很长的拣货系统，黄金区域通常由操作人员腰部附近20%的场地组成。

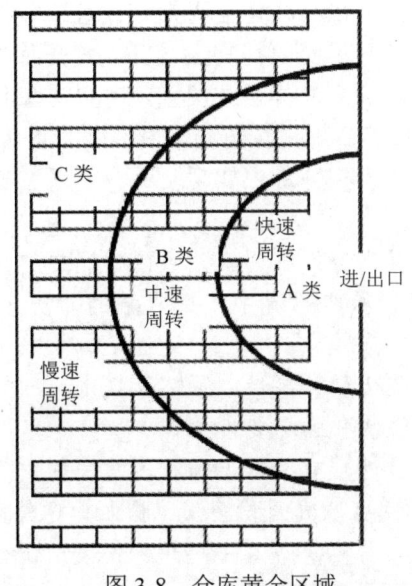

图 3-8 仓库黄金区域

通过订单剖析，我们可以得知订单货品间的关联性，应将这些相互联系的货品堆放在相近区域，这样同一订单所涉及的拣货地点间的距离缩短了，拣货时间也就缩短了。

3. 储位优化基本步骤

储位优化的基本步骤如下：

（1）数据收集。

1）SKU 信息，包括每个 SKU 的长、宽、高、重量、保管特性、包装尺寸、分组属性等。

2）储位信息，包括储位的长、宽、高、承载重量、关键属性等。

3）SKU 周转信息，如周转率、销售预测、拣货率等。

（2）确定约束条件和目标。

约束条件包括产品在存储区域限制、尺寸限制、特别属性限制。约束条件的目的如下：

1）减少拣货行走路程。

2）提高拣货率。

3）降低拣货面的缺货率。

4）平衡不同区域拣货员的工作负荷。

在存在多目标的情况下必须确定各个目标的优先顺序。

（3）应用。规则引擎将根据基础数据、确定的约束条件及目标应用于拣货和放置操作，并可以生成一些移库计划供执行。

（4）维护。从作业生产率、空间利用率、作业安全、运营成本等方面对储位优化实际应用效果进行评估，并持续调整优化策略。

4. 应用储位优化的好处

实施储位优化可以带来多方面的好处：提高作业生产率、最大化空间利用率，降低运作成本，改善仓库作业的安全程度，改善仓库作业 KPI。具体好处如下：

（1）按照合理的拣货顺序放置货品，可以减少拣货人员数量。

（2）对应货位规格，分配相应数量的单元化货品，可以减少补货人员数量。

（3）平衡操作者的工作量，可以缩减作业周期、改善工作流程。

（4）将容易混淆的货品分配到不同的拣货区，可以提高拣货准确率。

（5）以人机工程学理论规划货品最佳摆放位置，可以避免作业伤害。

（6）在拣货路径上，将重量货品规划在前端、怕磕碰的货品在后端，可以减少货品破损。

（7）按照货品高度分配货位，在拣货中实现货品分层紧密码放，可以提高托盘码放效率和货车车厢利用率。

（8）通过调整仓库布置、提高空间利用率，可以推迟或避免再建投资。

（9）发货品分类码放，可以减少物流中心用户端的二次分拣工作量，提高供应链整体效率。

5. 医药物流中心应用储位优化的必要性、策略及规则

（1）医药物流中心应用储位优化的必要性。

1）药品使用具有一定的季节性，有些常见病和多发病的发病，存在着明显的季节性，如气管炎多发生在冬季，细菌性痢疾在八九月份多发，脑血管意外多发生在冬季；有些疾病的发病具有地方聚集性，如碘缺乏病、鼻咽癌等在一些地区高发；还有一些无法预料的情况如流行病的爆发和大流行（如 2003 年的非典型肺炎）等。

2）新近品种，由于开始不知道销售及订单结构情况，待稳定销售后，需要将其放到合适的位置。

3）促销活动、突发事件等行为。

4）开拓新业态，如医院纯销业态扩展一部分终端配送业态，或者增加基药配送等。

（2）医药物流中心应用储位优化策略介绍。由于很少仓库管理系统（WMS）和计算机系统能够支持储位优化管理，因此当前大约 80%的配送中心或仓库不能进行正确的储位优化。究其原因，主要在于基础数据不足，MIS 资源尚不能支持，没有正确的储位优化软件和方法。针对仓库现代化的实际需求，若干家有实力的专业软件公司已成功开发出仓库储位优化管理软件。软件通过对货品的批量、体积、质量控制、滞销度、日拣取量、日进出量等数据进行分析与计算，分析中结合各种策略如相关性法则（Correlation）、互补性法则（Complementary）、相容性法则（Compatibility）等进行储位优化，从而大幅度降低货品布局的成本。

进行储位优化时需要很多的原始数据和资料，对于每种商品需要知道品规编号、品规描述、材料类型、储存环境、保质期、尺寸、重量、每箱件数、每托盘箱数等，甚至包括客户订单的信息。一旦收集到完整的原始数据，选用怎样的优化策略就显得尤为重要了。调查表明应用一些直觉和想当然的方法会产生误导，甚至导致相反的结果。一个高效的储位优化策略可以增加吞吐量，改善劳动力的使用，减少工伤，更好地利用空间和减少产品的破损。以下一些储位优化的策略可供参考选择。

周期流通性的储位优化，根据在某个时间段内，如年、季、月等的流通性并以商品的体积来确定存储模式和存储模式下的储位。

销售量的储位优化，在每段时间内根据出货量来确定存储模式和空间分配。

单位体积的储位优化，根据某商品的单位体积，如托盘、箱或周转箱等的容器和商品的体积来进行划分和整合。

分拣密度的储位优化，具有高分拣密度的商品应放置在黄金区域以及最易拣选的拣选面。

（3）医药物流中心应用储位优化规则介绍。储位优化的计算很难用数字化公式和数字模型予以描述，通常是利用一些规则或准则进行非过程性的运算。规则在计算中对数据收敛于目标时起到了约束的作用。大多数规则是通用的，即使一个普通仓库也不允许商品入库时随机或无规划地放置。而不同的配送中心或仓库还会根据自身的特点和商品的专门属性制定若干个特殊的规则。例如支持药品零售的配送中心会把类似的药品分开存放，以减少拣选的错误机会，但存放非药类时会按同产品族分类放在一起。

规则一：控制和减少行程与时间；把 A 类放置在分拣区的前端，B 类储存在中间，C 类放在辅助区，即将货品按周转率由大到小排序，再将此序分为若干段（通常分为三～五段），指定存储区域给每一级货品，周转率越高应离出入口越近。

规则二：出货量大的物品应紧靠输送机或走道，以缩短行程和分拣时间，如抗感冒药品出货量大，应靠近输送机放置，抗癌药品出货量小可以放在次些的货位。

规则三：最快周转的商品应储放在黄金区域。

规则三：商品的放置符合人体工程学要求，人机工程学规定人搬取物品最佳位置为 600 毫米，在这个范围应放置大输液等搬运费力的货品，以减轻工人的疲劳程度，提高工作效率。

规则四：适合多订单拣选以减少订单履行时间。

规则五：根据商品的特点予以存放。如：相容性低的货品不可放置在一起，例如强串味药品应在单独区域存储；脚癣药水不能与眼药水存储在一处等。又如：药品中片剂、水剂、粉剂、针剂、敷料等性质不同的品种都应分区域存放。

规则六：增加空间密度，单位空间中应增加 10%～12% 堆放。

规则七：进出货量大的商品应分布在不同的巷道，以免当某一巷道阻塞时影响出货，同时也可以平衡劳动强度。

规则八：很长一段时间中订单中没有出现过或发过货的商品应从配送中心中撤走。

规则九：互补性高的货品应存放于临近的位置，以便缺货时可迅速以另一品项替代，如：不同规格的同种产品，或不同厂家生产的同种产品可以相邻存放。规则可以根据共性和个性的特点来制定，比如药品仓库必须符合 GSP 规定的要求。当规则制定后，规则间的优先级也必须明确。

6. 储位优化工具介绍

有了基础数据、储位优化策略和规则后如何进行计算分析就涉及算法问题。遗传算法（Genetic Algorithms）是基于自然选择和自然遗传机制的搜索算法，它是一种有效的解决最优化问题的方法。遗传算法最早是由美国 Michigan 大学的 JohnHolland 等共同提出的。类似于自然界演化的基本法则，"适者生存"是遗传算法的核心机制。

通过进行储位优化能够实现在少量的空间里可有更多的分拣面。对于流通量大的商品应满足人体工程需求和畅通便捷的通路，以提高营运效率，而对于周转不快的商品，则希望通过优化后占据很少的空间以保证在小的面积中有更多种商品可以来分拣，从而减少拣选的路程。简言之，提高效率、空间利用率最终降低成本。

（摘自：《【医药物流仓储优化】储位优化一般性方法及医药物流应用案例介绍》，https://hgls99.kuaizhan.com/76/35/p38100424876ebb）

单元四　仓储入库作业管理

通过本单元的学习，学生应熟悉仓储入库作业流程，准确、及时地办理货物的入库验收及交接手续；熟悉各种常见的入库接运方式；认真做好货物入库的票据流转。

（1）物流仓储的接货准备。
（2）物流仓储的入库验收。
（3）物流仓储的入库上架。
（4）物流仓储的入库票据。

技能点

（1）掌握物流企业仓储入库作业流程并完成相关工作任务。
（2）熟悉物流企业仓储入库作业环节及管理要求。
（3）具有团队合作精神和协调人际关系的能力，培养团队协作能力，具备仓储配送从业素质。

项目一　进货准备

【案例4-1】
　　安泰物流是一家专业的第三方物流公司，如今在北京、天津、上海、苏州、西安、成都、广州等市拥有七家分公司和多家办事处，主营日用消费品物流，主要面向零售企业提供常温保管的仓储、配送及委托采购服务。
　　安泰物流总部位于北京通州物流基地。北京通州物流基地规划面积5.04平方公里，是北京市物流发展规划确定的四大物流基地之一。该基地不仅具有得天独厚的区位优势，更具备了物畅其流的交通条件。
　　总部拥有超过1万平方米的营业仓库，包括地面型仓库、货架型仓库和自动化立体仓库。地面型仓库货物就地堆码。货架型仓库采用多层货架保管，分为层架、托盘式货架、重力式货架、流利式电子标签货架。自动化立体仓库使用自动堆垛机、自动传送装置、自动化立体货架等设备进行出入库及存放作业，用于存放包装标准、附加值高的物品。
　　安泰仓库机械化作业程度高，采用统一的WMS进行信息管理。仓库管理人员的主要工作内容包括货物的出入库操作与在库保管、相关信息的记录与存档、仓库设施设备的使用与维护、所管辖仓库人员的分工及调配等。

安泰总部仓库收到客户发来的入库通知，将有一批货品送达储存，安泰总部仓库为做好进货入库计划，规定仓库管理人员需了解以下情况。

（1）熟悉入库货物状况。仓库管理人员需了解入库货物的品种、规格、数量、包装状态、单体体积、到库确切时间、货物存期、货物的理化特性以及保管要求，精确、妥善地进行库场安排、准备。

（2）全面掌握仓库库场情况。了解货物入库期间、保管期间，仓库的库容、设备、人员的变动情况，安排好工作。必须使用重型设备操作的货物，要确保有可使用的设备和货位。必要时对仓库进行清查，清理归位，以便腾出仓容。

思考与互动：

1. 请仔细阅读以上信息并用一句话简短概括样板企业的情况。

2. 请为以下图片匹配概念。

匹配概念：_____

匹配概念：_____

匹配概念：_____

匹配概念：_____

匹配概念：_____

匹配概念：_____

3．谈谈对营业性仓库的理解。

4．小组讨论收到入库通知后仓储部做进货计划时应考虑哪些因素？

入库作业主要包含三个环节：首先是进货准备，其次是对送达货物进行收货，最后执行货物仓储。进货准备工作又叫入库准备，主要包括制订收货计划和进行收货准备两项任务。

理论任务 1　制订收货计划

入库前的准备工作，主要包括制订入库作业计划和实际进行入库准备作业。具体如下：

1．与供应商联络

入库作业计划是根据仓储合同约定的进货时间与实际进货通知，考虑货主的送货方式和仓库的具体情况来制订的。

仓储企业应依据仓储合同约定的储存时间，主动与货主建立联系，及时掌握其实际送货信息，以便制订接货作业计划，安排人力、物力等。

2．了解货物接运方式

由于货物到达仓库的形式不同，除由供货单位直接运到仓库交货外，还存在需要经过航运、空运、铁路等运输进行转运的形式。凡经过交通运输部门转运的货物，均需经过仓库接运后，才能进行入库验收。接运工作主要任务是及时而准确地向交通运输部门办清业务交接手续，提取货物，并及时将货物安全接运回库。

接运工作是货物入库业务流程的首要环节，也是仓库直接与外部发生的经济联系。

接运工作是货物入库和保管的前提，其好坏直接影响货物入库的后续工作，要求手续清楚，责任分明，安全稳妥。在接运由交通运输部门转运的货物时，必须认真检查，明确责任，获取证明文件，防止把在运输过程中或运输之前已经发生的货物损害和各种差错带入仓库，减少或避免经济损失，为验收和保管保养创造良好的条件。

做好接运工作需要熟悉交通运输部门的要求和制度。例如，发货人与交通运输部门的交接关系和责任的划分，铁路或航运、海运等运输部门在运输中应负的责任，收货人的责权，交通运输部门编制普通记录和商务记录的范围，向交通运输部门索赔的手续和必要的证件等。

货物接运主要有以下 4 种方式：

（1）到车站、码头提货。这是由外地托运单位委托铁路、水运、民航等运输部门或邮局代运或邮递货物到达本埠车站、码头、民航站、邮局后，仓库依据货物通知单派车接运货物。此外，在接受货主的委托，代理完成仓库提货、末端送货活动的情况下也会发生到车站、码头顺带提货入库的作业活动。这种提货大多是零担托运、到货批量比较小的货物。

（2）到货主单位提取货物。这是仓库受托运方的委托，直接到供货单位提货的一种形式。

（3）托运单位送货到库接货。这种接货方式通常是当托运单位与仓库在同一城市或附近地区，不需要长途运输时被采用。

（4）铁路专用线到货接运。这是指仓库备有铁路专用线，大批整车或零担到货接运的形式。

3. 制订入库作业计划

与货主联络完毕，在掌握送货方式、到货时间、货物数量、重量、体积等具体信息后，仓库管理人员根据货物情况、仓库人力、设备情况，制订进货入库计划，保证整个进货流程的顺利进行，同时提高作业效率，降低作业成本。

入库计划包括妥善安排人力、设施、设备、储位、单据、装卸搬运工艺等诸多方面。对于不同的进货方式，做入库计划时应注意考虑以下方面：

（1）到车站、码头提货。提货人员对所提取的货物应了解其品名、型号、特性和一般保管知识、装卸搬运注意事项等。需注意在提货前应做好接运货物的准备工作，如装卸运输工具，腾出存放货物的场地等。仓管人员根据交货时间和到货多少，组织装卸人员、机具和车辆，按时前往提货。

（2）到货主单位提取货物。仓库应根据提货通知，提前了解到货品名、型号、规格、数量、特性和一般保管知识、装卸搬运注意事项，所需要的机械、工具、人员等，做好接收和入库保管的准备。注意将提货与物资的初步验收工作结合在一起进行。最好在供货人员在场的情况下，当场进行验收。因此，接运人员要按照验收注意事项提货，必要时可由验收人员参与提货。

（3）托运单位送货到库接货。采用这种方式存货单位或供货单位将货物直接接运送到仓库储存时，应由保管人员或验收人员直接与送货人员办理交接手续，作业程序如下：当托运方送货到仓库后，根据托运单（需要现场办理托运手续的先办理托运手续）接货验收，检查外包装，清点数量，做好验收记录。如有质量和数量问题，托运方应在验收记录上签证。做计划时要考虑相关作业内容和程序需求。

（4）铁路专用线到货接运。接到专用线到货通知后，应立即确定卸货货位，力求缩短场内搬运距离；组织好卸车所需要的机械、人员及有关资料，做好卸车准备。

理论任务 2　入库准备

在与供应商约定送货时间临近时，仓库方需根据入库计划进行作业准备。

1. 入库准备工作内容

入库准备工作主要包括以下几方面：

（1）人力准备。根据入库货物的数量和时间，安排好货物验收人员、搬运堆码人员，将拟订好的进货入库计划下达到各相应的作业人员，以便做好入库前的准备。

（2）文件单据准备。进货入库所需准备的文件单据主要有入库单、验收单、残损单和货卡等。

（3）工具设备准备。这里工具准备主要包括验收工具准备、苫垫材料用具准备及装卸搬运设备准备等。

（4）作业条件准备。其主要包括储位准备和卸货台准备，对预留的储位和卸货台进行清理。

下面主要就所需设备和单据进行介绍。

2. 进货入库设备准备

进货入库主要包括卸货、验收、交接、入库上架（或堆码）等工作环节。进货入库设备准备应充分考虑这些环节所涉及的工具设备。提前准备所需设备和工具，备足数量，并确定其可正常使用，以便顺利开展入库。例如，日用品的入库单元多为纸箱，货物验收时常需要计数、称重、测量、开箱等工具。为提高效率，对将储存于托盘货架区的货物，入库前需进行组托，即将多个纸箱整齐码放在托盘上，实现托盘集合包装，以托盘为单元入库。组托时为了货物的稳固安全，可使用捆扎带、缠绕膜等进行加固。纸箱货物可使用平板推车进行库内搬运，托盘货物可使用叉车、地牛等设备进行搬运和上架。仓库作业人员根据入库计划，考虑待收货物等情况，做好入库设备的准备工作。

3. 进货入库单据准备

收货是物流企业进行仓储业务的起点。收货工作始发于物流企业信息员接收到入库通知单。入库通知单是货主在发货时利用电子通信网络提前向仓储公司传送货物的明细清单，以便仓储公司可以事前做好货物进货准备工作，同时可以省去货物数据的输入作业，使商品检验作业效率化。

仓储方也可以凭借此单核对交货数量等，出现问题及时联系货主并进行确认，以更正诸如数量、品类及时间等方面上的差错。

物流企业信息员收到入库通知单后，利用 WMS 系统将入库通知单信息录入系统并打印入库单。入库单又称作收货单，常为多联设计，既可供送货方和仓库管理员交接用，也可供仓库作业人员使用，记录实收情况，反馈给信息员以更新库存账，内容包括客户名称、送货方及其联系方式、应收货物名称、数量、体积、重量、包装情况、批次等，验收后再填入实收数量、实际体积重量、验收结果、保管员或收货人员签名、司机签名确认。

信息员提前一天将计划入库的所有入库单交给库房主管，库房主管汇总入库单信息并安排人员和设备。

入库当日，运输公司按计划指定时间到达仓库后，将送货单交与信息员换取提货卡，并到卸货台卸货。信息员将送货单交与仓管员，仓管员将送货单与入库单进行核对。仓管员与送货司机根据送货单打开车厢进行货物验收，查看送货单与清点的实物是否一致。若一致，仓管员与送货司机在送货单上签字，送货单司机联交给司机带回，其他联留存。若不一致在有些企业会在货物破损清单上填写货物破损情况。

入库货物验收后，仓库方需与送货方进行交接，一般可使用入库交接单记录验收情况，双方签字明确责任。仓库方还会使用货物接收检验报告详细记录验收发现的瑕疵，以便向货主方说明情况或交由主管审核。

验收后的货物需要入库上架。待收货信息会使用入库单提示入库作业人员，信息化程度较高的仓库会通过 WMS 将货主方的入库通知单直接转化为入库单，打印使用或供作业人员在无线手持终端上查看。入库货物的编码一般使用条码打印机打印出条形码并粘贴在外包装上，以便手工记录或扫描记录收货信息。

入库作业人员根据入库单进行货物上架后将入库单交与信息员。入库货物放置储位后传统仓库需填写货卡和仓库台账。仓库台账又称货物明细账，用于详细记录出入库货物的名称、出入数量、时间、结存数量、批次号、货主方、货位号、经办人等，以备作入库账务结算；料（垛）卡又称为货卡、货牌、货物明细卡，一般插放在货物所在货位处或摆放在货垛正面的明显位置，用于填写已入库或上架的某种货物的名称、规格，记录该货物每笔出入的数量和结存数量等内容。

实践任务　收货计划与入库准备

阅读以下任务情景，并用简洁的语言进行描述。

任务情景：

2019 年 5 月 20 日，安泰物流公司仓储部收到入库通知单信息，需要完成收货计划制订和准备工作。

附件 1：入库通知单信息

2019 年 5 月 20 日，安泰物流公司仓储部信息员先后收到客户邮件如下：

入库通知单 1

仓库名称：1 号　库房　　　　　　　　2019 年 5 月 23 日

客户代码	C186		订单来源		邮件	
客户名称	北京新美果蔬有限公司		质　　量		正品	
入库方式	送货		入库类型		正常	
序号	货品编号	名称	单位	规格	数量	备注
1	374.243	康师傅方便面	箱	600mm×300mm×400mm	90	
2	323.256	汇源桃汁饮料 1L	箱	600mm×300mm×400mm	100	
3	324.256	牵手复合果蔬汁饮料 1L*6	箱	600mm×300mm×400mm	120	

入库通知单 2

仓库名称：1 号　库房　　　　　　　　2019 年 5 月 23 日

客户代码	C120		订单来源		邮件	
客户名称	北京居洁卫生用品有限公司		质　　量		正品	
入库方式	送货		入库类型		正常	
序号	货品编号	名称	单位	规格	数量	备注
1	200.536	"威虎"清洁剂	箱	400mm×350mm×250mm	200	
2	220.321	"万宝"洗涤灵	箱	400mm×350mm×250mm	300	
3	230.812	"家佳"厨房用纸	箱	400mm×300mm×250mm	500	

入库通知单 3

仓库名称：1 号　库房　　　　　2019 年 5 月 23 日

客户代码	C189		订单来源		邮件	
客户名称	北京今新办公设备公司		质　　量		正品	
入库方式	送货		入库类型		正常	
序号	货品编号	名称	单位	规格	数量	备注
1	272.367	复印纸，白色	箱	250mm×180mm×220mm	60	
2	272.368	复印纸，淡粉色	箱	250mm×180mm×220mm	100	
3	272.369	复印纸，淡黄色	箱	250mm×180mm×220mm	90	

1．请借助于入库通知单信息（附件 1）以仓储主管身份，完成收货计划表（附件 2）内容的填写工作。请参考以下信息提示：

（1）业务流水号的填写方法：

C578（客户代码）+年月日（如 180518）+00n（当日的票排序号），例如：2018 年 5 月 18 日第 3 票，应写作 C578180518003。

（2）根据订单信息填写包装单位，核算总数量、总体积。填写附件 2 的收货计划表，并根据待收货物情况考虑所需准备的设备工具。

附件 2：

收货计划表

序号	业务流水号	包装单位	总数量	总体积/m³	备注
示例	C1981404001	箱	100	12	托盘集合包装就地堆码
					纸箱直接入流利式电子标签货架
					托盘集合包装上托盘货架
					以纸箱为单元，快进快出，越库操作

（3）请根据仓库现有设备清单，在需选用的设备前打上"√"，并说明理由。

仓库现有设备清单

地牛
平板推车
电动平衡重式叉车
内燃重型叉车
木制托盘
塑料托盘
插脚式叉车
侧面叉车
无线手持终端
条码打印机
捆扎带
缠绕膜
计算机软硬件（安装有 WMS）
卷尺
地秤
开箱安全刀

2. 根据入库通知单信息和收货计划表，思考为顺利完成收货作业，在正式收货前，仓库主管还要做哪些准备。

3. 任务情景：2019 年 5 月 23 日，安泰物流公司仓储部按计划要进行收货入库，为此之前需要完成入库准备工作。

（1）请将设备工具的图片与其描述相匹配：

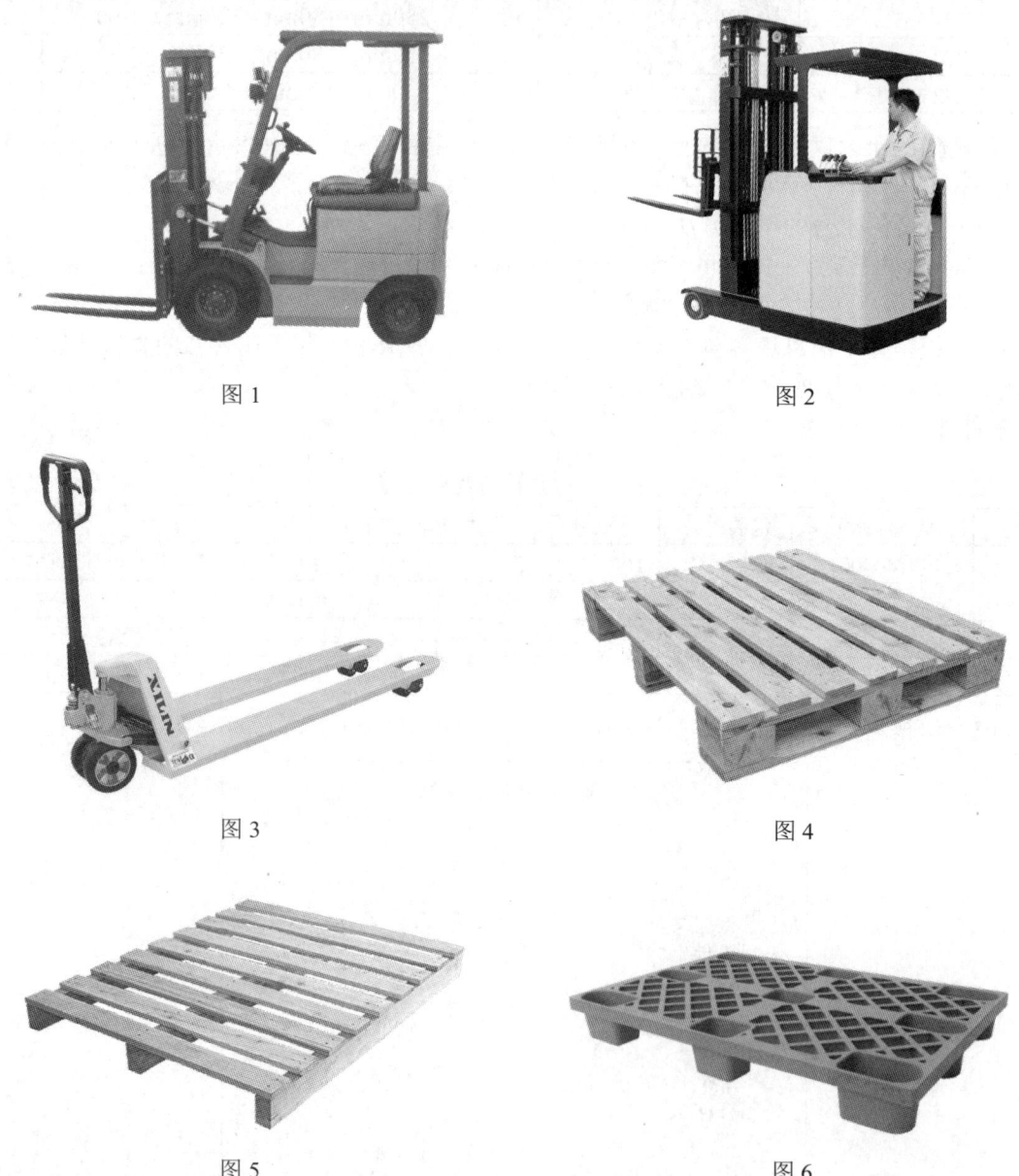

图 1

图 2

图 3

图 4

图 5

图 6

描述 1：这种托盘的单个造价较高，但使用寿命长，单次使用成本较低。

描述 2：纵梁式托盘结构简单、生产便捷、整体牢固性好，缺点是基本为双向进叉。

描述 3：垫块式托盘可全部四向进叉，使用方便，缺点是结构复杂，整体牢固性稍差，目前在我国使用较多。

描述 4：平衡重式叉车是一种正面叉车，其车辆后部配置重型材料进行平衡。

描述 5：侧面叉车的司机方向侧对货叉方向，叉货时无须拐弯，适用于较窄的通道。

描述 6：人力叉车，俗称地牛，是一种应用广泛的托盘搬运设备。

（2）请将单据名称与其使用情景描述相匹配。

单据 1：入库交接单

单据 2：收货单

单据 3：货物验收检验报告

单据 4：货卡

单据 5：仓库台账

描述 1：又称货物明细卡，用于记录某种货物的出入数量及结存数量。一般放在货物所在货位或货垛处。

描述 2：货物验收发现异常和瑕疵时，用于详细记录瑕疵情况，以便向客户或采购部说明情况的单据。

描述 3：供仓库作业人员执行入库时使用，是从入库通知单、采购订货单转化而来的仓库内部单据，入库完成后要记录实收情况并反馈给信息员以更新库存账。

描述 4：用于详细记录入库货品的名称、数量、时间等，是仓库内部的流水账，结算账务时备查。

描述 5：这个单据是在入库货物验收后用于仓库方与送货方的交接，记录验收情况，双方签字明确责任。

4．进入物流实训基地后，以小组为单位把入库收货需要使用的物流设备拍下来，并说明作用。

项目二　收货入库

【案例 4-2】

仓储企业"应友"为北京市 40 多家超市提供超过 5000 种日常需求的食品和非食品类商品的采购供应工作。秉承"精选品类、服务友好"的宗旨，在过去的几年中该企业多次因为供应的食品新鲜，尤其是瓜果蔬菜的品质高而获得客户的好评。

作为物流应届毕业生的你刚刚开始顶岗实习，来到了"应友"仓储。期初公司安排你参加职业培训，在完成培训后将会被分配到"应友"仓储 1 号仓库，该仓库位于北京市通州区马驹桥镇物流基地兴贸二街 12 号，电话 010-60581199。商品在这里进行中转仓储。

到 1 号库后，你和同事张远、马腾在本周被安排在收货区工作，工作内容包括卸载货物、进货检验和货物入库。

附件 1：订货单

订货单			
2019 年 6 月 20 日 – 2019 年 7 月 2 日			
订货日期	交货日期	供货商	收货
…	…	…	…
2019/6/24	2019/6/29	北京日鲜果蔬有限公司 地址：北京市十里堡 4 号 电话：010-81652666	☑
2019/6/22	2019/6/29	北京柔和日用品有限公司 地址：北京市昌平百合 76 号 电话：010-56035678	
2019/6/24	2019/6/29	北京好利来食品有限公司 地址：北京市朝阳宋家楼 27 号 电话：010-69700006	
2019/6/26	2019/6/30	北京锦绣大地果蔬有限公司 地址：北京市丰台区 S215 电话：010-87350696	
….	…	…	…

附件 2：收货区员工（20019 年 6 月 26 日－2019 年 7 月 2 日，第 26 周）

张远	马腾	田梁
26 岁，自 2015 年 7 月起在"应友"仓储 1 号库收货区工作，2014 年 5 月获得叉车驾驶执照	21 岁，自 2017 年 6 月起在"应友"仓储 1 号库收货区工作。无叉车驾照	36 岁，自 2011 年 8 月起在"应友"仓储工作，自 2014 年担任"应友"仓储 1 号库收货区主管，负责进货流程的组织和人员安排

附件 3："应友"仓储 1 号库收货工作岗位的设备

工作台上的工作用具
- 装有仓储管理软件的电脑
- 打印机
- 标签打印机
- 手持扫描仪
- 笔
- 剪刀，裁纸刀
- 胶带
- 不同文件的文件盒

额外工作用具
● 电动叉车
● 地牛
● 称重装置
● 色板和标准模板（用于质量检验）

思考与互动：

（1）你的师傅田梁要求你辅助两位同事完成 2019 年 6 月 29 日的收货工作。你认为应该如何开展入库工作？

（2）你认为进货过程中会用到以上哪些工具？

理论任务 1　卸货作业

入库作业主要包括送达货物的卸货作业，核对货物数量及状态的验收作业与入库上架作业。

1. 卸货前检查

多数情况下，货物的运送是通过运输车辆来完成的。承运人在仓库收货区或收货办公室处报备登记，以便对送货的合规性进行核查。

将随货单据（如送货单、运单）与订货单进行比较，可以确定送来的是否是收货人订购的货物。这里须重点核查两项：

第一，检查送货地址。如果送货地址错误，就可以通过检查避免不必要的卸货工作。第二，检查是否遵守送货日期。这对避免仓库库存能力超载很重要。

如果两项与订货单一致，就可以通知承运人在哪个坡道停靠他的运输车辆。

2. 卸货台卸货

货物接收办公室对送货的合规性进行核查后的第一步就是货物的卸载。仓库卸货一般在收货站台（又称为码头月台）上进行，送货车辆开到指定收货台卸货。

对于货物的装运和卸载在合同条款中进行了职责上的规定。据相应合同条款，首先由托运人承担卸货的义务。由于托运人无法向每一个收货人都派遣一名卸货的员工，因此托运人和买方之间几乎都是约定好自行负责卸货。因此卸货的义务一般都交由收货人承担，司机和承运人没有卸货的义务。

基于以上原因，在实践中几乎都由收货人来负责货物的卸载，他们承担一切在卸货过程中产生的损失。如果承运人在没有获得收货人的指令的情况下就开始卸货，并且收货人容许了该行为，那么收货人也要承担承运人卸货所导致的损失。因此应当只由货物的收货人使用相应的辅助工具（例如举升车、叉车）对运输货物进行卸载。卸货过程中产生的损害不属于运输损害。

原则上承运人或司机不承担卸货义务。然而如合同约定由承运人或司机来执行卸载的情况下,当货物到达指定卸货台后,收货人员必须监督送货人员的装卸行为,如遇到恶劣天气,则必须采取各种办法确保产品不会受损。必须促使产品码放到托盘上时全部向上,不可倒置,每排码放的数量严格遵守产品码放示意图。

当仓储企业的收货工作繁忙时,通常会几辆卡车接连到达,为了节约时间,一般采取"先卸后验"的办法,几辆卡车同时卸车,先卸完的先验收,交叉进行,既可节省人力,又可加快验收速度,还可有效防止差错。常见的卸货方式有人工卸货、输送机卸货和码托盘叉车卸货三种。为方便作业并保证作业安全,卸货时常需用到下列设施:

(1)可移动式楔块。可移动式楔块又叫竖板,如图4-1所示,当装卸货品时,可放置于卸货车车轮旁固定,以避免装卸货期间车轮意外滚动可能造成的危险。

(2)码头吊钩。当拖车倒退入码头碰到码头缓冲块时,码头设施即开动吊钩,使其钩住拖车,以免装卸货时轮子打滑,如图4-2所示。

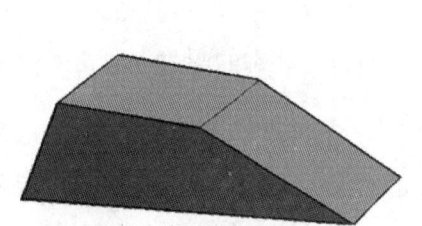

图4-1 可搬移的楔块

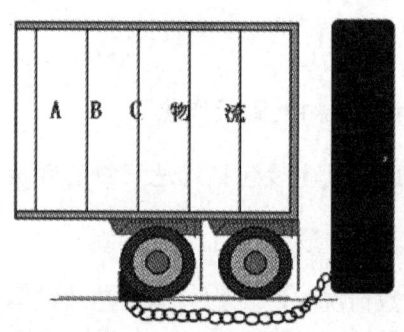

图4-2 码头吊钩

(3)码头月台。若车辆后车厢高度与码头月台同高,则可考虑直接将车辆尾端开入收货月台装卸货,这样不但可让车辆与月台更紧密结合,以提高装卸效率,而且对于商品安全也更能发挥保护效果。车辆高度与月台同高的卸货方式如图4-3所示。

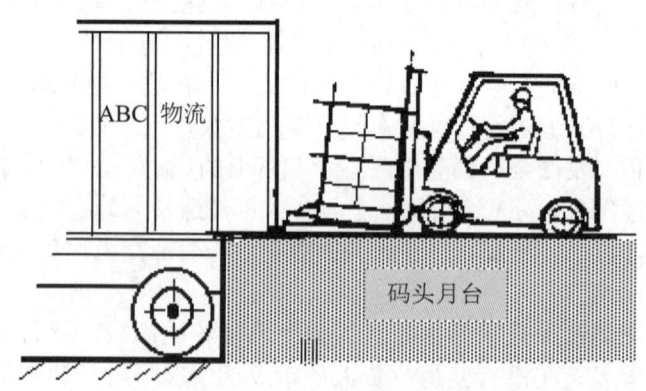

图4-3 车辆高度与月台同高的卸货方式

(4)升降平台。在车辆后车厢高度与码头月台不同高时,升降平台是最安全、最有弹性的卸货辅助器。常见的升降平台有卡车升降平台、码头升降平台和车尾附升降台三种。

1)卡车升降平台:当配送车辆到达时,对卡车升降平台而言,可提高或降低车子后轮使得车辆底板高度与月台一致，而方便装卸货，卡车升降平台如图4-4所示。

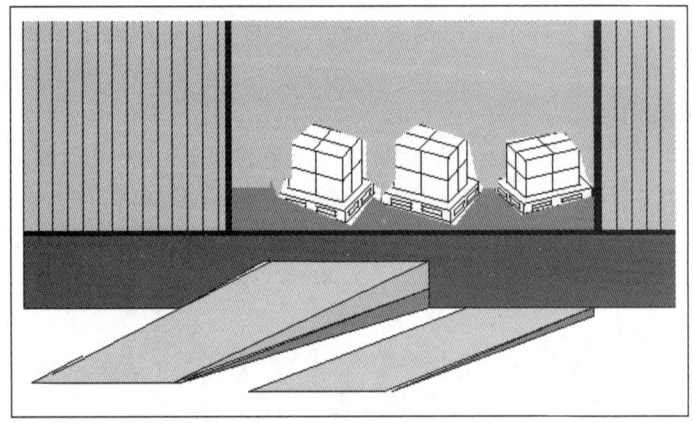

图4-4　卡车升降平台

2）码头升降平台。当配送车辆到达时，则可调整码头平台高度来配合车辆车底板的高度，以方便装卸货。码头升降平台在仓储配送中心的收货台应用较为广泛，具体如图4-5所示。

图4-5　码头升降平台

3）车尾附升降台。装置于配送车辆尾部的特殊平台。当装卸货时，可运用此平台将货物装上卡车或卸至月台，如图4-6所示。这种升降平台可延伸至月台，亦可倾斜放至地面，其设计有多种样式，适合无月台设施的配送中心或零售点装卸货使用。

图4-6　车尾附升降台

理论任务2　货物验收

验收是按照订购的要求或合同规定，对送达货物进行检验和接收。商品在供应商与仓储企业之间相互有交接关系，验收的目的首先在于与送货单位分清责任，避免将商品在运输过程中造成的商品溢缺、损失带入仓储企业；其次，可了解货物状况，方便后续储存工作。验收工作是做好储存保管工作的首要环节，也是企业进行全面质量管理的重要内容之一。

1. 验收过程及内容

验收的具体过程如下：

（1）验收准备。为了保证验收工作能及时而准确地完成，验收前要进行充分的准备。这主要包括全面了解验收物资的特性、准备验收设备工具材料、收集和熟悉验收凭证及有关资料。

（2）核对资料。需核对的资料如下：物资采购单、入库通知单、供货合同；供货单位提供的质量证明书或合格证、装箱单、磅码单、发货明细表以及运输部门提供的运单、途中残损记录等。

（3）检验货物。检验货物是仓储业务中的一个重要环节，必须经过商品条形码、数量、质量、包装四个方面的验收。验收内容见表4-1。

表4-1 验收内容

验收内容	验收要点
条形码验收	①检验该商品是否是有送货预报的商品； ②验收该商品的条形码与商品数据库内已登录的资料是否相符
数量验收	①按供需双方约定或供货合同规定的计量方法来点检； ②一般情况下，按重量供货的应过磅验收； ③在按理论货重换算供货的应按理论换算验收； ④按体积供货或以体积为计量单位的物品，要先检尺，后求积； ⑤按件供货的应点件验收； ⑥按定尺或定量包装供货的，可适量抽验，将点检的结果作为到货的实收数量； ⑦某些产品需要在收货方的技术人员指导下点检
质量验收	①一般验收时，只能用"看""闻""听""摇""拍""摸"等感官检验方法检查外包装； ②对于流汁商品的验收，应检验包装外表有无污渍（包括干渍和湿渍），若有污渍，必须拆箱检验并调换包装； ③对于玻璃制品要件件摇动或倾倒细听声响； ④对于香水、花露水等商品除了"听声响"外，还可在箱子封口处"闻"； ⑤对针织品等怕湿商品要注意包装外表有无水渍； ⑥对于有有效期的商品必须严格注意商品的出厂日期，并按规定把关，防止商品失效和变质
包装验收	①检查纸箱封条是否破裂； ②箱盖（底）是否粘牢； ③纸箱内包装或商品是否外露； ④纸箱是否受过潮

货物入库验收有全查和抽查两种形式。抽查比例根据货物特性、厂家信誉、运输情况和包装来决定，一般可抽查10%～20%。如以往对该供应商的产品检查无问题、运输途中状态良好、包装完好者亦可少验，反之则多验或全验。物资到达批量多时，其抽验的绝对数就多。因此，抽验的比例可适当减少，但也不得少于5%。抽查无问题，其余包装严密和捆扎完好，就

不再逐件检查。抽查不符合规定要求或有问题时，应全部重新检查。贵重物资应酌情提高检验比例或全部检验。

2. 验收出现问题的处理

在货物验收过程中，如果发现货物数量或质量存在问题，则应该严格按照有关制度进行处理。验收过程发现问题进行处理时应该注意以下几点。

（1）单证不全的处理。凡验收时发现必要的单证不齐全时，保管人员可对已到库货物做待检验处理，进行临时妥善保管，待证件齐全后再进行验收。保管人员应及时与有关方面联系，催促办理。特殊情况下若条件允许也可提前验收。

（2）单证不符的处理。单证不符是指供货单位提供的质量证明书等，与规定的技术标准或与订货合同不符，此时应立即通知货主，由货主与供货方交涉解决，全部事实处理经过需记录在案备查。

（3）错到的处理。错到指在条码验收发现所到货物与系统登记的预报到货品类不符的现象，应明确原因。如因发运方的责任，如错发、错装等导致错到，应通知发运方处理；因提运、接运中的责任，如错卸、错装等导致错到，保管员在签收时应详细注明，并报仓库主管负责追查处理；因承运方责任，如错运、错送等导致错到，应索取承运方记录，交货主交涉处理；对于无合同、无计划的到货，应及时通知货主查询，经批准后，才能办理入库手续。同时，货主要及时将订货合同、到货计划送交仓库。

（4）数量不符的处理。若实际验收数量小于送验数量并小于合同中的磅差率时，则以送验数量为验收数量；若实验数量大于送验数量时，则以送验数量为验收数量；若实验数量小于送验数量并大于合同中的磅差率时，经核实后立即通知货主。在货主未提出处理意见前，该物资不得动用。如供货单位来复磅，验收员应积极配合，提供方便；若供货单位不来复磅，验收员需提供到货登记表、检斤单、检尺单、铁路记录等相关验收证明材料（复印件），并加盖公章。

数量短缺也分接运前和接运中两种情况。因接运前短少的，可按上述办法处理。如因接运中的装载不牢而导致物资丢失的，或无人押运被窃等原因造成的，在签收时应报告保卫部门进行追查处理。

（5）质量有异的处理：凡规格、质量、包装不符合要求或在途中受损变质者，均称质量有异。此时，保管人员可先验收合格品，将验收合格的货品入库。对于质量有异的不合格货品应单独存放并进行查对，核实就将不合格情况以及残损、降级程度做出详细记录，提供给货主向供货方交涉处理。在交涉期间，保管人员对不合格部分应妥善；如货主同意按实际情况验收入库时，应让货主在验收记录上签章。验收后，仍应将不合格品单存、单发，并填写入库验收单。

破损。货物本身的破损，影响其价值或使用价值，甚至导致货物报废；包装的破损，影响货物的储存保管。验收时要核实造成破损是接运前还是接运中的责任。破损责任如属于生产厂商、发货单位或承运单位，提运员或接运员应向承运部门索取有关的事故记录，并交给保管员，作为向供应商或承运单位进行索赔的依据。破损如因接运过程中的装卸不当等原因造成，签收时应写明原因、数量等，报仓库主管处理，一般由责任方负责赔偿。

变质。生产或保管不善、存期过长等原因导致货物变质。如责任在供货方，可退货、换货或索赔。保管员在签收时应详细说明数量和变质程度；对于承运过程中受污染、水渍等原因导致货物变质,责任在承运方。保管员在签收时应索取有关记录,交货主处理;提运中,因货物混放、雨淋等原因造成变质的,是接运人员的责任。

验收过程中如遇严重数量及质量问题应填写货物异常报告,需验收员与送货人签字,格式见表 4-2,交货主确认。

表 4-2 货物异常报告

序号　　　　　　　　　　　　　　　　　　　　　　日期

物资编号	品　名	规　格	数　量	异常情况

送货人：　　　　　　　　检验人：

(6)有单无货的处理:有单无货是指有关单据已到库,但在规定时间内货物未到。此时,应及时向货主反映,以便查询。

(7)错验的处理:验收员在验收过程中发生数量、质量等方面的差错时,一经发现应及时通知货主,积极组织力量进行复验,及时更正。

3. 填写验收单据

货物检验后,仓库保管员应按质量合格的实际数量填制货物入库验收单;如果数量不符,还应填制货物溢余短缺报告单;如果有轻微质量问题,还应对这些货物填写货物残损变质报告单。经仓库负责人核对人核对签字后,作为之后与供货方、运输方交涉的凭证。

货物入库验收单一般包括验收时间、存放仓库、货物编号、名称、规格、型号、包装细数、单位、单价、应收数量及金额、实收数量及金额、验收人等内容。

货物溢余短缺报告单一般包括时间、报告单位、货物编号、名称、规格、型号、包装细数、单位、单价、应收数、实收数、溢余(短缺)数及原因等内容。

货物残损变质报告单一般包括时间、报告单位、货物编号、名称、规格、型号、单位、单价、残损变质数及原因、处理意见等内容。

货物入库验收单、货物溢余短缺报告单、货物残损变质报告单的具体格式因使用企业的具体要求而不尽相同。货物入库验收单、货物溢余短缺报告单、货物残损变质报告单的参考格式分别见表 4-3 至表 4-5。

4. 签验收单

(1)签署送货单。需要入库的物品经过数量和质量检验等工作后,与送货人办理交接手续。办理交接手续是指仓库向送货人确认收到的物品,其目的在于分清运输企业和仓储企业的责任。

(2)流转货物接收单。货品检验完成后通常会用电脑制作一份货物接收单。货物接收单是企业内部单据，根据企业的不同格式也不一样，它包含了关于交付货物的所有信息：货品编号、货品名称、数量、库存单元、收货日期、供货商、订货号。

表4-3　货物入库验收单

发货单位：
发货单号数：
合同编号：　　　　　　　　　　　　　年　月　日　　　　存放仓库：

货物编号	品名	规格型号	包装细数	单位	单价	应收		实收	
						数量	金额	数量	金额
合　计									

会计　　　　　　　　记账　　　　　　　　验收　　　　　　　　制单

表4-4　货物溢余短缺报告单

仓库：　　　　　　　　　　　　年　月　日　　　　　　　№

货物编号	品名	规格型号	包装细数	单位	单价	应收	实收	溢余	短缺	金额
溢余（短缺）原因										
处理意见										

仓库主管　　　　　　　保管　　　　　　　　复核　　　　　　　　制单

表4-5　货物残损变质报告单

仓库：　　　　　　　　　　　　年　月　日　　　　　　　№

货物编号	品名	规格型号	包装细数	单位	数量	原来单价	原来金额	重估单价	重估金额	原因
审核意见						领导批示				

要向以下部门转交收货单的复印件：

采购部，用于将交货数据与订货数据进行比较。

财会部，用于执行财务审核和财务核销。

仓储部，用于输入库存数据，分配仓储位置及货物的入库。

实践任务 1　收货入库作业

请借助于订货单（附件 1）和随货单（附件 2）检验给"应友"公司 1 号仓库（北京市通州区马驹桥镇物流基地兴贸二街 12 号，电话 010-60581199）的送货是否正确并准时到达。

附件 1：订货单

2019 年 6 月 20 日–2019 年 7 月 2 日			
订货日期	交货日期	供货商	收货
…	…	…	…
2019/6/24	2019/6/29	北京日鲜果蔬有限公司 地址：北京市十里堡 4 号 电话：010-81652666	☑
2019/6/22	2019/6/29	北京柔和日用品有限公司 地址：北京市昌平百合 76 号 电话：010-56035678	
2019/6/24	2019/6/29	北京好利来食品有限公司 地址：北京市朝阳宋家楼 27 号 电话：010-69700006	
2019/6/26	2019/6/30	北京锦绣大地果蔬有限公司 地址：北京市丰台区 S215 电话：010-87350696	
…	…	…	…

附件 2：随货单

北京日鲜果蔬有限公司

北京市十里堡 4 号

电话：010-81652666

应友

通州物流基地 1 号仓库

北京市通州区马驹桥镇物流基地兴贸二街 12 号

电话：010-60581199

订货日期	订单号	发货类型/送货方式	送货日期	办事员
2019/6/24	7102	汽车运输	2019/6/29	王云

送货毛重	送货条款备注	托盘管理/数量
1113 kg	送货到门	8

送货单 7102-215

货物编号	名称	数量	单位
…	…	…	…

说明：

日期，签名

北京锦绣大地果蔬有限公司

北京市丰台区 S215

电话：010-87350696

家福

通州物流基地 1 号仓库

北京市通州区马驹桥镇物流基地兴贸三街 16 号

电话：010-60581209

订货日期	订单号	发货类型/送货方式	送货日期	办事员
2019/6/20	7162	汽车运输	2019/6/29	李达

送货毛重	送货条款备注	托盘管理/数量
1107 kg	送货到门	6

送货单 7162-217

货物编号	名称	数量	单位
…	…	…	…

说明：

日期，签名

实践任务 2　卸载作业安全

1. 以小组形式讨论，写出卸载运输车辆货物时可能出现的不安全因素，并有针对性地提出相应的解决方法。

卸货不安全因素	对应的解决方法

2．请制定一个包含运输车辆卸载的五点最重要的行为方法的工作须知。

实践任务 3　验收作业流程

流程图制作需要将一个流程的各个步骤的顺序通过箭头和符号表现出来。通常使用以下符号：

符号	含义
⬭	流程开始或结束
▭	加工、处理、行动

续表

符号	含义
	其他的可选行动或流程
↓ →	流程线
◇ N/Y	决策：是/否（可选项）
○	回答
	文档：对一个行动进行文档记录，就是以书面、文档的方式记录下来

1. 阅读以下文字，并画出关键词：

承运人在仓库收货办公室处报备登记。收货办公室凭借随货单据与订货单进行比较，对送货的合规性进行核查。重点核查送货地址和送货日期两项：如果两项与订货单一致，就可以通知承运人在指定卸货台停靠运输车辆。

货物卸载后，必须检验货件的数量，将清点的数量与随货单上的数据进行对比。如有偏差，要在随货单上进行书面说明，并让送货人签字，事后就不可再投诉。

要对货件的状况进行检查，以便确定可能的损害。这里主要检查运输包装的完好性、无包装货物的外观状况。

对重复使用的包装（例如 GB 标准托盘）的损害进行检查，发现损坏不能再交回，也不能继续使用。

如果在当场检查中确定了运输损害，需要借助于交接单据、报告，拍照等方式等进行记录，在随货单上进行说明并让送货人签名。

如果在交接货物时确定了严重的缺陷，可以拒绝接收货物。一旦接收了有运输损害的货物，就一定要告知货主以履行瑕疵告知义务。

接收的运输损害货物应进行分离，就是说与其他货物分开仓储，并且可能的话用封条标记，直至查明货物本身是否存在缺陷。

对重复使用的包装的更换进行记录，可使用托盘记录单、送货单、运单或其他随货单据。

通过收货人在送货人的随货单或扫描仪屏幕上签名来进行收货确认。签名证明了货物完整且无明显瑕疵地送达，此外还必须在运单上盖章。收货确认除了收货人的名字外还包括日期、时间和车牌号，其中日期对遵守瑕疵通知期限非常重要。

一旦确定运输损害就必须立刻告知采购部门，以便该部门能在约定的瑕疵通知期限内展示给承运人及货主。

2. 请选用以上内容中所画的关键词，制作验收流程图。

项目三　执行货品的仓储

【案例4-3】
"应友"仓储1号库面积为5000平方米，位于北京市通州区马驹桥镇物流基地兴贸二街12号，电话010-60581199。1号仓库内包括地面型仓库、货架型仓库和自动化立体仓库三种，主要面向零售企业为普通常温保管的快速消费品提供仓储配送服务。机械化、信息化程度高，采用统一的WMS进行信息管理。和其他仓储企业一样，"应友"仓储1号库主要包括作业区、作业辅助区域、办公区，库内作业区分为收货区、储货区、拣货区、加工区、发货区等。各区域所处的位置、空间大小、设备配置等，主要依据货物流量、作业流程、作业需求来确定。

到1号库后，你和同事张远、马腾在2019年6月29日已完成进货检验工作，下一步须安排验收后的货物入库上架工作。为此你须明确入库货物储存位置、码放形式等。

思考与互动：

（1）你认为WMS（仓储管理系统）应该包括哪些功能模块？

（2）从验收完毕到货物入库上架，会涉及哪些交接环节？

理论任务 1　入库上架

验收合格的货物就可以放行入库，及时办理入库交接手续。

1. 签单

验收人员凭验收单将货物交给保管员。双方共同查看货单是否一致，如果不一致，验收员要查找原因；如果货单一致，则验收员与保管员在验收单上签字确认。

2. 入库存储

完成入库交接手续后，接下来就是放行货物入库存储，以将收货区的货物停放位置清空给下一批送货。入库存储，即仓库将验收完毕存放在进货暂存区的货物进行储位分配，以及根据相对应的储位，将货物搬运存放到储位上的作业过程。放行入库的货物，通常会通过电脑的分配获得一个仓库储位。如果货物通过人工分配到一个仓储位置，则要在电脑系统中注明。

入库存储作业需要进行合理的上架或堆放，在使货物得到妥善保管的基础上，提高仓容利用率，减少储存成本。

（1）获取储位安排。货物入库上架前，相关工作人员要求信息人员提供待入库货物的储位表。安排货位时，必须将安全、方便、节约的思想放在首位，使货位合理化。货物的自然属性不同，有的怕潮，有的怕热，有的易串味，有的易虫蛀等。如果货位环境不能适应储存货物的特性，就会影响货物质量，发生霉腐、锈蚀、熔化、干裂、挥发等变化；为了方便出入库作业，要尽可能缩短收发货作业时间，减少不必要的空间占用，合理安排储位，以最少的仓容储存最大限量的货物，提高仓容使用效能。

（2）堆码。货物堆码直接影响着货物保管的安全、清点数量的便利以及仓库容量利用率的提高。堆码方式主要有以下几种方式：

1）散堆方式：将无包装的散货在库场上堆成货堆的存放方式，特别适用于大宗散货，如煤炭、矿石、散粮和散化肥等。

2）堆垛方式：对有包装的超长、大件货物进行就地堆码的方式。

3）货架方式：采用通用或者专用的货架进行物资堆码。适合于存放小件货物或不宜堆高的货物。

4）成组堆码方式：采用成组工具使货物的堆存单元扩大。常用的成组工具有货板、托盘和网格等。

（3）搬运。经过充分的入库准备及货位安排后，搬运人员就可把验收场地上经过点验合格的入库货物，按每批入库单开制的数量和相同的品嗖集中起来，分批送到预先安排的货位上，要做到进一批、清一批，严格防止品嗖互串和数量溢缺。

分类工作应力争得到送货单位的配合，在装车启运前，就做到数量准、批次清。对于批次多和批量小的入库货物，分类工作一般可由保管收货人员在单货核对、清点件数过程中同时进行，也可将分类工作结合在搬运时一起进行。

在搬运过程中，要尽量做到"一次连续搬运到位"，力求避免入库货物在搬运途中的停顿和重复劳动，对批量大、包装整齐，送货单位又具备机械操作条件的入库货物，要争取送货单位的配合，利用托盘实行定额装载，从而提高计数准确率，缩短卸车时间，加速货物入库。

理论任务 2　办理入库手续

入库上架工作完成后进行收货的入账和库存登记。接收货物的库存登记可通过手写方式将数据填入仓库登记卡，或者通过扫描条形码并在仓库管理系统中对这些数据进行处理的方式实现信息化。

1. 立卡

"卡"又称"料卡"或"货卡"，能够直接反映该垛位或货架位存储货物的品名、型号、规格、数量、单位及进出动态和积存数。

卡片应按入库通知单所列内容逐项填写。货物入库堆码完毕，应立即建立卡片，一垛一卡。对于此卡片的处理，通常有两种方式：

一是由保管员集中保存管理。这种方法有利于责任制的贯彻，即专人专责管理。但是如果有进出业务而该保管员缺勤时就难以及时进行。

二是将填制的料卡直接挂在货物垛位上。挂放位置要明显、牢固。这种方法的优点是便于随时与实物核对，有利于物资进出业务的及时进行，可以提高保管人员作业活动的工作效率。

2. 登账

货物入库，仓库应建立实物保管明细账，登记货物进库、出库、结存的详细情况。

实物保管明细账按货物的品名、型号、规格、单价、货主等分别建立账户。此账采用活页式，按货物的种类和编号顺序排列。在账页上要注明货位号和档案号，以便查对。实物账必须严格按照货物的入出库凭证及时登记，填写清楚、准确。记账发生错误时，要按画红线更正法更正。账页记完后，应将结存数结转新账页，旧账页应保存备查。登账凭证要妥善保管，装订成册，不得遗失。

实物保管明细账要经常核对，保证账、卡、物相符。它是反映在库储存货物进、出、存动态的账目，也是核对储存货物动态和保证与财务总账相符的主要依据。按照账目管理分工，企业的财务部门负责总账的管理，一般只分物资大类记账，并凭此进行财务核算。货物保管部门负责物资明细大类记账，并凭此进行财务核算。货物保管部门负责物资明细账目的管理，凭此进行货物进出业务活动。明细账除有货物的品名、规格、批次之外，还要标明货物存放的具体位置、物资单价和金额等。

3. 建档

货物入库上架后，仓库应对所接受的物品登账建档，以便于物品管理和客户联系。这样做也为未来可能发生的争议保留证据，同时有助于总结和积累仓库保管经验，研究仓储管理规律。

（1）档案的资料范围。

1）货物出厂时的各种凭证、技术资料，如物品合格证、装箱单、质量标准。

2）货物到达仓库前的各种凭证、运输资料，如物品运输单据、普通记录、货运记录、残损记录、装载图等，送货单、发货清单等。

3）货物入库验收时的各种凭证、资料，如入库通知单、检验记录、磅码单、技术检验报告。

4）货物保管期间的各种业务技术资料，如保管期间的检查、保养作业、通风除湿、翻仓、事故等直接操作记录；存货期间的温度、湿度、特殊天气的记录等。

5）货物出库和托运时的各种业务凭证、资料，如出库凭证、交接签单、出货单、检查报告等。

6）其他有关该物品仓储保管的特别文件和报告记录。

（2）建档工作的具体要求。

1）应一物一档：建立货物档案应该是一物（一票）一档。

2）应统一编号：货物档案应进行统一编号，并在档案上注明货位号。同时，在实物保管明细账上注明档案号，以便查阅。

3）应妥善保管：货物档案应存放在专用的柜子里，由专人负责保管。

实践任务1　获取储位分配

1．请阅读以下储位分配策略，并标注关键词。

入库仓储可按照固定储位系统和/或自由储位系统来进行组织。

固定储位系统，指对每种仓储货物都分配一个固定储位，该储位只允许存放该种货品。可根据货物的流通性或货品编号的上升排列顺序来组织储位规划。

按照货品的流通性来分配储位时会为每一个货品指派一个路径优化的储位，就是说转运频率高的货物会储存在仓库靠前的位置，转运频率低的货物则储存在仓库靠后的位置。按照货品编号上升排列来安排入库储位仅当各商品的需要波动很低时才推荐使用。

固定储位系统的优点是货位固定，易于管理。每个员工都了解各货品的储位而不需要电脑支持仓库管理系统。根据流通性入库仓储则可以缩短路径时间。

固定储位系统的缺点是储存面积和空间使用率低，储存成本高。由于储位的空置而导致面积和空间使用率较低。此外，当仓储货架需要重新分配或仓库扩建时会耗费较高的组织成本。

自由储位系统是将货物存放在刚好空出的储位上。当储位数量众多时就需要一个电脑支持的仓库管理系统，以便能够将货物快速找到并出库。

自由储位系统优点是利于提高空间使用率，降低储存成本。货物出现变化时会将组织成本的耗费降到最低。当有仓储管理信息系统支持时，员工无须记住储位，会减轻负担。

自由储位系统存在的最大缺点就是如果电脑设备出现故障，将致使储位无法查询，员工很难在仓库完成入库工作，甚至造成仓库停工。这时入库一旦出现入库存储错误就会耗费很多时间寻找。

并非每种货物都能够一定按照固定储位系统以及自由储位系统来分配储位，通常还要考虑到技术或安全相关问题。比如需要低温储存的货物必须储存在冷库或冷冻仓库中；易盗的高价值货品，就不应当储存在仓库最靠后的角落处。针对危险品的仓储适用专门的安全法规，根据该法规通常应储存在危险品仓库中。此外还要注意有关禁止一起存放的规定。

2．进行储位分配。

在货物入库前要给每一个库存单元标记一个收货编号，通常也用货品编号和仓储位置编号来表示。在此可采用不同的方式：

一张随货单据（多数为收货单）与收货编号一起粘贴在库存单元上。

将仓库管理部门生成的条形码或透明标签贴到库存单元上。

使用无线射频技术操作。

请以小组为单位,结合以上描述,策划出一种储位分配情景案例。形式灵活,以下表格仅供参考。

情景描述:			
储位策略:		库区描述:	
入库商品	入库商品编号	储位编号	
说明:			
示意图:			

实践任务 2 入库凭证流转

A 仓库货物验收工作由理货员、计量员、复核员和业务受理员分工负责。理货员组织对货物的数量与外观质量验收、计量、堆码和记录等,并向业务受理员提交货物验收的结果和记录。A 仓库的入库凭证流转如图 4-7 所示。

A 仓库货物验收工作是由理货员、计量员、复核员和业务受理员分工负责,根据图 4-7,描述入库凭证流转过程。

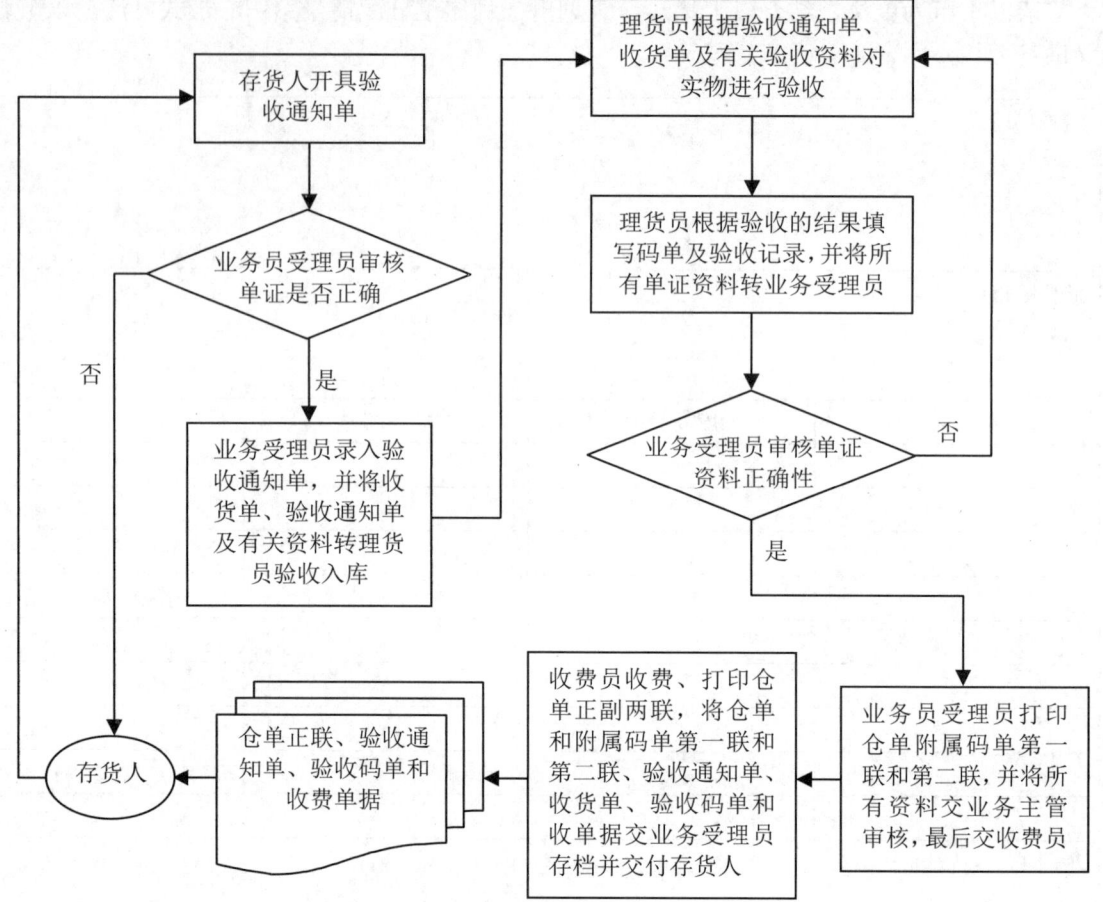

图 4-7 货物入库单证流程

单元小结

仓储入库业务包括进货接收、入库验收和入库储存三个环节。入库前必须做好货物入库准备工作。进货接收需关注接收的具体方式，以及收货的正确性；仓储的商品验收工作是仓库入库的关键环节，是仓库和送货单位责任交接环节。入库验收包括单据验收、实物数量验收、实物质量验收等环节。正确进行验收，对于验收中出现的问题及时处理，并履行告知义务；验收完需和送货方签署验收单据进行交接；验收后的货物需入库储存，及时办理入库手续。货物入库应严格按照程序办理，同时，认真做好货物库存的登记工作。

知识问答

1. 入库前的准备工作包括哪些？
2. 说明商品入库验收作业的流程及内容。
3. 怎么检验商品的数量和质量？

能力拓展

根据以下描述,画出朝批公司收货作业流程图,并结合实训室条件,进行入库作业模拟。

朝批公司收货作业流程

1. 企业基本情况

朝批商贸公司注册资本 19200 万元,是香港上市公司北京京客隆商业集团股份公司的主要成员,旗下现有九家分公司(酒类销售分公司、食品销售分公司、日化销售分公司、安雀销售分公司、第一销售分公司、第二销售分公司、第三销售分公司、第四销售分公司、第五销售分公司)。其是经股份制改造而成的股份制企业。企业自改造后,发展后劲充足,改制中清理了不良资产,优化了人员配置,补充更新了业务设备。目前拥有总面积 8000 余平方米的智能化办公大楼,140 余部新款业务用车辆,130 余台奔腾 4 型以上计算机,全套现代化办公设备,经营管理团队市场经验丰富,应变能力强。进货渠道遍布国内 29 个省市自治区的名优商品生产厂家,远通十余个国家和地区的世界知名品牌生产厂家,经营品种总数 6800 余个,其中 30 余个国家内外名优品牌,800 余个品种为总经销、总代理;销售网络覆盖了 5000 余个繁华街区的大中型零售企业,2600 余个人口稠密社区的小店铺。辐射到华北、华中、东北、西北四个地区 30 余城市的 80 余家大型零售、批发企业。目前正选择地理位置优越,交通便利的地区,建立商品集散地,发展品牌的跨省市分销、跨区域代理。公司下设四个控股子公司、九个销售分公司。

2. 朝批仓库收货作业流程

(1)预约:供货商要于送货前 24~72 小时内提前做好预约工作,以便次日收货具体工作得到具体安排,提高工作效率。本市车辆在预约时间内超过 1 小时失效,外阜车辆在预约时间内超过 2 小时失效;在供货商没有预约的情况下,按先后顺序进行收货。

(2)订单核对与放车:送货人员将货车停在库房外,拿送货票到收货组打采购订单,机房人员接到送货票核对送货地址,打印采购订单并核对商品的名称、编码、规格、数量;核对后通知负责人安排收货人员到指定地点收货,指点送货车辆到相应的收货地点;收货人指挥送货人将车停靠在收货地点,以免造成站台的剐蹭,带来不必要的损坏。

(3)收货准备工作:早晨到货前应准备相应的托盘和托盘搬运车做到货准备工作。

(4)进行收货:售货员拿采购单与送货单逐一核对商品的名称、条码、规格及数量,并在采购单上的每一项上打钩,以便确认商品信息,确认无误后进行收货工作;收货员验收商品时首先检查商品的外包装是否完好,并抽查货物,如商品短缺情况严重,应加大抽查率;需要逐箱验收的商品按规定标准进行验收,对于贵重商品要检查外包装是否完好,封箱是否原始,对已开箱的商品进行全数验收,严格按照采购单上标明的托盘底×高的标准,将商品整齐地码放在托盘上;如是新商品没有底×高的,收货员应填写新商品档案;如果发现商品的保质期已经超过保期的 1/3 或邻近 1/3 要通知相关营运部、子公司,如商品的保质期不符合要求或商品的外包装破损不予接收,并立即通知相关营运部或子公司按书面指示执行;如同种商品多个日期的五天之内按最低日期收货、码放,如超过五天并跨月的商品分开码放;已验收的商品放在库房门附近指定的区域内。

(5)到货验收:商品验收,进行入库确认,确认商品实收数量与到期日期;验收单打印完毕后收货人与送货人双方签字,盖章后交给送货人一联,给送货人开具出门条,其余随同送货单转交给营运部及子公司。

（6）商品入货位：手工定位，收货员根据空闲货位情况商品出库量、保质期等因素安排整盘和非整盘商品进入合适的货位，1层货位用于放置非整盘的商品，2、3、4层放置整盘商品；售货员安排好货位以后，在商品货位记录单上记录商品名称、编码、货位号、数量以及供货商名称、收货日期、收货人；自动定位，售货人员在做完验收之后，要及时压定位单并让库房人员核对商品数量并签字。

（7）收货完毕后将作业平台收理干净，剩余木牌收回库房。

课外阅读

北京朝批是这样打造快消企业物流标准化的！

推动商贸物流标准化建设，对于降低物流成本、提高流通效率、提高国民经济运行质量意义重大。近年来，商务部一直致力于推动我国商贸物流标准化建设并做了大量工作。值得一提的是，商务部还与国家标准委联合开展专项行动，先后选择两批重点推进企业，引导先行先试，取得了显著成效。

为配合商务部加大对商贸物流标准化工作的宣传推广力度，在全国更大范围内调动广大企业参与物流标准化工作的积极性，推动我国物流标准化建设进程，作为国内最大的快速消费品代理企业之一，北京朝批商贸股份有限公司非常重视物流标准化建设，在设备配置、物流作业等方面大力推进标准化，尤其是积极推进带板运输方面，取得了显著效果。

北京朝批商贸股份有限公司（简称"朝批"）是国内最大的快速消费品代理企业之一。朝批物流事业部依托公司成熟的资源平台，配送产品近千个品牌、2万多个单品，配送范围覆盖近20000家零售终端，库区年吞吐量达9000万箱，日最高吞吐量达60万箱。

为提高物流效率、降低物流成本，朝批非常重视物流标准化建设，在设备配置、物流作业等方面大力推进标准化，尤其是积极推进带板运输，取得了显著效果。

一、朝批物流事业部概况

目前，朝批物流事业部有库房面积22万平方米，其中，常温库21.5万平方米，恒温库5000平方米。库内全部安装了高位立体货架，标准储位达16.8万余个，可存储800万标准箱商品。

朝批物流运送车队采取集约化管理模式，共有300余辆北京市政府认定的符合环保标准的厢式货车，全部安装了GPS定位仪，采用TMS运输管理系统，以保证货物全程可监控、可追溯。

二、物流事业部标准化建设

朝批自成立物流事业部以来，一直按照标准化的要求规划建设库房，所有商品的进、销、存均采用标准托盘进行收货、出货和存储，通过不断升级信息化系统，在商品流通的各个环节实现标准化运作。

1. 标准化的物流设备

存储：库内全部安装标准的高位立体货架，标准储位达16.8万余个，库房配有供大型货车装卸的升降平台14个，以方便货物装卸。

分拣：引进两条总长2000多米的整箱自动分拣线，两条拆零自动化分拣流水线，专为中小型客户定制了电子标签拆零拣选系统。

搬运：使用林德、永恒力、丰田等品牌的叉车和电动托盘车共180余辆，便于带托盘装卸、托运。使用标准托盘十万余个，其中自有和租赁各占50%。随着业务量的不断增加及物流标准化的逐步推进，为便于上下游客户实现托盘循环共用，朝批与集保和路凯两家托盘供应商保持长期合作。

配送：物流运送车队采取集约化管理，配备了GPS定位系统、TMS运输管理系统；带升降尾板的货车300余辆，货运车辆箱体都是按照标准托盘规格定制的，车内可并排码放两个标准托盘。

2. 标准化的作业流程

收货：朝批物流提供标准托盘，不同规格商品均按照统一的堆叠标准进行码板、验收，再利用叉车存放到标准存储货位。

存储：朝批物流库内所有商品以标准托盘为单位进行存储，利用先进的信息系统实现库存管理，保证商品数量和日期的准确性。

出货：库内所有商品都可以按照整托、整箱、零散等方式出货，可以做到先进先出和指定日期出货。所有车辆配备尾板，可以利用月台、电动托盘车进行标准化搬运。

三、典型案例

朝批积极推动上下游客户进行标准化物流作业，为实行带板运输，朝批物流调整了配货流程，增加了二次验货，确保准确率，为带板运输实现免验做好基础工作，为全社会物流标准化运作进行准备。在多方反复沟通、协调和努力下，目前朝批已与一些上下游客户实行了托盘互换。

朝批通过与集保公司和路凯公司的多年合作，利用这两家托盘租赁公司的上下游客户关系网，共同摸索向供应链上下游节点推行标准托盘体系的物流协作模式。

1. 上游客户

（1）雀巢水送货业务托盘互换。雀巢供应商与朝批共同使用集保公司提供的标准化托盘。雀巢供应商送货过程中，只需要通过叉车工实现以托盘为单位的装卸作业，大大节省了装卸作业时间，收货效率提高了75%，同时提高了托盘资源的有效循环使用率。从2016年1月至2016年10月带板运输5633板次，合25万多箱商品，雇佣人工装卸费等各项费用节约4万元左右。雀巢水带板运输的几年间，没有发生过货损，货损率几乎为零。

雀巢厂家送货时，朝批接收货物及托盘，收货人员核对托盘数量及种类，在托盘过户单上确认签字。每次收货后，朝批在集保系统中接收或修改托盘转移信息。

（2）达能公司脉动饮料的托盘互换。2016年1~10月，朝批与脉动饮料实现托盘互换7751板次，运输量近40万箱，节约人工装卸费用近6万元，目前货损率为0，作业效率提高了75%以上。

（3）中粮的托盘互换。中粮、亿滋、金佰利等厂家由招商物流送货，招商物流与朝批共同使用路凯公司提供的标准化托盘。朝批积极与招商局集团沟通托盘互换事宜，中粮的粮油实施了托盘互换，互换近100板次。

此外，朝批与亿滋、金佰利的谈判进行了多次，目前由于双方货物堆叠标准不统一，托盘的每层码放数量双方很快达成一致，但在码放层数（也就是高度）上还需要进一步洽谈，相信经过努力很快将进入带板运输的具体实施阶段。

2. 下游客户

（1）711共配中心流理箱送货。朝批与711在2012年开始合作运作共配中心，经过3年的合作，朝批重点抓好基础工作，使用标准的流理箱，通过系统升级、增加监控等手段降低差错率，实现零差错。双方从几家门店开始试行送货免验，循序渐进，逐步扩大免验范围，截至2016年上半年，已实现711全部200余家门店收货免验。2016年1~9月，实现流理箱免验或延迟验货190288箱次，送货收货时间减少50%，提高了送货效率，负责711共配送货车的部分线路每天能送货两次。

（2）京客隆配送及试点门店的托盘标准化。朝批与京客隆配送中心、管庄店托盘互换工作正常运行，2016年1~10月，与京客隆配送中心实现托盘互换4306板次，运输344472箱商品，全部免验；与管庄店实现托盘互换近1970板次，运输90719箱零4万多拆零商品，实现10%的商品抽检，减少了收货时间，大大提高了收货效率。

京客隆配送中心原采用人工卸货模式，每托盘收货用时约8分钟；采用托盘卸货模式后，每托盘收货时间仅为1~2分钟，收货、卸货效率均提升5倍以上，花费时间大幅减少。

（3）与其他零售门店的托盘标准化。面对有些零售门店订货量普遍达不到按板订货要求，基本上是一板多品，还有许多拆零商品的情况，朝批物流通过引入先进的信息系统，不断优化配货环节，增加二验，更多地使用机械化、自动化设备替代人工操作，库内二次验货无误后采用缠绕保鲜膜包装。

（摘自：《厉害了！原来北京朝批是这样打造快消企业物流标准化的！》，https://www.sohu.com/a/141343711_649545）

单元五　仓储在库作业管理

通过本单元的学习,学生应熟悉仓储在库作业环节,理解库存 ABC 重点管理方法的应用,掌握货物的保养及货物的盘点方法;认真做好仓库的日常检查及管理工作。

(1) 物流仓储的保管业务。
(2) 物流仓储的现场管理。
(3) 物流仓储的养护业务。
(4) 物流库存检查与盘点。

技能点

(1) 掌握物流企业仓储在库作业环节并完成相关工作任务。
(2) 熟悉物流企业仓储在库管理要求。
(3) 培养团队协作能力;具备仓储从业素质。

项目一　进行仓储商品保管

【案例 5-1】
程翔作为一名实习生,前往一家仓储企业的啤酒仓库进行实习。进入库后详细了解了该仓库的储存管理原则与细则,具体如下:

啤酒仓库的管理原则
(1) 面向通道进行保管。为使物品出入库方便,容易在仓库内移动,基本条件是将物品面向通道保管。
(2) 可叠加码放提高存储量。为有效利用库内容积可以叠加码放,但需防止破损及确保成品啤酒安全,最高码层数不应超过包装箱上的码放标示,尽可能使用货架等保管设备。
(3) 根据出库频率选定位置。出货和进货频率高的物品应放在靠近出入口,易于作业的地方;流动性差的物品放在距离出入口稍远的地方。
(4) 同一品种在同一地方保管。为提高作业效率和保管效率,同一物品或类似物品应放在同一地方保管,员工对库内物品放置位置的熟悉程度直接影响着出入库的时间,将类似的物品放在邻近的地方也是提高效率的重要方法。
(5) 根据物品重量安排保管的位置。安排放置场所时,要把重的东西放在下边,把轻的东西放在货架的上边。需要人工搬运的大型物品则以腰部的高度为基准。这对于提高效率、保证安全是一项重要的原则。

仓库的储存管理细则

（1）将仓库划分为待检区、不合格品区、合格成品区等若干区，并制定明显标识，同种产品应尽量存放在同一区块内，不同型号及入库时间不同的产品材料不可混放。

（2）啤酒成品堆放效果要达到整齐有序、目视美观，并要求生产日期早的摆放在该产品、材料储存区块的前面；摆放做到"5距"，即场距、堆距、柱距、墙距、顶距保持有效距离；每种材料都应划分固定区域。

（3）啤酒成品堆放实行单、双面板堆放，单层叠板用于成品离地放底层，双层叠板用于叠高，放上层，两种叠板不得混用；爱护叠板，避免野蛮装卸和摔、扔叠板。

（4）同一班次产品置于同一区域，并实行先进先出、发货方便且留有效铲车通道，其中成品啤酒需按规定打印批号，并分开堆放，不同批号的产品严禁混放。

（5）当班仓管员必须不定时地巡视库区，查看库区物资有无遭损受潮、鼠害、被盗等情况。

（6）对于接近或超出保质期的产品需做好记录，及时上报，避免形成呆滞成品。

（摘自：《啤酒仓库仓储管理，啤酒的仓储环境要求，啤酒仓库的管理原则，啤酒仓库的管理细则等》，http://www.iepgf.cn/forum.php?mod=viewthread&tid=345211&highlight=%C6%A1%BE%C6）

思考与互动：

1. 根据以上描述，画出简易的啤酒仓库分区图。

2. 请思考啤酒储存与普通日用品储存异同点。

理论任务1　理解商品保管的基本要求

仓库中商品保管的基本要求主要包括以下几个方面：

1. 合理存储

（1）仓库分类、库房分区、货区分位，按商品的性能及其对保管条件的要求，科学地安排商品的存储地点，便于机械化、自动化作业。

（2）根据商品的性能、体积、重量、包装及周转量，正确运用货架、堆码技术和苫垫技术，最大化利用仓库空间，合理存放商品。

2. 科学养护

商品养护的目的，在于维护商品的质量，保护商品的使用价值，避免和减少商品损失。

（1）按商品的性能，建立科学的商品养护制度，保护好商品的质量。

（2）妥当地运用苫垫技术，避免商品受到外界不良因素的损害。

（3）根据商品性能的要求，通过密封、通风、吸潮等方法，控制和调节好仓库的温湿度，创造适宜的储存条件。

（4）贯彻"以防为主，防治结合"的方针，做好金属防锈、除锈，商品防霉、防腐、防治害虫工作，保护好商品的使用价值和价值，减少损耗。

3. 账物相符

（1）认真做好商品入出库的点验工作，防止发生数量差错。

（2）设置齐全的商品实物账、货卡，正确记录商品进出动态，确保商品数量准确，做到物卡相符、账卡相符。

（3）对库存商品进行检查和盘点，掌握库存商品的数量和质量状况，做到账卡相符、卡货相符。

（4）有条件的仓库，实行商品条码管理和计算机管理。

4. 安全保管

（1）严格遵守仓储作业规范，安全进行仓库装卸、搬运、堆垛作业。

（2）对危险品进行专门存放保管。

（3）严格遵守仓库安全制度，做好防火、防盗、防漏、防自然灾害、防事故等工作，确保人员、仓库、设备、商品的安全。

理论任务 2 熟悉商品存放策略

1. 商品存放策略

（1）定位存放策略。对储存每一类商品、每一种商品，都分配有相应固定的货区、货位，商品的货区、货位不能互相占用。在分区分位时，要按商品的最大存量来安排储位的储存容量。

（2）变位存放策略。对储存每一类商品、每一种商品，没有分配固定的货区、货位，而是根据商品入库时仓库空余储位随机地安排货区、货位。

（3）分类存放策略。这种策略是上述两种策略的综合，即对每一类商品，按该类商品的最大存量分配有相应固定的货区；对该类商品的每一具体品种，则没有分配固定的货位，而是在商品入库时，随机地安排在该类商品所在货区的空余货位上。

2. 合理存放

合理存放商品是在库管理的一项基本工作。其包括以下内容：

（1）商品分类、分区、分位存放。将商品分类，同类商品在同一货区存放，同一品种在同一货位存放；一个货区存放一种大类商品或者几种数量少的近类商品，相似的商品尽可能靠近存放，这样便于员工熟悉商品存放位置，缩短出入库的时间，提高工作效率。

（2）遵循储位指派法则，将商品安排到合适的货区、货位存放。

商品周转率法则：按照商品的仓库的周转率来安排货区，即大批量商品使用大货区，小批量商品使用小货区；周转率低的商品尽量远离进货、出货区及仓库高位的货区，周转率高的商品尽量放于接近出货区及低位的货区。

商品相关性法则：同类商品在同一货区存放，相关性大的商品在相邻货区存放，相容性低的商品不能存放在一起。

商品特性法则：根据商品的重量、体积、价值、适销性、季节性等特点正确选择货区。笨重、体积大的商品存放在较坚固的低位货区，并接近出货区；价值高、体积小的商品使用高位货区；将滞销商品或小的、轻的以及容易处理的商品存放在较远的货区、高货位；将畅销商品存放在接近出口的货区；季节性商品则依其季节特性来选定放置的货区。

方便仓储作业法则：安排货区、货位时，还要考虑仓储作业的要求，做到效率、经济、安全。例如，便于商品装卸、搬运、堆垛、存取不落地一次性作业；便于人力和机械操作，需要人工搬运的大型商品的存放位置应以腰部的高度为基准。

3. 合理运用货架、堆码技术和苫垫技术，正确堆放商品

（1）在安全的前提下，充分利用仓库三维空间，提高货架和堆垛高度。

（2）依据商品形状安排存放方法，方便商品出入库。如将长形商品件面向通道存放。对于标准化的商品应放在托盘或货架上来保管。

（3）结合库存定额管理，货位实行双行堆放。依据先进先出的原则，从一排到另一排由外到里按顺序出货、存货。

理论任务 3　了解堆码技术

商品堆码是指将商品在指定的货位上向上和交叉堆放的形式和方法，也称堆垛、码垛。堆码可以增加商品在单位面积上的堆放高度和堆放数量，减少商品堆放所需的面积，提高仓容使用效能。堆垛工作的合理与否对库存商品的质量有较大影响。

1. 货物堆码应具备的条件

（1）货物已验收合格。

（2）包装完好、标志清楚。

（3）外表的污垢、尘土、雨雪等已清除，不会影响商品质量。

（4）因受潮、锈蚀或其他原因导致的不合格商品应与合格商品分开堆放。

2. 堆码的要求

堆码的基本要求是合理、安全、方便、节约。

（1）合理。根据商品的性能、包装形状和仓库设备条件，选择合理的垛形，符合商品保管和养护技术的要求。

例如，对于怕压、易变形、包装承受力差的商品，应控制垛高；对于有散热、散湿特殊要求的商品，应堆通风垛，如茶叶、卷烟、食糖；对于包装大而平稳的商品可用直堆法或压缝法。

（2）安全。安全包括人身、商品和设备三方面的安全。注意堆码的牢固稳定，保证堆垛不倒，不许压坏底层商品和损坏地面，注意保持五距（墙距、柱距、顶距、灯距、垛距），符合仓库作业、商品养护和消防的要求。

墙距：货垛和墙的距离。留出墙距，能起到防止墙壁的潮气影响商品，便于开关窗户、通风散潮、检点商品、进行消防工作和保护仓库建筑安全等作用。垛与墙的间距一般不小于 0.5 米。

柱距：货垛和室内柱的距离。留出柱距，能起到防止商品受柱子潮气的影响和保护仓库建筑安全的作用。垛与柱的间距一般不小于 0.3 米。

顶距：货垛与屋顶之间的必要距离。留出顶距，能起到通风散潮、查漏接漏、隔热散热、便于消防等作用。顶距一般规定如下：平房仓库 0.2～0.5 米；多层建筑库房底层与中层 0.2～0.5 米；顶层不得低于 0.5 米；人字屋架无天花板的库房，货垛顶层不能顶着天平木下端，应保持 0.1～0.2 米的距离。

灯距：货垛上方及四周与照明灯之间的安全距离，这是防火的要求，必须严格保持在 0.5 米以上。

垛距：货垛与货垛之间的距离，视商品性能、储存场所条件、养护与消防要求、作业需要而定。在一般情况下，货垛间距为 1 米左右。

（3）方便。等高、整齐堆放，便于存取、检查、盘点商品，利于商品先进先出。要求做到每行、每层商品数量成整数，每垛高度相等；堆垛整齐，主通道和支通道畅通；堆放时商品包装标志一律朝外。

（4）节约。充分利用空间，节约仓容量。商品堆垛，必须在安全的前提下，尽量做到"三个用足"，即面积用足，高度用足，荷重定额用足，充分发挥仓库使用效率。

3. 堆码的方法

（1）散堆法。主要用于散装商品，如粮食、煤炭、建筑材料等。这种方法的优点是作业简单，缺点是不利于通风、散热，容易造成商品发热、变质。采取散堆法时，应特别注意加强对商品的养护和管理。散堆法分为立锥式和立柱式两种。立锥式指将细小的散装商品自然散堆成立锥形状，立柱式指将细长的散装商品散堆在立柱之间。

（2）垛堆法。适用于堆放有外包装的商品（如箱、袋、桶、篓装商品），或者不需要外包装但形状统一的商品（如五金、木材等大件商品）。采用垛堆法应注意货垛的稳定性，根据不同商品或包装形状，采用不同的堆垛方法，以增强货垛的稳定性。对通风、散热的商品，应采用通风的堆垛方法。垛堆法的特点是比较灵活，可分为重叠法、牵制法、压缝法、纵横交错法、纵横码堆法等。

1）重叠法。其又叫直堆法，是按单件商品往上一层层地重叠堆放。此方法适宜于包装规格一致、占地面积较大并且高度较低的商品，或者不需外包装但形状矮胖、规格一致的商品。这一方法的特点是垛体整齐，能充分利用库容，适合机械化操作，但是堆放层数不能太多，特别是孤立的直堆货垛容易倒塌。

2）牵制法。其又叫衬垫堆码，是在直堆法的基础上，在每隔 1 层或每 2 层之间夹进衬垫（如木板），利用衬垫来牵制本层商品，以增强货垛的稳固性，如图 5-1 所示。

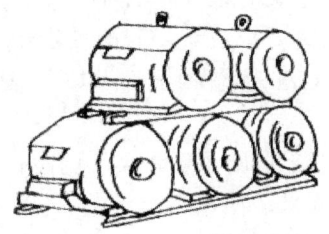

图 5-1　牵制法

3）压缝法。将上一层的商品跨压在下层两件商品之间的缝隙上，如此逐层堆高。其具有货垛稳固的特点，但是不能充分利用仓库空间。压缝法按两件商品之间是否留有空隙，分为不留空隙压缝、留空隙压缝两种；按堆放形状分为台柱状（立体梯形垛）、金字塔状两种形式。留空压缝形式又叫通风法，如图 5-2 所示。

4）纵横交错法。适用于长方形包装商品，并且长、宽成一定比例。每一层商品并列摆放，上下层的商品纵横向交错摆放。特点是堆垛成方形，便于计数，能充分利用空间，牢固性强。

按并列商品之间是否留有空隙，分为不留空隙交错和留空隙交错两种垛形。其中留空隙纵横交错垛形也称通风法。

5）纵横码堆法。适用于长方形包装商品。每一层商品纵横摆放，上下层的商品与它交错摆放。按每层堆放的商品件数，分为三件码堆、四件码堆、五件码堆几种形式，如图5-3所示。

图5-2　压缝法

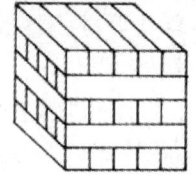
图5-3　纵横交错法

三件纵横码堆，又叫"一顶二"（商品包装长宽比为2:1）；四件纵横码堆包括"一顶三"（商品包装长宽比为3:1），"二顶二"（商品包装长宽比为2:1）和"四连环"（首尾连接纵横摆放）；五件纵横码堆包括"一顶四"（商品包装长宽比为4:1）和"二顶三"（商品包装长宽比为3:1）。

（3）托盘堆码法。托盘堆码是将商品堆码在托盘上，以托盘为堆货单元，可采取重叠法、纵横交错法、正反交错法等。托盘堆码有利于商品存取机械化、自动化。

（4）架堆法。利用通用或专用的货架来堆放商品，主要用于存放零星小件的或怕压的商品。普通货架一般在仓库中一行一行地排列，中间留有通道。架堆法能提高仓库容量利用率，减少差错，加快存取速度。

4．苫垫技术

苫垫是指对堆码成垛的商品上苫下垫。商品在堆码时，为了避免商品受到日光、雨水、冰雪、潮气、风露的损害，必须妥善设置苫垫。

（1）垫垛。垫垛，是指在货物码垛前，按垛形的大小和重量，在货垛底部放置铺垫材料。垫垛的目的是隔离地面潮湿，便于通风，避免潮气浸入商品而受损。垫垛材料一般采用专门制作的水泥墩、条石、枕木、木板、垫架等垫高材料和苇席、防潮纸、塑料薄膜等垫隔材料。

库房的货垛垫底，按商品的防潮要求决定，一般使用垫板、垫架，高度在20厘米以上。垫板、垫架的排列，要注意将空隙对准走道和门窗，以利于通风散潮。有的商品可以只用防潮纸、塑料薄膜垫铺。

对露天货场的货垛垫底，应先将地面平整夯实，周围挖沟排水，再用枕木、石块、水泥墩作为垫底材料，高度不低于40厘米，在条石上铺苇席和塑料薄膜等材料。

（2）苫盖。苫盖，是商品货垛的遮盖物。露天货场存放的商品，除了垫垛外，一般都应苫盖，可以保护堆码的商品避免受到日光、雨水、冰雪、潮气、风露的损害。对库房或货棚内堆码的商品苫盖，可以遮光、防尘、隔离潮气。通常使用的苫盖用品有篷布、塑料布、芦席、草帘、油毡、塑料薄膜、铁皮、铝皮、玻璃钢等。选择苫盖用品时，应符合"防火、安全、经济、耐用"的要求。苫盖方法如下：

1）整块苫盖法：就是用整块的苫布（如篷布、塑料布等）将整个货垛苫盖起来。对露天货垛，首先将铺底的塑料膜向上翻起，用线将其与商品包装缝牢，然后用苫布从垛顶苫盖到垛底，垛底的水泥墩、枕木、木板、垫架等不可露在苫布外，以防雨水流入垛底。如果货垛过大，可用两块苫布连接，苫布连接处重叠部分不少于 1.2 米。苫盖好后，将苫布四周用绳子与垛底拉环拴紧、拴牢。铺放苫盖材料的方式，可分为紧贴货垛铺放和用物件隔离货垛铺放两种方式，如图 5-4 所示。

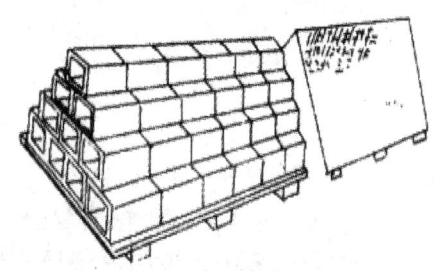

图 5-4　整块苫盖法

2）席片苫盖法：就是用席片、芦席等面积较小的苫盖材料，从垛底逐渐向垛顶围盖，盖好后形成鱼鳞状，又叫鱼鳞苫盖法，如图 5-5 所示。

3）人字苫盖法：就是先用竹、木材料在货垛上搭建人字形架子，再在架子上铺放苫盖材料。

4）隔离苫盖法：就是在席片苫盖法的基础上，将席片下部向货垛反卷并钉牢，在席片与货垛之间形成一定的空隙，可以起到散热、散潮的作用，适用于苫盖怕热、怕潮的物品，如图 5-6 所示。

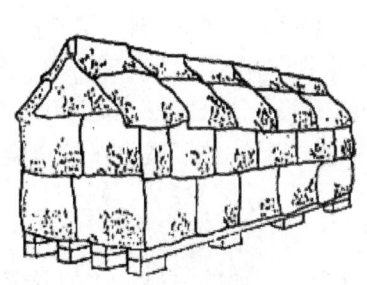

图 5-5　席片苫盖法

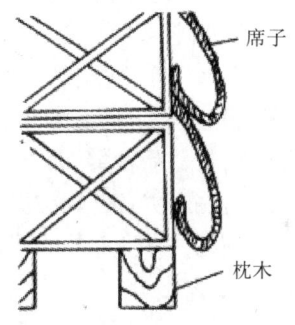

图 5-6　隔离苫盖法

5）棚架苫盖法：根据货垛的形状用钢材、木材制作成有轮子的活动棚架，在棚架上面及四周用苫盖材料铺牢围好，用时将活动棚架移动到货垛上。

选择苫盖的材料和方法时，要注意以下内容：

裸露的五金类商品不能受潮，必须用严密性较好的苫盖材料；对怕热、怕潮的商品，应采用隔离苫盖法；对要求通气性好的商品，要求用人字苫盖法。

在雨季，使用严密性较好的材料苫盖；在夏天，除考虑苫盖防雨外，还要有隔热措施。

各种货垛的苫盖都要做到刮风揭不开、下雨渗不进、垛顶有斜度、垛齐又牢固。

苫盖要方便进出货操作和商品检查，拆垛翻盖的面积要尽可能小。

理论任务 4　货物的分类

在一个大型公司中，库存存货的种类通常会很多，动辄十几万种甚至几十万种。关注所有事务会导致管理者疲于应对,却收效甚微,而且可能出现混乱,进而造成重大损失。

面对纷繁杂乱的库存管理对象,须对货物的出库量或金额进行分类分析,并根据出库量的大小确定货物在仓库中储位的分配,或根据资金占用情况进行库存管理策略的确定。

分清主次,抓住主要对象,可以事半功倍。在库存管理中,这一法则的运用就可以使工作效率和效益大大提高。

1. 货物的分类

ABC 分类法（Activity Based Classification）,又称巴雷托分析法、也叫主次因素分析法,重点管理法等,平常也称之为"80 对 20"规则。

ABC 分类法是由意大利经济学家维尔弗雷多·巴雷托首创的。1879 年,巴雷托在研究意大利城市米兰个人收入的分布状态时,发现 20%人的收入却只占却全部人收入的 80%,而 80%人的收入却只占却全部人收入的 20%。他将这一关系用图表示出来,就是著名的巴雷托图。

ABC 法则是巴雷托 80/20 法则衍生出来的一种法则。所不同的是,80/20 法则强调的是抓住关键,ABC 法则强调的是分清主次,并将管理对象划分为 A、B、C 三类。

2. 应用与说明

ABC 分类法是根据事物在技术、经济方面的主要特征,进行分类排列,从而实现区别对待、区别管理的一种方法。帕雷托通过长期的观察发现：很多事情都符合该规律。于是他将此规律应用到生产上。该分析方法的核心思想是在决定一个事物的众多因素中分清主次,识别出少数的但对事物起决定作用的关键因素和多数的但对事物影响较少的次要因素。

1951 年,管理学家戴克首先将 ABC 法则用于库存管理。ABC 分析法应用于仓储管理中被称为 ABC 分类库存控制法,又称物资重点管理法,就是将库存货物根据其消耗的品种数和金额（或出库量）按一定的标准进行分类,对不同类别的货物采用不同的管理方法。分类的基本原理:从错综复杂、品种繁多的物资中,抓住重点,照顾一般。ABC 分析的应用,在储存管理中比较容易地取得以下成效：第一,压缩了总库存量；第二,解放了被占压的资金；第三,使库存结构合理化；第四,节约了管理力量。

3. ABC 法则与效率

第一,盘点清查非常困难,而且难以确保准确性。对于非重要的材料,比如低值易耗品,可能影响还不大,但对于重要材料,例如产品关键部件,如果计数错误,则可能导致缺料,生产自然也就不可避免地受到影响,进而不能满足市场需求,丧失市场机会,失去客户。

第二,存量控制困难。重要材料的存量应该作为重点监控,确保不断料又不积压,非重要材料由于其重要性不高和资金占用量小,则可以按一定的估计量备货。如果实行一把抓式的管理,就可能将目光集中在大量非重要材料上,而疏忽了对重要材料的控制。

ABC 法则的效率和高回报也是显著的。面对众多的问题,如果进行 ABC 分类,然后处理主要问题,次要的和不重要的问题常常也会迎刃而解。

4. ABC 库存分类管理法的实施步骤

ABC 库存分类管理法的实施,需要企业各部门的协调与配合,并且建立在库存品各种数据完整、准确的基础之上。ABC 库存分类管理法分类的依据为品种数、金额或出库量。依据品种数和金额划分,可以制订库存管理策略；依据品种和出库量划分,可以制订库存布局分配策略。下面以出库量作为分类标准进行阐述,其主要操作步骤如下：

（1）收集数据。在对库存品进行分类之前，首先要收集有关库存品的年吞吐量以及重要程度信息。这些信息可以从企业的车间、采购部、财务部、仓库管理部门获得。

（2）处理数据。把各种库存品按年吞吐量由大到小的顺序排列，计算出各种物资年度耗用总量。

（3）编制 ABC 分析表。分别计算各种物资所占年度总吞吐量的百分比及累计百分比。ABC 分析表栏目构成如下：第一栏物品名称；第二栏品目数累计，即每一种物品皆为一个品目数，品目数累计实际就是序号；第三栏品目数累计百分数，即累计品目数对总品目数的百分比；第四栏库存吞吐量；第五栏是为各种物品吞吐量占用额百分比；第六栏为吞吐量占用额累计百分比；第七栏为分类结果。

（4）确定分类。按照 ABC 分类法的基本原理，对库存品进行分类。一般来说，各种库存品所占实际比例，由企业根据需要确定，并没有统一的数值。

按出库量进行 ABC 分析，分类标准通常如下：

A 类因素，发生累计吞吐量百分比为 0%～70%，是主要影响因素。

B 类因素，发生累计吞吐量百分比为 70%以上～90%，是次要影响因素。

C 类因素，发生累计吞吐量百分比为 90%以上～100%，是一般影响因素。

（5）绘制 ABC 分析图。把库存品的分类情况在曲线图上表示出来。

以累计品目百分数为横坐标，以累计吞吐量百分数为纵坐标，按 ABC 分析表第三栏和第八栏所提供的数据，在坐标图上取点，并联结各点曲线，绘成 ABC 曲线。

按 ABC 分析曲线对应的数据，按 ABC 分析表确定 A、B、C 三个类别的方法，在图上标明 A、B、C 三类，制成 ABC 分析图，如图 5-7 所示。

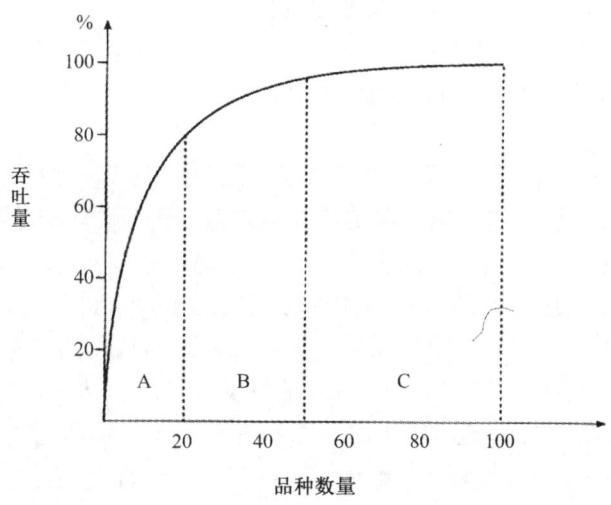

图 5-7　ABC 分析图

（6）确定重点管理方式。

5. ABC 库存分类管理法应注意的问题

在使用 ABC 分类管理方法时，还必须注意两个问题，即库存物资的单价和重要性问题。

（1）库存单价。前面用来对库存物资进行分类的标准——占用库存资金，由其计算公式可以看出，与物资的单价关系很大。单价高的物资，其数量的变动对占用库存资金的变化影响更大，在 A 类物资中更应引起关注，这类物资的管理应当尽可能地往零库存方向发展。

（2）重要性问题。ABC 分类管理法另一个问题是，没有考虑物资对企业生产的重要性，有些甚至被划为 C 类的物资可能对企业的生产活动有着至关重要的影响。这种物资的重要性并不在资金占用上体现，而是体现在以下方面：如果缺货会造成企业停产或严重影响正常生产；缺货会危及企业生产安全；市场短缺的物资，缺货后不易补充。为了弥补这一不足，发展出了重要性分析方法，将物资按重要性进行分类。两者相结合可以更准确地对库存进行分类管理。

理论任务 5　仓库 6S 管理规范

1. 6S 管理目的

规范现场管理，指导各原料库和成品库"6S"工作规范化开展，创造干净、整洁、舒适、安全的工作环境，提高职工工作效率及准确性。

通过 6S 管理实现"两齐、三清、三洁、四定位"的目标。"两齐"即库容整齐，堆放整齐；"三清"即数量、质量、规格清晰；"三洁"即货架、货物、地面整洁；"四定位"即区、架、层、位，对号入座。

2. 6S 管理范围

适用于物资管理处所属仓库区域的"6S"管理现场。

3. 6S 管理责任

仓管员负责个人责任区内的日常"6S"管理。

仓库主管负责对仓库"6S"管理情况进行监督、检查。

生产企业的仓库根据空间划分半成品库、成品库、原料库等，各组班长将所负责的区域划分给个人；区域划分按照同一时间在同一地点只能有一个人负责的原则。

4. 6S 管理含义

整理：就是将公司内需要与不需要的东西予以区分。把不需要的东西搬离工作场所，集中并分类予以标识管理，使工作现场只保留需要的东西，让工作现场整齐、漂亮，使工作人员能在舒适的环境中工作。

整顿：就是将前面已区分好的，在工作现场需要的东西定量、定点并予以标识，存放在要用时能随时可以拿到的地方，如此可以减少因寻找物品而浪费的时间。

清扫：就是使工作场所没有垃圾、脏污，设备没有灰尘、油污，也就是将整理、整顿过要用的东西时常予以清扫，保持随时能用的状态，这是第一个目的。第二个目的是在清扫的过程中通过目视、触摸、嗅、听来发现不正常的根源并予以改善。"清扫"是要把表面及里面的东西清扫干净。

清洁：就是将整理、整顿、清扫后的清洁状态予以维持，更重要的是要找出根源并予以排除。

素养：就是全员参与整理、整顿、清扫、清洁的工作，保持整齐、清洁的工作环境，为了做好这个工作而制定各项相关标准供大家遵守，大家都能养成遵守标准的习惯。

安全：是将工作场所会造成安全事故的发生源予以排除或预防。

实践任务 1 在库管理术语

1. 在仓储在库管理中，有"三核对""三检查""四号定位""五五堆码""六查"等术语，请将在以下解释前的括弧中填上对应术语：

（   ）：查数量、查质量、查保管方法、查计量工具、查安全、查技术。

（   ）：检查发料凭证是否正确无误，检查发出物资的编码、品名、规格、数量是否相符，检查应附技术证件和有关凭证是否齐全。

（   ）：发料凭证与账卡核对，发料凭证与发出实物核对，结存实物与账卡核对。

（   ）：仓库货位管理的一种有效方法，即用四个号码确定一个货位。这四个号码是库号（库房或货区代号）、架号（货架或货垛代号）、层号（货架或货垛层次代号）、位号（层内货位代号）。

（   ）：库存（   ），物资堆码时，以"五"为基本计算单位的堆码法。根据物资的不同特点，在摆放时每行每层数量力求以"五""十"或其倍数堆码。

2. 货垛的"五距"包括：垛距、墙距、柱距、顶距和灯距。根据教材内容，结合以下图示，辨识各标号对应五距的具体名称，填在括弧中，两人一组互相检查。

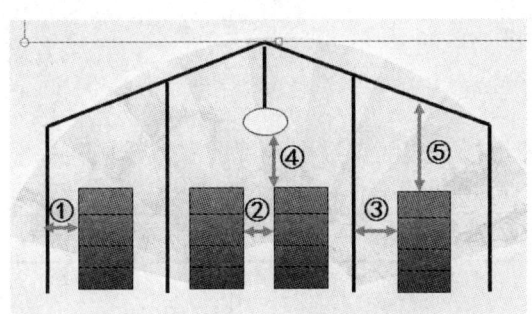

垛距（   ）、墙距（   ）、柱距（   ）、顶距（   ）、灯距（   ）

实践任务 2 货位存货量

请自主学习以下相关知识，并进行货位存货量的计算。

相关知识提示：

单位仓容定额 P 通过库场单位面积技术定额 $P_{库}$ 和货物单位面积堆存定额 $P_{货}$ 两指标来确定。

库场单位面积技术定额 $P_{库}$ 是指库场地面设计和建造所达到的强度，用 t/m² 表示。

货物单位面积堆存定额 $P_{货}$ 则是货物本身的包装及其本身强度所确定的堆高限定。

库场货物单位面积定额则由以上两者确定，使用较小的数值，这样才能同时保证库场地面不会损坏及货物本身不会被压坏，具体如下：

如果 $P_{库} < P_{货}$，则 $P = P_{库}$；

若 $P_{库} > P_{货}$，则 $P = P_{货}$。

某电冰箱注明限高为 4 层，每箱底面积为 0.8m×0.8m，每箱重 80kg，存于某仓库，仓库地面单位面积定额为 4t/m²，则单位仓容定额 P 为多少？如仓库此货位占地面积为(100+学号数)m^2，则此货位存货重量为多少吨？

实践任务3　组托方案

（1）组托方式主要包括：重叠式堆码、正反交错式堆码、纵横交错式堆码、旋转交错式堆码。请结合以下图形，辨别分别属于何种方式，并填写在对应图示下方的括号中。

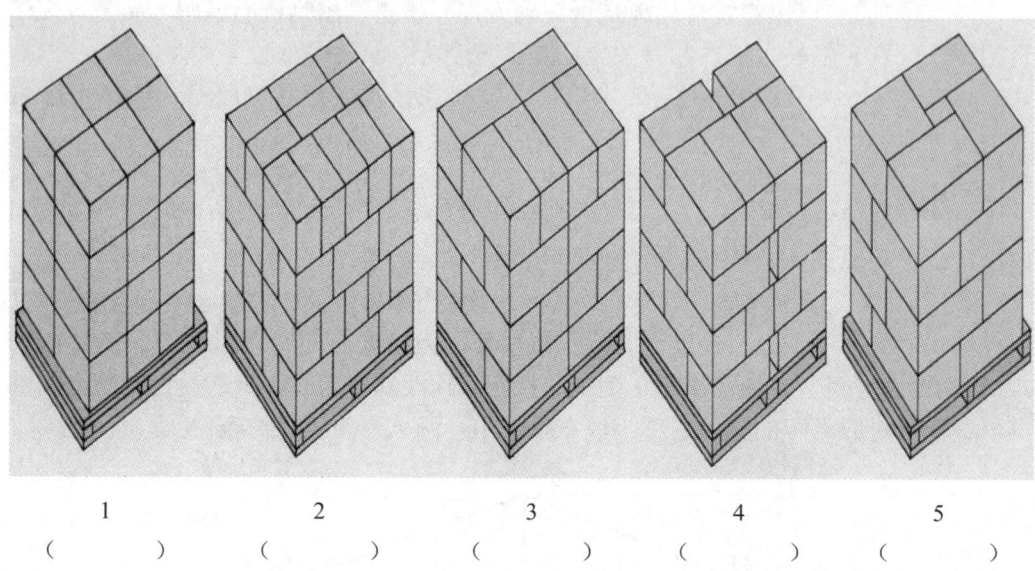

1　　　　　2　　　　　3　　　　　4　　　　　5
（　　）　（　　）　（　　）　（　　）　（　　）

（2）请画出以上五种组托方式的奇数层俯视图和偶数层俯视图。

序号	奇数层俯视图	偶数层俯视图
1		
2		
3		

续表

序号	奇数层俯视图	偶数层俯视图
4		
5		

（3）已知托盘尺寸为1000mm×1200mm；组托遵循原则为按照一个托盘放一种货品请选择组托方式，完成以下表格。

名　　称	纸箱规格/mm	货物数量/箱	组托方式	单位托盘货物数	托盘数量
康师傅苏打夹心饼干香草巧克味	400×240×200	82			
统一老坛酸菜方便面	450×300×125	70			
统一100方便面葱爆牛肉味	450×300×125	22			
550ml康师傅矿物质水	400×240×280	43			
550ml农夫山泉	400×240×280	43			
拖把	600×300×200	73			
洗发水	400×240×280	56			
拉芳洗发水	400×240×280	66			
美的电风扇	600×400×300	30			
九阳料理机	500×400×300	21			
总托盘数					

实践任务4　ABC分析

（1）搜集数据：货物编号，年销售量等。

物品编号	001	002	003	004	005	006	007	008	009	010
出库量	25	7	170	20	3	15	150	4	4	2

（2）根据材料，小组自行设计编制ABC分析表。

（3）利用ABC分析表处理数据。

（4）进行ABC分类。

（5）绘制ABC分析图。

（6）确定货位分配及管理策略。（可对下面关键词用连线法体现）

A 类	B 类	C 类
一般检查	以季或年度检查	经常检查
一般管理	重点管理	次重点管理
货架低层	货架高层	货架中层
远离主通道	中间部位	接近主通道

项目二　进行仓储商品养护

【案例 5-2】

程翔进入仓储部后由于岗位需要，兼有对在库啤酒进行保管养护的职责。他在师傅的指导下，通过学习了解到啤酒的储存养护要求。

1. 啤酒在仓储环境中的养护要求

（1）光线。啤酒要避免阳光直射，更不宜暴晒，因为啤酒对阳光中的紫外线极其敏感。紫外线透过瓶壁，能加速啤酒的氧化，破坏啤酒的稳定性，产生浑浊、沉淀等现象。为了避免阳光中紫外线的直射，啤酒都要选用紫外线透过率较低的棕色啤酒瓶或铝质易拉罐来包装。

（2）温度。啤酒长时间放置在温度偏高的环境下，其口味调和性将会受到破坏，酒花的苦味质及单宁成分被氧化，特别是啤酒的颜色变红混浊现象也会提前发生，如放置在 20℃温度下保存的啤酒要比放在 5℃条件下引起混浊的时间会提前 6～9 倍。

综上，啤酒最好放置在阴凉处或冷藏室内保存，储存啤酒仓库的温度一般在 4～12℃之间最为适宜。

2. 啤酒在运输过程中的养护需求

啤酒在运输的过程中极易发生剧烈碰撞，导致啤酒瓶的机械强度大大降低，容易造成隐性裂痕。啤酒既不宜在高温下运输，也不能在过低的温度下运输。运输温度过高或过低都会直接破坏啤酒的色、香、味、泡沫等酒品风格。运输过程中需要注意几个方面：

（1）作业安全问题，轻拿轻放，温湿度控制，防止运输过程中的震动，导致铝制易拉罐啤酒被压、变形；放置要整洁平稳；要保持包装箱完整整洁；要避光；注意防火；要有利于卸货工作，保证货物的安全。

（2）运输的温度问题，尤其是冬季和夏季，温度低容易结冰，温度高容易暴瓶，要特别注意。

（3）运输的安全问题，尤其是瓶装啤酒，总归会有破损的，但要将破损率降到最低。

（摘自：《啤酒仓库仓储管理，啤酒的仓储环境要求，啤酒仓库的管理原则，啤酒仓库的管理细则等》，http://www.iepgf.cn/forum.php?mod=viewthread&tid=345211&highlight=%C6%A1%BE%C6）

思考与互动：

1. 在仓库中应当为啤酒提供怎样的储存条件？

2. 啤酒的特性对包装提出怎样的要求？

理论任务 1　仓储商品养护概述

1. 商品养护的概念和目的

商品养护是指商品在储存过程中所进行的保养和维护。从广义上来说，商品从离开生产领域而未进入消费领域前，这段时间的保养与维护工作，都称为商品养护。商品养护是商品储存和流通过程中一项极为重要的工作，是保证商品在储存和流通期间质量安全的有力措施。

由于商品种类繁多，其自然属性各异，在各种环境介质的作用下，所发生的质量变化形式也是多种多样的，如霉腐、锈蚀、虫蛀、鼠咬、挥发、溶化、熔化、渗漏、聚合、裂解、老化及干裂、萎缩、燃烧、爆炸等。因此，商品养护学必须根据这些变化的基本原理去探讨科学的养护措施。商品养护学是一门技术性强、涉及面广，与物理学、化学、微生物学、昆虫学、气象学等学科有密切关系的综合性应用学科。

商品只能在一定时间内一定条件下，保持其质量的稳定性。商品经过一定时间，则会发生质量变化，这种情况在运输和储存中会出现。另外，商品不同，其质量变化的快慢程度也不同。由于商品本身和储运条件决定商品质量的变化程度，同时也决定了商品流通的时间界限。商品越容易发生质变，它对储运条件的要求就越严格，它的空间流通就越狭窄，它的销售市场就越带有地方性。易发生变质的商品，对它的流动时间限制就越大，就越需要商品养护。

要做好商品养护工作，首先必须研究商品储存期间导致其质量变化的两个因素：第一个因素是商品本身的自然属性，即商品的结构、成分和性质，是内因；第二个因素是商品的储存环境，它包括空气的温度、湿度及氧气、阳光、微生物等，是外因。

商品养护的目的，在于维护商品的质量、保护商品的使用价值。因此，商品养护学的内容主要有两个方面：研究商品在储存过程中受内外因素的影响，质量发生变化的规律；研究安全储存商品的科学养护方法，以保证商品的质量，避免和减少商品损失。

要搞好商品养护工作，就要不断地学习、了解各种新产品、新材料的性质，并采取新的养护技术与方法，推动商品养护科学化的进程，保证商品安全储存。

2. 商品的质量变化

商品在储存期间，由于商品本身的成分、结构和理化性质的特点，以及受到日光、温度、湿度、空气、微生物等客观外界条件的影响，就会发生这样或那样的质量变化。商品质量变化形式有很多，但归纳起来主要包括物理机械变化、化学变化、生理生化变化和生物学变化。

（1）物理机械变化。所谓物理变化是指商品仅改变其本身的外部形态（如气体、液体、固体"三态"之间发生的变化），不改变其本质，在变化过程中没有新物质生成，并且可以反复进行变化的现象。例如商品的挥发、升华、溶化、熔化、凝固、风化、渗漏、串味等；机械变化是指商品在外力作用下发生的形态变化，主要表现形式是商品破碎和变形等。

（2）化学变化。商品的化学变化是指构成商品的物质发生变化后，不仅改变了商品本身的外观形态，也改变了本质，并有新物质生成的现象。商品中常见的化学变化有化合、分解、水解（或潮解）、氧化、聚合、裂解、老化、沉淀等。

（3）生理生化变化。商品的生理生化变化是指有机体商品（有生命力的商品）在生长发育过程中，为了维持其生命活动，其自身发生的一系列特有的变化，如呼吸作用、发芽、胚胎发育等。

（4）生物学变化。生物学变化是指商品在外界有害生物作用下受到破坏的现象，如虫蛀、鼠咬、霉变等。

3. 商品养护的任务

应贯彻"以防为主、防重于治、防治结合"的方针，达到最大限度地保护商品质量，减少商品损失的目的。"防"是指不使商品发生质量上的降低和数量上的减损，"治"是指商品出现问题后采取救治的方法，"防"和"治"是商品养护不可缺少的两个方面。

（1）建立健全必要的规章制度。为做好商品的养护工作，应建立健全相应的规章制度。如岗位责任制，以便明确责任，更好地按照制度的要求，完成养护工作。

（2）加强商品的入库验收。商品入库验收时，一定要确定商品的品种、规格和数量是否与货单相符；同时检查商品的包装是否完好，有无破损；检验商品温度与含水量是否符合入库要求；检验商品是否发生虫蛀、霉变、锈蚀、老化等变化。

（3）适当安排储存场所。应按照商品的不同特性，适当安排储存场所。易霉变及易生锈商品，应储存在较干燥的库房；易挥发及易燃易爆商品，应储存在低温干燥的地下或半地下库房；贵重商品要储存在楼上防潮条件优越的库房内，库房要有空调与去湿机等设备。

（4）有效地苫垫堆码。据商品的性能、包装特点和气候条件，做好苫垫堆码工作。应将商品的垛底垫高，有条件的可以用油毡纸或塑料薄膜垫隔潮层。堆放在露天货场的商品，货区四周应设有排水渠道，并将货物严密苫盖，防止积水与日晒雨淋。选择适当的堆码方式，如采用行列式、丁字形、井字形、围垛式等堆成通风垛，垛高一般不超过12层。

（5）加强仓库温湿度的管理。要想管理好温湿度，就必须掌握气温变化规律，做好库内温湿度的测定工作，以便更好地对仓库的温湿度进行控制和调节。

（6）搞好环境卫生。为使商品安全储存，必须保持环境卫生。库区要铲除杂草，及时清理垃圾；库房的各个角落均应清扫干净，做好商品入库前的清仓消毒工作；将库房的清洁卫生工作持久化、制度化，杜绝一切虫鼠生存的空间，做好有效的防治工作。

（7）做好在库商品的检验工作。对在库商品，应据其本身特性及质量变化规律，结合气候条件和储存环境，实行定期或不定期检查，及时掌握商品质量变化的动态，发现问题及时解决。

理论任务2　仓储商品养护技术与方法

1. 仓库温湿度的控制与调节

影响仓储商品质量变化的环境因素有很多，其中影响最广泛、最重要的是仓库内的温度和湿度。商品在储存期间发生的霉变、锈蚀、虫蛀、溶化、挥发、燃烧、爆炸等，无不与温度和湿度有直接或间接的关系。

（1）温度。温度是指物体（包括空气）冷热的程度。温度的变化，可以提高或降低商品的含水量；引起某些易溶、易挥发的液体商品以及有生理机能的商品，发生质量变化。为此，必须对仓库提出适合于商品长期安全储存的温度界限，即"安全温度"。对一般商品来说，只要求最高温度界限；一些怕冻商品和鲜活商品，则要求最低温度界限。

（2）湿度。空气湿度的表示方法有绝对湿度、饱和湿度和相对湿度等。

绝对湿度（e）是指在单位体积的空气中，实际所含水蒸气的量。可以按密度来计算，即按每立方米空气中实际所含水蒸气的重量来计算，用克/立方米表示。在气象中统一使用"毫巴"作为压力单位，1毫米 = 4/3毫巴，1毫巴 = 3/4毫米（1000毫巴 = 750毫米水银柱）。温度越高，水蒸气蒸发的越多，绝对湿度越大；反之，越小。

饱和湿度（E）是指在一定湿度下，单位体积中最大限度能容纳水蒸气的量，用克/立方米表示。空气的饱和湿度随着温度的升高而增大，随温度的降低而减小。

相对湿度（r）是指在一定湿度下，绝对湿度与饱和湿度的百分比。

用公式表示：相对湿度 = 绝对湿度 / 同温度下的饱和湿度 × 100%。

相对湿度表示空气中的实际水蒸气量距离饱和的状态程度，相对湿度越大空气就越潮湿，水分不易蒸发；反之，即易蒸发。表 5-1 中列示了一些商品对温湿度的要求。

表 5-1　几种商品的温湿度要求

种类	温度/℃	相对湿度/%	种类	温度/℃	相对湿度/%
金属及制品	5～30	≤75	重质油、润滑油	5～35	≤75
碎末合金	0～30	≤75	轮胎	5～35	45～65
塑料制品	5～30	50～70	布电线	0～30	45～60
压层纤维塑料	0～35	45～75	工具	10～25	50～60
树脂、油漆	0～30	≤75	仪表、电器	10～30	70
汽油、煤油、轻油	≤30	≤75	轴承、钢珠、滚针	5～35	60

（3）露点。当含有一定数量水蒸气的空气（绝对湿度）的温度下降到一定程度时，所含水蒸气就会达到饱和（饱和湿度，即相对湿度达 100%），并开始液化成水，这种现象叫结露。水蒸气开始液化成水的温度叫作露点温度（简称露点）。如果温度继续下降到露点以下，空气中的水蒸气就会凝集在物体的表面上，俗称"出汗"，有时可以看到在一些表面光滑、导热较快的金属制品、水泥地、石块或柱脚上有一些水珠，就是该现象。由此可见，原来比较干燥的空气，如温度逐渐降低，空气就会变得越来越潮湿；反之，则变得干燥。

（4）温湿度控制方法。温湿度是商品质量变化的重要因素。控制与调节温湿度，必须熟悉商品的性能，了解商品质量的变化规律及商品储存的最适宜温湿度；掌握本地区气候变化规律及气象、气候知识；采取相应措施控制温湿度的变化，对不适宜商品储存的温湿度要及时调节，保持适宜商品安全储存的环境。温湿度控制与调节的方法很多，最常用的方法有密封、通风、吸湿等。

密封是仓库温湿度管理的基础措施，可收到防潮、防霉、防溶化、防热、防冻、防干裂、防虫、防锈等方面的效果。密封是温湿度管理的基础，它是利用一些不透气、能隔热、隔潮的材料，把商品严密地封闭起来，以隔绝空气，减少外界因素对商品的不良影响，切断感染途径，达到安全储存的目的。它要求封前要检查商品含水量、温度、湿度，选择绝热防潮材料（如沥青纸、塑料薄膜、芦席等），确定密封时间，封后加强管理。密封的形式可以是整库密封、整垛密封、整柜密封、整件密封。密封是进行通风、吸湿等方法的有效保证。密封材料的选择标准通常为：导热系数小；气密性好；吸湿性小；具有一定结构和良好的抗压强度，足以支撑自身重量；体积小；无毒无味，不产生污染；不易燃烧或燃烧后不产生有害气体；价格低廉。

通风既能起到降温、降潮和升温的作用，又可排除库内的污浊空气，使库内空气适宜于储存商品。通风有自然通风和机械通风两种。自然通风就是打开库房门窗和通风口，让库内外空气自然交换，这样既可以降温驱潮，又可以升温、增潮，而且可以排除库内污浊空气。夏天气温较高，天晴时可在凌晨和夜晚通风，雨天不能通风；库内湿度较高时，可用通风散潮，一般在上午通风，但要注意此时库外湿度要低于库内。机械通风是用鼓风机、电扇等送风或排风，以加速空气交换，达到降温散潮的目的。为提高工作效率，也可将自然通风和机械通风配合使用。利用通风来降潮（即降低相对湿度）是一个比较复杂的问题，因其涉及库内外的温度、绝对湿度和相对湿度等多个因素。长期的实践表明，在考虑库内不会结露的条件下，在库外绝对湿度和相对湿度比库内低或相等时，就可以不计库内外温度而进行通风。

吸湿是一种在库房密封条件下，采用吸潮剂或机械设备排除空气中的水分，以降低库内的相对湿度的措施。尤其在梅雨季或阴雨天，当库内湿度过大，不宜通风散潮，但为保持库内干燥，可以放置吸湿剂吸湿。常用的吸湿剂有无水氯化钙、生石灰、氯化锂、硅胶、木灰、炉灰等。生石灰学名氧化钙，吸湿性较强，价格便宜，使用时用木箱盛装，放于库房墙根四周，对一些怕潮商品还要将生石灰放在堆垛边。木炭和炉灰也有一些吸湿性，使用时木炭同生石灰一样，炉灰铺在墙根或堆垛下，上面可盖一层薄席，与商品隔离开来。氯化钙和硅胶，吸湿能力强，但价格较高，一般只用于较贵重商品的吸湿。仓库中使用的吸潮机械主要指空气去湿机。

（5）温湿度管理方法。在库内外适当地点设立干湿球温度计。一般可悬挂在每个库房内的中部，悬挂的高度离地面约 1.5 米；库外则应挂在百叶箱内。

干湿球温度计是同时测定空气温度和湿度的一对规格相同、装置在小百叶箱中的温度计。一支用来测定气温，称为"干球温度计"；另一支球部包扎一条纱布，纱布的下部浸到一个带盖的水杯内，杯口距球部 3cm，杯中盛蒸馏水（只允许用医用蒸馏水），供湿润湿球纱布用，称为"湿球温度计"。湿度由干球温度计与湿球温度计的温度差值计算得出。

指定专人每天按时观察和记录。一般上下午各观察一次，记录的内容应包括：干湿球温度计所表示的温度，依据换算表可得出当时的相对湿度、绝对湿度和饱和湿度，了解气候变化情况。每天的气候和温湿度情况，可用气候通知牌公布以引起注意。

按月、季、年分析记录，统计该时期内最高、最低和平均温湿度，以便积累资料。

当发现库内温湿度超过要求时，应立即采取相应措施，以达到安全储存的目的。

2. 金属制品的养护处理

锈蚀是指金属在潮湿空气、水或泥土等介质中，或在其他条件下被氧化而在其表面形成氧化物或碱式盐的现象。影响金属及其制品锈蚀的因素既有金属组织结构、成分和性质的因素（内因），又有金属周围环境的因素（外因）。环境因素中，又以空气相对湿度和腐蚀性气体（主要是二氧化硫）对金属有较大的威胁。

金属制品在储存期间发生锈蚀是常见的现象，它不仅影响外观质量，造成商品陈旧，而且会使其机械强度下降，从而降低其使用价值，严重者甚至报废。如：各种刀具因锈蚀，使其表面形成斑点、凹陷，难以平整和保持锋利；精密量具锈蚀，可能影响其使用的精确度。

金属防锈蚀，在仓储部门一般都采用暂时性的措施。例如，改善仓库储存条件预防锈蚀、涂油防锈、气相防锈、可剥性塑料封存防锈，以及其他一些简单易行的防锈办法。

（1）选择适宜的保管场所。保管金属制品的场所，不论是库内库外均应清洁干燥，不得与酸、碱、盐类、气体和粉末商品混存。不同类金属制品在同一地点存放时，也应有一定的间隔，防止发生接触腐蚀。

（2）保持库房干燥。相对湿度在 60%以下，就可以防止金属制品表面凝结水分，生成电解液层而遭受电化学腐蚀。但相对湿度在 60%以下较难达到，一般库房应控制在 65%～70%。

（3）塑料封存。就是利用塑料对水蒸气及空气中的腐蚀性物质的高度隔离性能，防止金属制品在环境因素作用下发生锈蚀。常用的方法如下：

塑料薄膜封存，是将塑料薄膜直接在干燥的环境中封装金属制品，或封入干燥剂以保持金属制品的长期干燥，不至锈蚀。

收缩薄膜封存，是将薄膜纵向或横向拉伸几倍，处理成收缩性薄膜，使得包装商品时，其会紧紧粘附在商品表面，既防锈又可减少包装体积。

可剥性塑料封存，是以塑料为成膜物质，加入增塑剂、稳定剂、缓蚀剂及防霉剂等加热熔化或溶解，喷涂在金属表面，待冷却或挥发后在金属表面可形成保护膜。阻隔腐蚀介质对金属制品的作用，达到防锈的目的，是一种较好的防锈方法。

（4）涂油防锈。涂油防锈是金属制品防锈的常用方法。它是在金属表面涂刷一层油脂薄膜，使商品在一定程度上与大气隔离开来，达到防锈的目的。这种方法省时、省力、节约、方便且防锈性能较好。涂油防锈一般采取按垛、按包装或按件涂油密封。涂油前必须清除金属表面的灰尘污垢，涂油后要及时包装封存。

防锈油是以油脂或树脂类物质为主体，加入油溶性缓蚀剂所组成的暂时性防锈涂料。防锈油中的油脂或树脂类物质为涂层和成膜物质，常用的有润滑油、凡士林、石蜡、沥青、洞油、松香及合成树脂等；油溶性缓蚀剂既有极性基因，又有非极性基因的有机化合物（如硬脂酸、石油脂等），也是能溶于油脂的表面活性剂。常用的油溶性缓蚀剂有石油磺酸钡、二壬基萘磺酸钡、硬脂酸铝、羊毛脂及其皂类等。

（5）气相防锈。气相防锈是利用挥发性缓蚀剂，在金属制品周围挥发出缓蚀气体，来阻隔腐蚀介质的腐蚀作用，以达到防锈目的。气相缓蚀剂在使用时不需涂在金属制品表面，只用于密封包装或容器中，因为它是一些挥发性物质，在很短时间内就能充满包装或容器内的各个角落和缝隙。其既不影响商品外观，又不影响使用，也不污染包装，是一种有效的防锈方法。

金属制品的养护处理方法不同，在选择防锈材料及方法时，应根据其特点、储存环境条件、储存期的长短等因素，同时还要考虑相关的成本及防锈施工的难易。

3. 仓储商品霉变的防治

霉变是仓储商品的主要质量变化形式，但并非任何商品在任何情况下都会发生霉变。

（1）霉变产生的条件。商品受到霉变霉腐微生物的污染；商品中含有可供霉变微生物利用的营养成分（如有机物构成的商品）；商品处在适合霉变微生物生长繁殖的环境下。

（2）危害商品的微生物。微生物体积微小，繁殖迅速，种类繁多。能危害商品的主要是霉菌、酵母菌和细菌。其中霉菌对一些复杂的有机物均有较强的分解能力，因而对商品的危害是最多的并且最严重，细菌则次之。

凡是含有有机成分的商品都称为易霉腐商品。碳水化合物主要存在于粮食类、棉麻类商品以及木材、纸张及其制品中；蛋白质主要存在于肉、蛋、鱼、乳及其制品，天然丝毛及其制品，皮革类、毛皮类商品中；脂肪主要存在于动物内脏、油料作物的种子和种仁、食用油和奶油等商品中。此外，果蔬类、茶叶、烟草、中药材类等都是以碳水化合物为主、多种营养成分并存的商品。

（3）环境条件对商品发生霉腐的影响。大多数霉腐微生物属于中温型中湿性，最适合生长的温度为 25～37℃，在相对湿度在 75% 以上的环境中可以正常发育。霉菌和酵母菌适应弱酸性环境（pH 值为 4～6），细菌多适应弱碱性环境（pH 值在 7～8）。霉菌生长繁殖需要有充足的氧气，而细菌和酵母菌则不论在有氧还是无氧的环境中都能生存。

（4）商品霉腐的预防措施。霉菌往往寄生于能供给它养料的有机材料，如木、皮革、皮棉、麻制品等上面。要想防治霉变，必须根据霉菌的生理特点和生长繁殖的环境条件，采取相应的措施，抑制或杀灭霉菌微生物。商品霉腐的预防可以采取加强管理和药物预防相结合的方法，其中温湿度管理是重要的一环。

常规防霉。常规防霉主要采用两种方法。一是低温防霉法。就是根据商品的不同性能，控制和调节仓库温度，使商品温度降至霉菌生长繁殖的最低温度界限以下，抑制其生长。二是干燥防霉法。就是降低仓库环境中的湿度和商品本身的含水量，使霉菌得不到生长繁殖所需要的水分，以达到防霉变的目的。

药剂防霉。药剂防霉是将对霉变微生物具有杀灭或抑制作用的化学药品散加或喷洒到商品上，如苯甲酸及其钠盐对食品的防腐，托布津对果菜的防腐保鲜，另外，还有水杨酰苯胺及五氯酚钠等对各类日用工业品及纺织品、服装鞋帽等的防腐。防霉药剂能够直接干扰霉菌的生长繁殖。理想的防霉药剂，应当是灭菌效果好、对人的毒害小的类型。常用的有水杨酸苯胺、五氯酚钠、氯化钠、多菌灵、托布津等。

气相防霉。气相防霉就是利用气相防霉剂散发出的气体，抑制或毒杀商品上的霉菌，是一种较先进的防霉方法。用法是把挥发物放在商品的包装内或密封垛内。对已经发生霉变但可以救治的商品，应立即采取措施，根据商品性质可选用晾晒、加热消毒、烘烤、熏蒸等办法，以减少损失。

4. 仓库虫、鼠、蚁的防治

（1）虫害的防治。仓库的害虫不仅蛀食动植物商品和包装，还能危害塑料、化纤等化工合成商品。在商品储存期间，要定期对易染虫害的商品进行检查，做好预测预报工作；做好日常的清洁卫生，铲除库区周围的杂草，清除附近沟渠污水，同时辅以药剂进行空库消毒，在库房四周1米范围内用药剂喷洒防虫线，以有效杜绝害虫。

仓库中常见的危害商品的害虫主要是鞘翅目的幼虫、成虫和鳞翅目的幼虫。因幼虫需大量取食，所以此时也是危害商品最严重的阶段。

害虫大多孳生于农作物中，其进入仓库感染商品主要通过如下途径：商品在入库时已有害虫或虫卵潜伏其中；商品包装物料内隐蔽害虫或虫卵；运输工具带进害虫；库内外环境不清洁，潜藏或孳生害虫；邻近仓间、货垛的商品生虫；仓库周围动植物传播害虫等。

仓库中的害虫表现出的特性如下：适应性强，食性广杂，繁殖力强，活动隐蔽，有趋向性等。仓库害虫在其生活过程中，不但破坏商品的组织结构，致使商品发生破碎和孔洞，而且排泄的各种代谢废物会沾污商品，影响商品的质量和外观。仓库害虫孳生的环境条件主要是氧气、温度、水分和食料等。

所谓易虫蛀商品，主要是指蛋白质、脂肪、纤维素、淀粉及糖类、木质素等营养成分含量较高的商品，具体包括毛、丝织品及毛皮制品，竹、藤制品，木材，纸张及纸制品，粮食，烟草，肉品，干果干菜，中药材等。

防治仓库害虫的措施。主要从四方面着手：杜绝仓库害虫的来源；改变害虫的生存环境；提高商品的抵御能力；直接杀灭害虫。具体防治方法有物理防治法、化学防治法等。

物理防治。就是利用物理因素（光、电、热、冷冻、原子能、超声波、远红外线、微波及高频振荡等）破坏害虫的生理机能与肌体结构，使其不能生存或抑制其繁殖。常用的方法有灯光诱集、高温杀虫、低温杀虫、微波杀虫。还可使用远红外线、高温干燥等方法进行防虫。

化学防治。就是利用化学药剂直接或间接毒杀害虫的方法。化学药剂进入虫体的途径有三种，分别是自体壁（表皮）进入、自口器进入、自气门进入。常用药剂有杀虫剂、熏蒸剂、驱避剂。

（2）鼠害的防治。老鼠属啮齿目鼠科动物，对人类危害很大，它直接损害粮食及其他库存商品，破坏商品包装，并传播病菌。防鼠采取切断鼠路、堵塞鼠洞、断绝水源食源、减少可以使它隐蔽的场所等方法。捕鼠一般采用有效器械诱杀。灭鼠主要使用化学毒药，如磷化锌、敌鼠钠盐等配制毒饵进行诱杀。

（3）白蚁的防治。白蚁属等翅目昆虫，在热带、亚热带地区危害尤为严重。白蚁主要靠蛀蚀木竹材、分解纤维素作为营养来源，也能蛀蚀棉、麻、丝、毛及其织品、皮革及其制品，以及塑料、橡胶、化纤等高聚物商品，对仓库建筑、货架、商品包装材料等有危害，因此有"无牙老虎"之称。影响白蚁生存的环境条件是气温、水分和食料。预防白蚁，应根据其生活习性，阻断传播入库的途径。灭治白蚁，主要采用药杀法、诱杀法、挖巢法等措施。

5. 高分子商品防老化

高分子化合物又称"大分子化合物""高聚物"，是由许多结构相同的单元组成的，分子量高达数百乃至数千万以上的有机化合物。以这种化合物为主要成分的商品称为高分子商品，如塑料、橡胶、合成纤维等。高分子商品在储存和使用过程中出现发粘、变硬、脆裂、失光、变色等现象，以及丧失其应有的物理和力学性能的现象称为"老化"。

导致高分子商品老化的外界环境因素主要是光（特别是紫外光）、氧、热、水和溶剂、外力、生物等。延缓高分子商品的老化，应尽量避免其与不良环境因素的接触，如采取遮光、控氧、防热、防冻、防机械损伤、防虫霉、防腐蚀等措施。

6. 危险品的保管养护

危险品又称"化学危险品""危险货物"，指容易引起爆炸、燃烧、中毒、腐蚀或有放射性，在运输、装卸、储存和使用过程中处置不当，会直接导致人身伤亡和财产损毁的物品。

（1）危险品的分类。危险品类别繁多，性能复杂，如防范不周，极易发生问题。凡属爆炸品和燃烧速度极快的不稳定产品，均要安排到偏僻、边沿的库房储存；遇湿燃烧和怕潮的商品，要安排到严密、干燥、地势高的库房储存；高级易燃液体（闪点在 45℃以下）和高级易燃固体（燃点在 180℃以下），要安排到专用低温库或建筑条件好、隔热性能强、夏季便于降温的库房内储存；易燃液体、挥发性强的毒品、刺激气味大的危险品，要安排到通风、干燥、阴凉的库内储存。危险品大致可从三个方面划分为 10 类，即

燃烧物品，包括：自燃物品；遇湿燃烧物品；易燃与可燃液体；易燃与可燃固体。

爆炸物品，包括：爆炸品；氧化剂；压缩气体与液化气体。

伤害人身物品，包括：毒害品；腐蚀性物品；放射性物品。

（2）危险品防火、防爆的基本措施。防止易燃气体、液体的蒸汽和可燃粉尘与空气形成爆炸混合物，加强通风换气工作；禁用明火，消除各类火花；消除外力的作用，严防摩擦和撞击；防止自燃和相互作用引起燃爆，严禁性质互抵的商品混存；消防扑救时，应根据商品性质，正确选用消防器材。

实践任务 1　冷库的管理与养护

1. 阅读以下资料，并画出关键词。

冷库如何管理与养护

很多商家或酒店在安装了冷库之后，就会觉得万事大吉，忽视冷库的日常保养，殊不知，小小的忽视会造成很多影响，甚至影响冷库的寿命。

（1）冷库的使用，应按设计要求，充分发挥冻结、冷藏能力，确保安全生产和产品质量，养护好冷库建筑结构。库房管理要设专门小组，责任落实到人，每一个库门，每一件设备工具，都要有人负责。

（2）穿堂和库房的墙、地、门、顶等都不得有冰、霜、水，有了要及时清除。

（3）库内排管和冷风机要及时扫霜、冲霜，以提高制冷效能。冲霜时必须按规程操作，冻结间至少要做到出清一次库，冲一次霜。冷风机水盘内和库内不得有积水。

（4）要严格管理冷库门，商品出入库时，要随时关门，库门如有损坏要及时维修，做到开启灵活、关闭严密、防止跑冷。凡接触外界空气的门，均应设空气幕，减少冷热空气对流。

（5）防止建筑结构冻融循环、冻酥、冻臌。

（6）空库时，冻结间和冻结物冷藏间应保持在$-5℃$以下，防止冻融循环。冷却物冷藏间应保持在$0℃$以下，避免库内滴水受潮。

（7）不得把商品直接散铺在地坪上或垫上席子等冻结；拆肉垛不得采用倒垛的方法；脱钩和脱盘不准在地坪上摔击，以免砸坏地坪，破坏隔热层。

（8）没有地坪防冻措施的冷却物冷藏间，其库温不得低于$0℃$，以免冻臌。

（9）冷库地下自然通风道应保持畅通，不得积水、有霜，不得堵塞，北方地区要做到冬堵春开。

（10）选择一款好的冷库管理软件，让繁琐的业务变得简单和高效。

2. 以小组为单位挑选出至少五个冷库可能存在的问题，描述并简单画出来。拿给另一小组让其指正错误所在。

实践任务2　温湿度检验

请借助于下列资料对仓库的温湿度进行检验。请填写必要的文件（检验记录报告）。

请向同伴介绍自己的解答并互相补充。

将送达的货物从接收区转入仓库。仔细对一致性、质量、数量、状况进行检查。

仓库日常检查和养护记录　　　　编号：

年度：_____　月度：_____　仓库名称：_____　第____页

月度重点监控对象						
序号	品名	批号	监控内容			备注
			外观	申检	其他	

续表

| 仓库管理室负责人签名/时间： |
| 质量管理室负责人签名/时间： |
| 节假日检查养护安排：
物料管理部负责人签名/时间： |

仓库日常检查和养护记录　　　　　　　　　　　编号：MF-015-01

日期：_____年____月___日责任人签名：第___页

检查对象		类别（打√）		检查记录	措施
品名	批号	重点	非重点		

备注：

温湿度记录　　　　　　　　　　　编号：QF-017-01

监测区域名称：_____　　　　年度：第____页

日期		温湿度计编号	记录时间	温度/℃	相对湿度/%	调节措施	记录人
月	日						

项目三　开展库存检查与盘点

【案例5-3】

为确保仓库库存数据准确，啤酒仓库对入库、出库环节做了详细的工作安排，同时加强盘点和在库检查作业。陈翔实习过程中参与了入库和在库盘点作业，了解到以下相关规程：

一、成品入仓规程

（1）仓管人员按频率及现场状况对所生产的成品啤酒做好记录。

（2）按实际生产啤酒的批号在系统中及时进行成品入库，并需要在系统中录入相应的产品代码、名称、数量、批号等信息。

（3）交接班时，当班次仓库管理员依当班入厂记录与当班负责人核对当班的啤酒成品入仓总数，同时参照生产车间生产成品数进行点算工作；对于数字有出入的，需及时报告仓库主管，由仓库主管牵头同当班车间负责人一同盘点，最终以实物数为准作为当班产品入库数。

（4）每班次交接时需核对对班的成品入厂总数是否正确，有异常时需及时反馈。

（5）对于出现差异的状况要调查原因，并予以改善。

二、定期开展盘点作业

啤酒仓库对盘点的要求如下：

（1）仓管员在当班结束前必须对管辖物资进行盘点，确保账卡物一致。

（2）仓库每日固定交接班，交班和接班的仓库员必须以库存账对应实物进行盘点，无误后在交接表上签字办理好交接手续。

（3）盘点过程中发现账实不符的情况，查清原因后由仓库主任出具书面报告上报，并经过确认批准后作盘盈、盘亏处理。

思考与互动：

1．根据以上描述，请思考入库作业过程中，如何确保仓库库存数据准确？

2．根据以上描述，简单设计一下盘点表单的内容。

3．思考一下何为盘盈？何为盘亏？产生盘盈、盘亏的原因是什么？应该如何处理？

为了摸清物资在储存期间的变化情况，掌握库存动态，及时发现和解决保管中的问题，必须对库存商品进行检查和盘点。

理论任务 1　开展库存检查

1．检查的内容

（1）查质量。检查仓库的温湿度是否超过标准，检查在库商品是否发生锈蚀、霉变、渗漏、老化、过期、虫蛀、鼠咬等质量变化情况。

（2）查数量。核对实物账、货卡与商品实物的数量是否一致，做到账、卡、物相符。

（3）查保管的条件与状况。看货垛、货架是否牢固，苫垫是否妥善完好，库房有无漏雨，场地有无积水、杂物，温度、湿度是否符合要求等。

（4）查设备器具。检查各种仓储设备是否完好，养护是否合理；检查计量工具是否准确；货位、货架的标识是否清楚明白。

（5）查安全。检查各种安全措施是否落实到位，防火、防盗等设备是否齐备、有效，符合要求。

对检查发现的商品质量、数量、保管条件与状况、设备与安全等方面问题，应及时上报，按规定的程序进行调整、处理、维修。

2. 检查的方法

（1）日常检查：仓库保管员在每天上下班时，对所管商品的安全情况、保管状况、计量工具的准确性、库房和货场的清洁整齐程度等进行的重点检查。

（2）定期检查：按照规定的时间，由仓库领导者组织有关方面的专业人员，对在库商品进行全面检查。

（3）临时检查：在出现特殊情况前后，对受到影响的相应仓库、商品、设备进行重点检查。例如，在灾害性天气前后，临时组织的检查；或者是根据工作中发现的问题而决定进行的临时性检查。灾害性天气来临之前，应检查建筑物、水道、电路是否能经受灾害性天气袭击；灾害性天气或发生事故之后，应检查损失情况，并及时维修。

3. 检查中发现问题的处理

（1）对于各项检查结果和问题应该详细记录。

（2）商品有变质迹象或发生变质时，应按维护保养要求处理，查明原因，提出改进措施，通知存货单位。

（3）对于超过保管期，或没有超过保管或但因质量要求不能继续存放的，应通知货主及时处理。

（4）对于商品包装已经出现破损的，应查明原因，协商处理。

（5）商品数量有出入的，应弄清情况，查明原因，分清责任。造成短少、溢余的原因主要有磅差、计量方法不对、自然损耗、责任损益等。

理论任务 2　了解仓库库存盘点

1. 库存盘点的意义

盘点又称为盘库，是指为确定仓库内或其他场所内所现存物料的实际数量，而对物料的现存数量加以清点。

仓库是一个物流的中心，一切的物资收发都必须经过仓库的流转，仓库必须在平时的工作中做到单据齐全，有据可查，真实全面地反映实物的流转过程。具体来讲，盘点意义在于以下方面：

（1）资产核实与销售保证。盘点就是核实企业的资产，盘点的数据会影响到销售、生产等环节，它是生产和销售的保证。

（2）不断收发使库存数量易出错，账、卡、物常不符。因为不断收货、发货，库存的数量很容易出差错，因此要盘点，要达到账、卡、物相符。

（3）仓库储存的呆旧料需要经常或定期处理。前期需要盘点，盘完以后再来处理，不盘点不能处理。

（4）仓储货物的保管情况需要经常检查纠正。在盘点过程中，对发现的保管情况要进行检查，发现问题后要及时纠正。

2. 库存盘点的任务

盘点有以下四大主要任务：

（1）查清实际库存量是否与账卡相符。所谓账就是登记的财务账，卡就是挂在一堆货物上的吊牌，或者叫货卡，这三个数据应该要对得起来，账上的、卡上的、实际货物的数量，这三个应该基本一致。

（2）查明库存发生盈亏的真正原因。很多企业一发现盘亏，第一个就查责任人。这样做事情的思路就不对。第一个要做的是再盘一次，看是不是盘点过程中出差错了，追查真正的原因，然后进行解决并避免同样错误再次发生。

（3）查明库存货物的质量情况。不只是要看数量，还要看质量。

（4）查明有无超过储存期限的库存。查找是否有快过期库存，并应该在有效期之前一两个月提出来，以便提早调整。

3. 库存盘点的作用

（1）减少差错发生，确保账、物、卡"三一致"。物料因在不断收发，难免发生差额与错误，盘点可以清查库存商品的实际数量，修正物账不符产生的误差，做到账、物、卡"三一致"，不会因为账面的错误而影响正常的生产计划。

（2）检讨物料管理的绩效，进而改进库存管理。检查库存商品的溢余、短少、缺损情况及其原因，以利改进库存管理，例如呆账、废料多少，物料的保管与维护，物料的存货周转率等，经过盘点可以认定并加以改善。

（3）计算损益。企业的损益与物料库存有密切的关系，而物料库存金额的正确与否有赖于存量与单价的正确性。通过盘点，查明库存商品的质量、保存期和适销状况。为计算企业的损益，考核仓库管理绩效提供数据。

（4）对遗漏的订货可以迅速采取订购措施。采购部门因工作疏漏而漏下的订单，通过盘点，可以加以补救。

4. 仓库盘点的方法

按盘点商品的全面性，分为全面盘点和局部盘点两种；按盘点时间的固定性，分为定期盘点和临时盘点两种；按盘点是否到现地，分为账面盘点和现货盘点两种。常用的盘点方法主要有以下两种：

（1）月末盘点。在月末，对全部库存商品进行逐品、逐垛、逐架的清点，并与实物账核对。

（2）循环盘点法。在每天、每周，分批对部分商品进行盘点，到月末才完成全部商品的盘点，周而复始，分批循环进行盘点。其中一些重要商品可以盘点多次。

（3）月末账盘、季末实盘。在每季前两个月的月末对库存商品进行账面盘点推算月末库存，到季末才进行实地盘点。

仓库的账务与实物，一般来讲必须做到日清月结，但在大多数企业，做到每天结账的可能性很小，主要原因是单证不齐全，还有一个重要原因就是工作量太大，企业所给予的人力、物力不能完成这项繁重的工作。为尽可能做到账务与实物一致，并与财务要求保持一致，财务部一般会要求仓库每月盘点一次，以满足会计核算的要求。例如有的企业要求，每个季度财务部与仓库部、生管部会同盘点一次，并以半年度盘点和年底盘点最为重要。

理论任务3 组织仓库库存盘点

1. 协调部门配合

一个正常生产经营的企业，其物流是时刻变动的，是一个动态的指标，而企业盘点的目的，就是要查出某一个时间点的库存量，而库存量却是一个静态的指标，这就形成了一个矛盾，这就要求生产和销售部门在盘点期间暂时停止料物的收发运作，达到仓库所需要的无变动状态。所以在盘点期间，即使生产出货照常进行，也要将生产所需物料提前发放到生产线上，以达到仓库物料的静态。此时的盘点要求只局限于仓库本身，如果年底全面盘点，生产和一切物流要全部停止动作，生产线上没有完工的物料在逻辑上还要退回仓库，再进行全面的盘点。

2. 进行人员配置

仓库的盘点必须配备一定的人员，参与盘点的人员必须具备一定的识别和计量物料能力。对于盘点工作，各部门还要有相应的监督机制，除仓管员以外，其他部门的人员也必须参与盘点，比如生产部和财务部。生管部需要检查库存品名、数量，财务部不仅要对品名、数量进行监督，还要对库存的价值进行计算，各部门人员的共同参与，一定程度上还壮大了盘点人员的队伍，加速了盘点工作的进行。

3. 确定盘点时间

仓库的盘点时间一般选择在月底的最后一天，当然也会由于临时的需要进行月中盘点。选择在月底盘点的优势很多：第一，月底盘点与仓库每月结账时间保持一致，更利于查找差异，分析差异原因；第二，月底盘点与财务结账保持了数据的共享与协调，提高了数据的使用效率；第三，月底盘点为生产各项数据报表与财务月报表提供了真实、有说服力的数据；第四，月底盘点后的数据真实可靠，为下月仓库数据的准确性提供了相应的保障。

4. 做好前期准备

对盘点前的物料，仓库管理员应该提前做准备。第一，将同一类别、品名的物料放在一起，以便于盘点工作的顺利进行；第二，检查物料卡的收发结存记录，并核对实物数量。

5. 进行详细记录

盘点人员在盘点期间，必须认真核对实物的品名、数量、料号，做到准确无误，对于实物过小的原料，还要借助一定的计量工具（如电子秤、卡尺等）进行计量，进行专门的称量计算。对于贵重材料成品，还要进行重点记录，精确计量。

6. 组织复盘

根据概率论原理，同一工作失误犯第二次的可能性是很低的。在进行第一次盘点以后，有条件的企业还要对经过盘点的实物进行复盘，以提高数据的准确性，减少工作中的失误。

7. 查找差异原因

盘点结束以后，相同的品名要将账存数量与盘点数量相比较得到差异，如果差异率超过企业规定的范围，就必须对差异做出说明并进行原因分析；差异在合理的范围内，也需要分析差异原因，最后调整账务，做到账实相符。需要提示的一点就是次月的月初数应该与本月的盘点数相等，而不是与账务结存数相等，否则就会将差异数带入到下月的账务当中，盘点也自然失去了应有的意义和效果。

8. 临时事件处理办法

仓库在盘点期间，如果碰到必须的物料收发，比如急需的供应商送货，成品的入库及客户送货，通行的做法是可以将收发的单据日期推后一天（到达下一个月份），并对入库的原料进行隔离处理（不参与盘点），对出库的成品在发货前盘点（需参与盘点），目的就是在这种紧急情况发生时，避免造成账务的混乱和实物的不相符，保持账务逻辑关系的顺畅。

理论任务4　分析盘点中存在的问题

在仓库盘点的实际操作中存在着种种问题，造成盘点中存在差错。众所周知，仓库盘点要做到账账相符、账实相符，盘点中的数据不准确将直接影响到企业的正常经营。仓库盘点中常常容易出现以下问题：

1. 盘点前的问题分析

盘点前存在准备工作不足，部门间缺乏协调的问题。除了临时盘点外，每次周期性或大型盘点前都有许多准备工作要做，如库位的整理、单据的收集、账目的清查以及盘点人员的安排等，而这些基础工作却往往得不到重视。

（1）库区摆放混乱。因为盘点中除去仓管员外，还有其他相关部门人员配合，而这些人员对仓库可能并不熟悉，仓管员在码放混乱的库区中极易让其他人员晕头转向。而由于仓管员自身能力不一，造成监盘人无法盘点，仓管员有时也忙于查找物品，不仅耽误时间，还容易造成错误。

（2）单据的收集。确定盘点时间后，仓储人员未同相关人员协调好单据的截止期限，仅在盘点时将仓库单据收集起来，殊不知每张单据都会有流转的时间。例如回库、在途以及生产线上的物品等。

（3）账目的清查。不与财务事前核对相关数据，各种仓库往往都存在一些临时无单据的紧急进出货。财务以金额为依据，而仓库却是以数量为依据，这其中必然会出现一些差异，这都需要事前核对，统一起来。例如，食品等行业仓库都会有价格相同而产品不同或相反的情况，这些所谓串货常常造成盘点差异。

（4）盘点人员的安排混乱。盘点前无详细的盘点计划，人员分工混乱，这在盘点时就会出现一人身兼数职，而有些人却又无所事事的情况。有的库区早早盘完，有的却迟迟不见动静，甚至有的库区无人监盘，也容易造成漏盘和数据的不准确性。

2. 盘点中的问题分析

（1）相关部门人员的监督不力。配合盘点的相关部门人员往往认为事不关己，加上对库区不熟悉，草草走个过场。仓管员有意隐瞒或过于自信，在盘点中快速带过。

（2）临时的进出货。在盘点时尽量让仓库处在静止状态中。但在企业实际运营中必不可免地会出现临时的进出货，处理不当既影响运营又造成盘点数据错误。

（3）盘点中的数据错误。盘点时一次盘过还是会有差错，无论人员如何认真还是会出现，尤其是在交叉盘点时，易出现互盘时双方因商品不熟而错盘，甚至仓管员熟悉的库区也由于种种原因出现错盘，未能做到见物盘物。

3. 盘点后的问题分析

仓库盘点后的分析是最重要的环节。各类仓库对库存物品都会有相应允许的盘点差异，往往让盘点人员在作分析时当成救命的稻草。账实、账账差异会有多种原因，不能简单地因为差异数在允许范围内而一笔带过。企业的运营中也有一些不规范之处，造成盘点人员将差异归咎于流程或部门之间的标准上。

理论任务 5 处理盘点后的工作

盘点是一项日常工作，是账务与实物之间的一个衔接点，当发现账务与实物出现差异的时候，就要查明原因，做出处理结果，不同的差异原因得出不同的处理结果，主要的处理结果有账务调整、补充单据、盘亏赔偿损失等。

1. 制作、分送盘点表单与记账

（1）根据盘点的结果填写好盘点表，如果商品有损溢、残损、变质，还要填写商品损溢报告单、商品残损变质报告单，经过审核无误以后，由参与盘点的人员和保管员共同签名盖章。

（2）核对账与货、账与账、货与卡是否相符。

（3）将盘点表单分送财务、业务、统计部门。

（4）根据审批后的盘点表单，调整货卡、实物账。

2. 处理盘点中发现的问题

（1）对盘点结果发现盘盈、盘亏、毁损、变质、报废、久储、滞销等商品，查明原因，报业务部门处理。

（2）积极采取措施，处理过期、变质、残损、生锈的商品，尽可能减少损失。

3. 进行盘点差异因素分析

造成账实不符的原因主要有以下类型：

（1）盘点方法不当，存在漏盘、重盘和错盘情况。

（2）由于计量、检验方面的问题造成的数量或质量上的差错。

（3）由于保管不善或工作人员失职造成的物资的损坏、霉烂、变质或短缺等。

（4）因气候影响，使物资发生质变、数量减少或无法再使用。

（5）由于自然灾害造成的非常损失和非常事故发生的毁损。

（6）原始单据丢失，保存不齐全，登账不及时，有未达账项，存在计算错误、漏登、重登和错登情况。

（7）由于贪污、盗窃、徇私舞弊等造成的物资损失。

（8）由于供方装箱装桶时，在验收时无法每箱每桶进行核对，所造成的短缺或盈余。

（9）由于使用的度量衡器具有欠准确，或使用方法错误，而造成数量有差异，或由于整进零发所发生的磅差。

（10）由于用作样品，而又未开单，造成数量短缺。

理论任务 6 持续改进盘点效率

1. 每次盘点后都要问的问题

每次盘点后都要问以下问题：

（1）本次盘点最主要的问题是什么？

（2）造成这些问题的根源是什么？

（3）这些问题是否已得到彻底解决？

（4）本次盘点能给下次提供哪些经验？

（5）应怎样并于何时进行盘点规程的修改？

（6）能不能再缩短盘点时间和数值误差？

2. 盘点规章制度的调整依据

企业可以按照以下思路来调整盘点的规章制度：

（1）凡在盘存日期内法定产权属企业的一切为销售或耗用的流动资产，不论其存放在何处，都是企业的存货，都是盘点的对象。

（2）已经售出或受托代销的商品，均不属于本企业的存货，不予盘点。

（3）已约定购买但未实现物权转移，即约定所涉及的拟购商品，不属于本企业存货，均不予盘点。

（4）经售出但未运离本企业的货物（如客户已交款并开出提货单，但尚未取走的商品），不属于本企业存货，均不予盘点。

（5）已运离本企业但尚未售出的货物（如委托代销或发去参展的产品）仍属本企业存货，应予盘点。

（6）已经购买但尚未运抵本企业的货物（如各种在途原材料或商品），均属本企业存货，应予盘点。

（7）未购买但货物已放在本企业的如代销产品，不属于本企业存货，均不予盘点。

综上所述，仓储是物流的根本所在，一切物品的流转都需经过仓库，而现在各企业都强调大物流的概念，这就使得盘点工作尤其重要。盘点工作对维护企业资产存货的完整准确，及时发现问题，分析原因，处理问题，改进工作方面有着相当重要的意义，并为会计信息汇总归集的准确性提供了相应的保障，对了解企业资产状况、物流状态提供了第一资料，为公司决策机构提供了有力的信息来源。

实践任务　盘点作业

1. 盘点要做好前期准备，决定好时间并选择合适的方法，然后确定区域，分配好任务，盘点以前要做一次简单的培训，还有现场要清理，然后就是实地盘点，进入实地去盘点，一旦发现误差就要重盘，如果不是盘的问题，就要查原因，然后进行处理，最后再去追究责任。

（1）阅读理论部分任务2，画出关节词，制作关键词卡片。

（2）根据以上描述，结合资料中盘点过程的关键词，以全盘为任务背景，制作全盘流程图。

2. 分成两三人一组，去超市（或学校仓储实训室）进行实盘作业。

盘点单

盘点日期		第一盘点人		盘点单号码	
商品编号					
商品数量					
商品单价					
外观状况					
存放位置					
保质期					
盘点日期		第二盘点人		盘点单号码	
商品编号					

续表

商品数量											
商品单价											
外观状况											
存放位置											
保质期											
盘点日期		复核人				盘点单号码					
商品编号											
商品数量											
商品单价											
外观状况											
存放位置											
保质期											

初盘人　　　　　　　　复盘人　　　　　　　　复核

盘点调整表

年　　月　　日

品名	编号	单位	账面结存数	增加数	减少数	调整后结存数	调整原因说明

盘点盈亏汇总表

年　　月　　日

类别	品名及规格	单位	单价	调整后账面数量	盘点数量	盘盈		盘亏		差异原因	
						数量	金额	数量	金额	说明	对策

单元小结

在库作业管理主要包括保管、养护、库存检查与盘点,是仓储企业为实现时间价值或解决仓储货物存放在库中环境及技术等问题。仓储的商品保管业务是仓库的主要职能,是仓库管理的中心环节。为了掌握库存商品的数量和质量状况,必须对库存商品进行检查和盘点,并及时处理盘点中发现的问题。

知识问答

1. 商品堆码的基本要求是什么?堆码有哪些方法?
2. ABC 重点管理的策略是什么?
3. 仓库的 6S 现场管理的内容是什么?
4. 为什么要进行库存盘点?盘点的方法有哪些?
5. 分析仓库出现账实不符的原因有哪些。

能力拓展

1. 正确填写盘点单据,能组织盘点工作。
2. 熟练掌握货物堆码的方法,能进行简单的设计。
3. 在仓储实训室内完成在库管理相关工作任务。

课外阅读

荣庆物流:最冷的生意

建立覆盖全国的运营网点,荣庆掌握了冷链物流行业成功的重要筹码。

2003 年,做了三年多冷链货运后,荣庆物流(上海)有限公司 CEO 张卓终于等来了第一个大客户。麦当劳有一批冻牛肉需要从上海送至北京,荣庆从麦当劳第三方物流合作伙伴夏晖手中分到了部分任务。但这后来成了一桩令张卓失意的生意。几十吨牛肉送到北京后麦当劳全部拒收,理由是"温度不达标"。麦当劳要求冻牛肉全程温度必须控制在 -12~-18℃,荣庆送来的牛肉温度是 -10℃,而温差 1℃也会造成细菌快速繁殖。张卓只得自行买单。

"以前送普货即使翻了车,也能找出一部分产品有回头价值,但冷链运输温度稍有偏差,损失的可能就是整辆车的货。"荣庆配送部总监李虎说。冷链物流是指食品、药品、化妆品等对温度敏感的产品在生产、存储、运输等各环节始终处在特定低温环境下,以保证产品质量不受损耗。

麦当劳之前,荣庆冷链业务客户多是经营低端水产品的小商贩,其对温度要求不高。张卓对冷链的理解停留在"只要牛肉不化冻就可以"。这次教训让张卓意识到,要把冷链的生意做大,必须走得更"高端"一点。

如今,荣庆的客户名单中,有肯德基、哈根达斯、欧莱雅、巴斯夫、玛氏、不凡帝、PPG、上海医药等30多家大公司。张卓称，2010年荣庆总收入10亿元，其中冷链物流业务近4亿元，80%的冷链业务来自大客户。

张卓的老家山东苍山县是黄瓜、辣椒等反季节蔬菜生产基地，他的创业从贩菜开始。张卓最初和父亲张玉荣、叔叔张玉庆一起做生意，把苍山收购的蔬菜卖到上海、青岛、南京等地。蔬菜卖到外地市场后，总是空车回山东，为了减少空驶率，1994年起张卓常驻上海负责回城配载业务。

张卓在上海接单的货物很多是胶鞋、电视机等普货。贩菜风险较大，菜市行情不好时经常赔钱。普货运输利润比贩菜高，张卓于1997年注册了苍山县荣庆实业有限公司，在上海设立运营中心专注普货运输。

2000年，荣庆已经有了200多辆普货车，业务拓展到十几个城市，但张卓却发现生意越来越难做。普货运输几乎毫无门槛，只要有一辆车就能接单送货。这个市场上有太多的竞争者进入，荣庆的利润率被一再压低。张卓不得不寻找新的收入来源，他看中了门槛较高的冷链物流。

有一位北京客户曾向张卓抱怨，他有一批冷冻鸭子要从北京送到上海，运送用的是棉被车，半路发动机坏了，到上海后全车鸭子都绿了。一辆普通冷藏车售价至少在30万元以上，当时提供冷链服务的公司多使用不规范的低端车。张卓认为，只要能提供比棉被车更好的车辆就不担心没市场。

荣庆从海运公司买来一些淘汰的集装箱安在货车底板上，再配上旧的制冷机，自己组装的车成本不到10万元。海运车在生鲜市场上比较受欢迎，但服务高端客户时缺点就暴露出来了，箱体多有损伤，保温性能差，帮麦当劳送货时用的就是这种车。

麦当劳事件后，张卓开始对公司车辆进行大规模修理改造，还请专家设计了GPS温度控制系统，对车内温度进行实时监测。"温度超标很多是人为原因，驾驶员有时忘了开制冷机，或者为省油中途停掉，实时监控可以提醒驾驶员及时处理。"张卓说。

对一家没什么名气的小公司来说，即便能做好温控也很难吸引大客户的注意。张卓的机会来自一场大火。

2005年8月，蒙牛在马鞍山的冷库失火，大量货物急需调运。而蒙牛合作的物流公司运力不足，圈内的朋友向蒙牛引荐了荣庆。张卓马上从全国各地调集30多辆车赴马鞍山解围。

"做生意不能老想着眼前利益，你去帮助别人，自己也会有收获。"张卓说。危机过后，荣庆成了蒙牛的合作伙伴，还相继签下了伊利、光明几家乳业公司。

合作关系并没有持续多久。蒙牛、伊利产品运输数量多，开出的运价却不高，招标价逐年下降。而荣庆自身管理成本和油价大幅上升，合作几年后因为"无力跟进"，荣庆便退出了竞标。

终止与蒙牛的合作后，张卓重新定位了自己的理想客户：注重品牌价值、产品附加值高、温度要求严格、对运价相对不敏感。这类客户往往已经有了长期合作伙伴，通常也是TNT、DHL等大牌。但能拿到订单的企业不少本身没有冷链业务或运力不足，会把部分业务外包出去。荣庆接到这样的"二手"订单并不难。张卓以此作为切入点，与一些大客户建立了间接合作关系。

荣庆为每一个大客户都配备了专门服务团队。不凡帝、玛氏等业务份额大的客户服务团队规模近百人，团队主管一般由公司副总裁或总监担任。"如果遇到临时送货等紧急情况，团队可以自行调配公司资源帮助客户解决问题，不需要请示。"张卓说。

"荣庆准时准量送达率能达到90%以上，在物流行业中能做到85%已经相当出色。"永和大王物流部经理宣晓俊说。这很大程度上依赖于荣庆特殊的驾驶员管理制度。

"很多物流公司不赚钱，原因是管不好司机。这是一个很难管的群体，因为普遍文化素质不高，很多企业司机纪律性和服务意识很差。荣庆采用军事化管理，这对管理司机很有效。"今日资本总裁徐新说。

荣庆驾驶员几乎全部来自山东苍山，大多受训于荣庆在当地的驾校。除了掌握制冷机操作、温度检查等基本技能，每一个负责冷链业务的驾驶员还要接受应急事故处理培训，比如制冷机中途坏了怎样寻找最近的冷库。新人跟在老驾驶员身边学习一个月后，由老驾驶员打分决定能否单独出车。

出车时驾驶员需要填写行车日志，记录每一次运送过程中的燃油、车况、客户投诉等信息。驾驶员全程服务细节也有具体考核要求，比如路遇堵车提前告知客户、提货时遵守排队秩序等。客户的评价与驾驶员收入直接挂钩。

荣庆驾驶员是365天24小时轮班制，全年无休的服务也为荣庆赢得了部分客户。2008年暴风雪时，湾仔码头因合作公司驾驶员回家过年无法送货找到了荣庆。

"全心全意把每一次任务做好，即使你做得不好，人家也会给你改进机会的。"张卓说。荣庆的服务最终赢得了大客户的信任，不少客户跳过中间代理商，与荣庆建立战略合作伙伴关系。

冷藏车质量对张卓来说一直是个头疼的问题。客户投诉大多集中在车辆本身：预冷功能不佳、在途抛锚等。2008年接受今日资本2亿元注资后，荣庆更换了高性能的冷藏车，并成为奥运会冷链物流服务提供商。伴随知名度上升，一个明显转变是很多大客户开始主动送标书给荣庆。"跟玛氏建立合作后，其他做巧克力的企业也会找来。"张卓说。

食品、快消品运输占冷链物流的70%以上，但目前冷链物流收入前几名企业所占市场份额合计不超过10%。拥有国内数量最多的运营网点，被徐新视为荣庆最重要的竞争优势。国内冷链物流企业多是做专线运输。荣庆的冷链物流体系已经进入北京、广州等48个城市，拥有冷藏车500多辆，车辆空驶率不超过5%。

"冷链物流是个与人力、资金、固定资产都很密集的行业，进入门槛低，想做大很难。轻资产是不灵的，重型物流结构中最值钱的就是全国的网络系统。"徐新说。

2005年起张卓就开始布局冷链网点。这是个大投入的工程，除了要有足够数量的冷藏车，还要在当地租冷库，建修理厂，北京、广州等大城市要派驻上百名工作人员。保证平台运转高效，需要足够的业务量做支撑，各网点都有销售人员负责当地业务拓展。"大客户很多业务分布在各地，也会向二三级城市拓展。网点建设是跟着客户需要走，不冒进就没有风险。"张卓说。

竞争的下一个层级全产业链建设对荣庆来说更具挑战性。一个万吨级别的冷库需要上亿元的投入。荣庆今年在上海已经建成一家1万多平方米的冷库，但这样的扩张速度显然不够快。

张卓计划在各个重要网点都修建冷库。

荣庆如何做大

提高服务水平，解决冷藏车性能问题；

只做大客户，尤其是行业风向标的大客户，引领更多客户；

有效管理驾驶员，是节省成本的关键点；

快速扩大运营网点。

（摘自：《荣庆物流：最冷的生意》，http://www.chinawuliu.com.cn/xsyj/201110/19/169732.shtml）

单元六　仓储出库作业管理

通过本单元的学习，学生应熟悉仓储出库作业流程，准确、及时地办理货物的出库业务及交接手续；熟练掌握常见的出库拣选、复核及组配的方法；认真做好货物出库后的退货处理，并能从仓储成本管理和经济效益的角度进行作业分析。

（1）物流仓储的出库准备。
（2）物流仓储的出库业务处理。
（3）物流仓储的退货业务处理。
（4）仓储成本管理及经济效益分析。

技能点

（1）掌握物流企业仓储出库业务流程并完成相关工作任务。
（2）熟悉物流企业仓储出库作业管理要求。
（3）具有团队合作精神和协调人际关系的能力。培养团队协作能力；具备仓储配送从业素质。

项目一　出库准备

【案例6-1】

啤酒仓库的出库规程

啤酒仓库出库环节做了详细的工作安排，具体有以下规程：
（1）发货以先进先出为原则，未经核准的单据不得发货出库。
（2）成品出库必须遵循审单、配备、点数、复核、门卫登记等手续，杜绝产品误配、误发、多发、漏发的情况发生。
（3）仓库管理员以排货计划对照系统相应订单打印出货单，交货单必须有完整的产品数量、对应批号、客户资料等信息，有序组织配货、发货、核单、装车；电梯、铲车等相关工作人员必须全力配合，服从和安排调度；叉车司机凭单配货、点数，每单完成后在交货单相应处签名确认。
（4）运输车辆到厂时，当班仓管组织人员装车、复核数量并核对所发产品的生产批号，确认无误后在交货单相应处签名确认，同时要求承运商在交货单相应位置签名，成品出货负责人核对无误后签名放行当批产品。

（5）啤酒成品仓库管理员在成品出库的后，再系统内及时做出库处理。

（6）特别针对压库后的首个发货月及销售旺季，仓库全力确保产品的及时装车发出工作，及时对到厂装货车辆进行合理车位安排，及时分派人员落实跟单装车，及时与计划、调度部门联络反应异常情况。

（7）装货过程中注意人员、车辆、产品的安全，遵章作业，杜绝野蛮装卸。

（摘自：《啤酒仓库仓储管理，啤酒的仓储环境要求，啤酒仓库的管理原则，啤酒仓库的管理细则等》，http://www.iepgf.cn/forum.php?mod=viewthread&tid=345211&highlight=%C6%A1%BE%C6）

思考与互动：

1. 简述啤酒出库的作业环节。

2. 思考在啤酒出库前应做哪些准备工作。

仓库根据存货单位开出的货物出库凭证（提货单、调拨单），按其所列货物编号、名称、规格、型号和数量等项目组织货物出库，向提货单位发货等一系列工作就是货物出库业务。出库业务主要包含三个环节：首先是出库准备，其次是对出库作业处理，最后是向提货单位发货。出库后的货物一旦出现退货，就进行退货处理。

为使出库作业顺利进行，在出库作业前需要进行充分的准备工作。做好出库准备包括制订出库计划和进行出库准备两项任务。

理论任务 1　制订出库计划

货物出库的主要任务如下：必须准确、及时、保质保量地发货给收货单位；要求包装完整牢固，标识正确清楚。仓储企业应依据仓储合同约定的储存截止时间，主动与货主建立联系，及时掌握其实际提货信息，依照出库要求，科学合理地安排人力、物力，以顺利完成出库作业。

1. **熟悉货物出库流程**

为保证做好出库准备，首先得明确出库业务流程。货物出库是仓储业务过程的最后阶段，货物出库主要流程如图6-1所示。

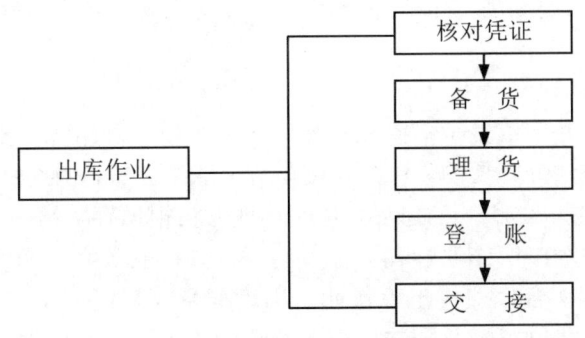

图6-1　货物出库流程

2. 了解出库基本要求

（1）严格贯彻"先进先出，推陈出新"的原则。为确保货物出库后的质量，仓储部门贯彻"先进先出，推陈出新"的原则，先入库的货物先出库，接近失效期的货物先出库，易霉易腐、机能退化或老化的物资先出库，而变质失效的货物不准出库。

（2）出库凭证和手续必须符合要求。出库凭证的格式虽不尽相同，但出库凭证必须真实、有效。对于不符合要求的出库凭证，仓库不得擅自发货。特殊情况发货必须符合仓库有关规定，出库手续必须符合要求。

（3）严格遵守出库规章制度。发出货物必须与提货单、领料单或调拨通知单上所列的名称、规格、型号、单价和数量相符合；质量有问题的货物不得发放出库；货物出库检验应与入库检验的方法保持一致，避免人为的库存盈亏；超过提货单有效期尚未办理提货手续的，不得发货。

（4）贯彻"三不""三核""五检查"的原则。"三不"，即未接单据不翻账、未经审单不备货、未经复核不出库；"三核"，即在发货时，要核实凭证、核对账卡、核对实物；"五检查"，即对单据和实物要进行品名检查、规格检查、包装检查、件数检查、重量检查。通过这些提高服务品质，满足客户需求。

货物出库要求做到及时、准确、保值、保量，防止差错事故的发生。提高作业效率，出库工作任务尽量一次完成。协助解决实际问题，方便客户提货。

3. 确定货物出库的方式

（1）代办托运。仓库接受客户委托，根据客户的出库凭证办理出库手续，然后再通过运输部门把货物发运到客户指定的地方。代办托运是仓库推行优质服务的措施之一。其特点为代办代提、整批发出，与承运部门直接办理货物交接手续。适用于大宗、长距离的货物运输。

（2）送货上门。仓库直接把出库凭证所开列的货物送到收货单位所指定的地方，运送到收货单位办理交接手续。

（3）客户自提。收货单位或受收货单位委托，持货主所开出库凭证并自备运输工具到仓库直接提货。仓库根据出库凭证发货，交接手续应在仓库内当面点交划清货物的责任，当即办理完毕。

（4）过户、转仓和取样。过户是一种就地划拨的形式。物资虽未出库，但所有权已从原有货主转移到新的货主。转仓指货主单位为了业务方便或改变物资储存条件，需要将某批库存商品从甲仓库转移到乙仓库。取样是货主单位根据对货物质量检验、样品陈列等的需要，到仓库领取货样的一种方式。仓库必须根据正式过户、转仓或取样凭证才能完成对应手续，并做好账务记录。

4. 制订出库作业计划

出库作业工作量大，细致复杂，事先对出库作业加以合理组织，安排好作业人员和设备，保证各环节紧密衔接是十分必要的。仓管人员与货主联络完毕，明确具体的出库提货时间、提货方式、提货数量、重量、体积等信息后，仓库管理人员根据存货情况、仓库人力、设备情况，制订出库计划。保证整个出库作业顺利进行，同时提高作业效率，降低作业成本。

根据出库作业流程，合理安排出库作业。出库准备计划包括妥善安排出库作业人员，准备包装材料，安排出库货物组配及分装，准备相应的工具设备、单据及装卸搬运工艺等。

理论任务 2　进行出库准备

依据出库作业计划，实施出库前的准备工作。主要内容如图 6-2 所示。

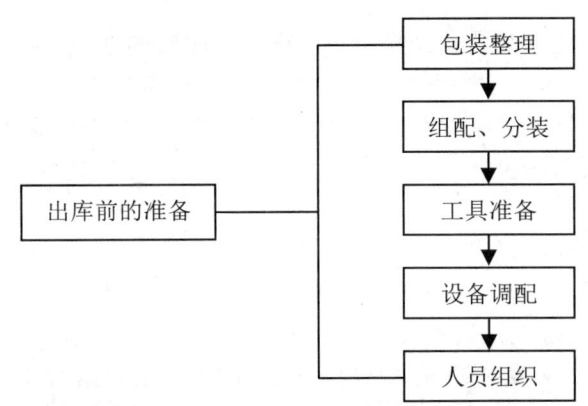

图 6-2　出库前的准备工作

（1）货物原件的包装整理。货物经多次装卸、堆码、拆检，易使包装受损。仓库须视情况事先进行整理、加固或改换包装，以适宜运输要求。

（2）零星货物的组配、分装。根据货主需要，有些货物需要拆零后出库，仓库应做好准备，以免因临时拆零而延误发货；有些货物则需要进行拼箱，出库前应做好挑选、分类、整理和配套等准备工作。

（3）包装材料、工具、用品的准备。对从事装、拼箱或改装业务的仓库，在发货前应根据性质和运输部门的要求，准备各种包装材料及相应的衬垫物，以及刷写包装标志的用具、标签、颜料和钉箱、打包等工具。

（4）待运货物的仓容及装卸机具的安排调配。商品出库时，应留出必要的理货场地，并准备必要的装卸搬运设备，以便运输人员及时装载货物，加快发送速度。

（5）发货作业的合理组织。发货作业是一项涉及人员较多，处理时间较紧，工作量较大的工作，进行合理的人员组织和机械协调安排是完成发货的必要保证。

实践任务　出库准备

1．阅读以下资料，了解 A 公司出库的工作程序。

A 公司旗下现有九家分公司（酒类销售分公司、食品销售分公司、日化销售分公司、安雀销售分公司、第一销售分公司、第二销售分公司、第三销售分公司、第四销售分公司、第五销售分公司），经营品种总数 6800 余个，其中 30 余个国家内外名优品牌 800 余个品种为总经销、销售网络覆盖了 5000 余个繁华街区的大中型零售企业，2600 余个人口稠密社区的小店铺。辐射到华北、华中、东北、西北四个地区 30 余个城市的 80 余家大型零售、批发企业。该公司出库前需要处理的业务如下：

（1）数据收发。每天票务室的第一项工作就是收发当天出库的相关数据：首先打开相应系统的"数据发送准备"——用来生成要发送的数据，紧接着打开"数据接收发送"——进行数据的接收与发送，最后打开"数据接收处理"用来转换接收过来的数据。

数据接收发送只能在指定的收发机上进行,其他计算机不得做收发;不同的系统有各自的收发机,不得混收、混发;每日14:00停止票据的接收,并与各营运部、子公司核对库存和收发日志,如有14:00后接收的票据视同次日的票据,如有需要次日送货的急活,要经总监同意才能办理。

(2)出库票打印。接收、处理完数据,紧接着要进行出库票的打印。打票要求在内部系统打。打印时要注意不要漏打和多打;在重复打印时要注意所打印的票据的条数和票号。

(3)撕票盖章核对订单。打印完出库票,紧接着就是对票据的处理,撕票、盖章和核对订单。盖章注意不要漏盖,核对订单要核对订单与出库票的客户和订单是否一致,按要求复印订单或出库票。

(4)出库定位。对货物进行出库定位,一般大批量货物进行自动定位出库。

(5)提配单的打印、派发。定位后记录生成的提单批次,接着进行提配单的打印,并事先通知收货组人员,核对打印页号无误后派发到各个库区。

在生成一般补货单后要等到接收并处理完拆零系统回传的补货数据后才能定位,否则可能会再次生成紧急补货单,使拆零商品重复补货直接超过拆零库存上限。每次定位后如生成紧急补货单,要及时给拆零系统发送紧急补货单数据。

(6)排车。14:00结票后,把所有的票据整理好给调度分车(按地区和载重量把票据排车),排好后再把车给票务室进行手工录入系统排车,打印出路单,把路单夹在车上。

剔票须经调度同意,剔后要加总件数和金额;二次排车能在路单确认中撤销重排的一定要重排,如不能撤销须填写补单。

(7)司机领票装车、送货。票务室排完车,司机领票装车,然后送货。

司机领票。每日要求司机本人要到调度室领票,在这过程中,需注意对照路单检查各种票据是否齐全,查看备注,并要注意路单上的车牌号是否与本人所开车辆的车牌号一致,这是开始送货的第一项任务。

备货装车。司机和车组人员每天要到配货区提前把次日所送门店的货物提前装好车备好货,这是一个长期的必须执行的硬性工作,在备货装车过程中,要求司机保管好车钥匙,严禁非司机自行挪车,挪车司机必须按规定挪车,做到停车入位,不得擅自脱岗、离岗。

2. 分析A公司出库准备需要涉及哪些方面。

项目二 备货出库

【案例6-2】

冷链仓库进出库管理规定

一、总则

冷库是食品冷藏加工企业的主要组成部分,担负着易腐食品储藏任务。

冷库结构复杂,技术性强,冷库的使用、维修、管理,必须严格按照科学办事,认真执行国家颁布的有关标准和法规,做到安全、卫生、低消耗,特制订冷链仓库管理制度。

二、管理员职责

(1)指导成品保管工作。做好各类物品的进、出库管理工作,确保仓库内各类物品账卡、账实相符。

（2）每月做到盘存清点一次。
（3）及时、准确地向部门统计提交当日出入库数据，并负责与生产部门的成品交接。
（4）负责仓库批次管理，并将记录数据填入相关表格中，月底上交物流办公室存档。
（5）及时向主管提供库板翻晒及冷库冲霜计划。
（6）配合主管做好冷库产品的抽查工作，若产品产生质变则需及时通知主管部门。

三、产品入库

1. 产品召回入库

（1）销售部出具经主管确认的退回产品清单交冷库库管；入库完毕后冷库库管开具产品入库单并在备注栏中记载"销售退货"。
（2）冷库库管按品控部出具的品质结论确定存储地点后开具入库码单，并对回收产品进行清点和隔离（包括在库的关联产品），分库储存，填写库存卡。

2. 生产或返箱入库

（1）生产部门凭与物流部共同确认的产品入库码单及待入产品通知冷库库管。
（2）冷库库管清点待入库品种及数量，将产品入库后在产品入库码单上签字并填写库存卡。
（3）冷库库管凭签字后的产品入库码单的品种及数量开具产品入库单并登手工账（一式三联，一联留存，一联交生产部，一联交物流部办公室登电脑账后交财务）。

3. 外来产品入库

（1）根据生产情况或销售情况购买回的产品，由品控部检验后方可入库。
（2）冷库库管根据货物的特性合理安排库位摆放。
（3）货物入库后填写库存卡，通知生产或销售部门及时对外来的货物进行处理。

四、产品出库

1. 销售出库

（1）销售部持待发货物销货通知单及财务开具的产品出库凭证交冷库库管。
（2）冷库库管核对待发产品所在仓库后开具发货清单（产品出库码单）。

2. 返箱出库

（1）对需要返箱的产品，冷库库管按销售订单的数量确定需返箱的产品后开具产品出库码单并由生产部签字后登好手工账（开三联单，一联留存，一联交打包车间，一联交物流部办公室登电脑账后交财务）。
（2）冷库库管通知品控部门派人抽查货物以确定其品质。
（3）冷库库管按开具的产品出库码单出货填写库存卡。

3. 抽样出库

（1）品控部抽样人员凭品控部经理或主管领导签字的抽检通知单仓库联和财务联交仓库库管抽样。
（2）冷库库管按单上所开列的品名及规格发货并填写库存卡。

4. 残次品处理出库

（1）物流部会同品控部提出残次品处理意见报行政总经理审批。
（2）按行政总经理批示意见由公司各部门协同处理。

五、注意事项

（1）记账要字迹清楚，日清月结不积压，托收、月报及时。

（2）允许范围内的误差、合理的自然损耗所引起的盘盈盘亏，每月都可以上报，以便做到账、卡、物、资金四一致。

（3）创造五好冷库（安全、优质、方便、多储、低耗）是每个保管员努力的方向，每月对冷库进行一次检查，以促进创五好冷库的开展。

（4）保管员调动工作，一定要办理交接手续，移交中的未了事宜及有关凭证，要列出清单三份，写明情况，双方签字，需领导见证，双方各执一份，报人事存档一份，事后发生纠葛，仍由原移交人负责赔偿。对失职造成的亏损，除原价赔偿外，还要给纪律处分。

（摘自：《冷链仓库管理制度，产品进出库规定，冷库管理注意事项》http://www.iepgf.cn/forum.php?mod=viewthread&tid=377594&highlight=%B3%F6% BF%E2）

思考与互动：

1．冷库入库类型有哪些？

2．冷库出库类型有哪些？

理论任务1　出库作业流程

1．核对凭证

仓库发放货物必须有正式的出库凭证。出库凭证包括：收货单位名称、发货方式、货物明细（名称、规格、数量、单价、总价、用途或出库原因）、出库单编号、付款方式、银行账号及有关部门和人员签章。

仓库接到出库凭证后，由业务部门审核单证上的印签是否齐全并符合要求，有无涂改。审核无误后，按照出库单证上所列的货物品名规格、数量与仓库料账进行核对。无误后，在料账上填写预拨数，再将出库凭证移交给仓库保管人员，保管员复核账卡无误后，即可做货物出库的准备工作，包括准备随货出库的货物技术证件、合格证、使用说明书、质量检验证书等。

在证件核对中，凡有物资名称、规格型号不对、印签不全、数量有涂改、手续不符合要求的，均不能出库。

2．备货

保管员对商品会计转来的货物出库凭证复核无误后，方可按照出库凭证上的要求进行分拣备货。出库物品应附有质量证明书或副本、磅码单、装箱单等，机电设备、电子产品等物品，其说明书及合格证应随货同付。备料时应本着"先进先出、推陈储新"的原则，易霉易坏的先出，接近失效期的先出。

备货过程中，凡计重货物，一般以入库验收时标明的重量为准，不再重新计重。需分割或拆捆的应根据情况进行。

按其所列项目内容和凭证上的批注，与编号的货位对货，核实后进行配货。

（1）理单。根据出库单的货位，按顺序排列出库单，以便迅速找位付货。

（2）点数。备货时要仔细点清应付的数量，防止差错。

（3）销卡。货卡通常悬挂在货垛上，也有集中保管的，货物出库时应先销卡后付货。

（4）核对。按照货位找到应付货物时，进行单、卡、货三核对，要"以单对卡，以卡对货"。

（5）批注地区代号。在多批货物同时发货需要理货时，保管员在货物的外包装上还必须批注地区代号，以方便下道作业环节。

（6）签单。应付货物按单付讫后，保管员逐笔在出库凭证上签名和批注结存数，前者以明责任，后者供账务员登账时进行账目实数的核对。

3．理货

理货是针对实行送货制的出库货物，将货物按地区代号搬运到备货区号，再进行核对、置唛、复核和装车待运等。

（1）核对。理货员根据货物场地的大小、车辆到库的班次，对到场货物按照车辆配载、地区到站编配分堆，然后对场地分堆的货物进行单货核对，核对工作必须逐车、逐批地进行，以确保单货数量、品类、去向完全相符。

（2）置唛。搞好理货工作，必须准确置唛。实行送货制的出库货物，理货员必须在应发货物的外包装上刷置"收货单位"简称。置唛应在货物外包装两头，字迹清楚，不错不漏；复用旧包装，必须刷除原有标志；如系粘贴标签，必须粘贴牢固，便于收货方收转。

（3）复核。货物备好后，为了避免和防止备货过程中出现差错，工作人员应按照出库凭证上所列的内容逐项进行复核。核查内容如下：

1）怕震、怕潮等物资，衬垫是否稳妥，密封是否严密。

2）每件包装内是否有装箱单，装箱单上所列项目是否和实物、凭证等相符合。

3）收货人、到站、箱号、危险品或防震防潮等标志是否正确、明显。

4）能否承受装载货物的重量，能否保障物资的完整性，在物资运输装卸中不致破损。

5）是否便于装卸搬运作业。

出库复核可以采用保管员自行复核、保管员相互复核、设专职出库复核员复核或由其他人员复核等形式。

如经反复核对确实不符时，应立即调换，并将原错备物品上刷的标记除掉，退回原库房；复核结余物品数量或重量与保管账目商品保管卡片结余数不符应立即查明原因，及时更正。

（4）装车待运。车辆到库装载待运货物时，理货员要亲自在现场监督装载全过程。要逐批装车，防止错装、漏装，对于实际装车件数，必须与随车人员一起点交清楚，再将送货通知单和随货同行单证交付随车人员。

4．登账

仓库发货业务中，有先登账后付货和先付货后登账两种做法。

（1）先登账后付货。先登账后付货，核单和登账由账务员一次连续完成。这种方法为后续保管员的付货工作，起到预先把关作用。根据出库单登账时，账务员必须认真核单，根据货账在出库单上批注账面结存数，便于保管员付货后核对余数；对于移动货位货物，需更正货位，方便保管员按位找货。

（2）先付货后登账。先付货后登账，在保管员付货后，还要经过复核、放行才能登账。按照日账日清的原则，账务员在登账时，逐单核对保管员批注的结存数，如与账面结存数不符时，应立即通知保管员，直至查明原因。发现回笼单证中有关人员未曾签章的，应将原单退回补办签章手续，再作账务记载。虽然保管员付货之前缺少预先把关的机会，但这种方法对于发货频繁、出库单较多的仓库，可以缩短客户提货等候时间，充分发挥运输能力，提高服务质量。

5. 交接清点

备货出库货物，经过全面复核查对无误之后，即可办理清点交接手续。

如果是用户自提方式，即将货物和证件向提货人当面点清，办理交接手续。

如果是代运方式，应办理内部交接手续，即由货物保管人员向运输人员或包装部门的人员点清交接，由接收人签章，以划清责任。

如果是专用线装车，运输人员应于装车后检查装车质量，向车站监装人员交接手续。

6. 清理现场和档案

经过出库的一系列工作程序之后，实物、账目和库存档案等都发生了变化。应按下列几项工作彻底清理，使保管工作重新趋于账、物、资金相符的状态。

（1）按出库单，核对结存数。

（2）如果该批货物全部出库，应查实损耗数量，在规定损耗范围内的进行核销，超过损耗范围的查明原因，进行处理。

（3）一批货物全部出库后，可根据该批货物入出库的情况、采用的保管方法和损耗数量，总结保管经验。

（4）清理现场，收集苫垫材料，妥善保管，以待再用。

在整个出库业务程序过程中，复核和点交是两个最为关键的环节。复核是防止差错的重要和必不可少的措施，而点交则是划清仓库和提货方两者责任的必要手段。

理论任务 2　处理商品出库问题

1. 出库凭证（提货单）异常

（1）凡出库凭证超过提货期限，用户前来提货，必须先办理手续，按规定缴足逾期仓储保管费后方可发货。任何非正式凭证都不能作为发货凭证。提货时，用户发现规格开错，保管员不得自行调换规格发货。

（2）凡发现出库凭证有疑点，以及出库凭证发现有假冒、复制和涂改等情况时，应及时与仓库保卫部门以及出具出库单的单位或部门联系，妥善处理。

（3）货物进库未验收，或者期货未进库的出库凭证，一般暂缓发货，并通知货主，待货到并验收后再发货，提货期顺延。

（4）如果发现出库凭证规格开错或印鉴不符时，保管员不得调换规格发货，必须通过制票员开票方可重新发货。

（5）如客户因各种原因将出库凭证遗失，客户应及时与仓库发货员和账务人员联系挂失；如果挂失时货已被提走，保管人员不承担责任，但要协助货主单位找回商品；如果货还没有提走，经保管人员和账务人员查实后，做好挂失登记将原凭证作废，缓期发货。保管员必须时刻警惕，如再有人持作废凭证要求发货，应立即与保卫部门联系处理。

2. 提货数与实存数不符

若出现提货数量与物资实存数不符的情况，一般是实存数小于提货数。造成这种问题的原因主要有以下几种。

（1）如属于入库时记错账，则可以采用"报出报入"方法进行调整。

（2）如属于仓库保管员串发、错发而引起的问题，应由仓库方面负责解决库存数与提货数间的差数。

（3）如属于货主单位漏记账而多开提货数，应由货主单位出具新的提货单，重新组织提货和发货。

如果是仓储过程中的损耗，需要考虑该损耗是否在合理的范围内，并与货主单位协商解决。合理范围内的损耗，应由货主单位承担，而超过合理范围的损耗，则由仓储部门负责赔偿。

当遇到提货数量大于实际物资库存数量时，无论是何种原因造成的，都需要在和仓库主管部门以及货主单位及时取得联系后再作处理。

3. 串发货和错发货

串发货和错发货主要是指发货人员由于对货物种类规格熟悉度不够，或者由于工作中的疏漏，把错误规格、数量的货物发出库的情况。

如果货物尚未离库，应立即组织人力，重新发货。如果货物已经离开仓库，保管人员应及时向主管部门和货主通报串发货和错发货的品名、规格、数量、提货单位等情况，会同货主单位和运输单位共同协商解决。一般在无直接经济损失的情况下，由货主单位重新按实际发货数冲单（票）解决。如果已形成直接经济损失，应按赔偿损失单据冲转调整保管账。

4. 出库后异常问题的处理

（1）在发货出库后，若有用户反映规格混串、数量不符等问题，如确属保管员发货差错，应予纠正、致歉；如不属保管员差错，应耐心向用户解释清楚，请用户另行查找原因。

（2）凡属用户原因，型号规格开错，制票员同意退货，保管员应按入库验收程序重新验收入库。如属包装或产品损坏，保管员不予退货。待修好后，按有关入库质量要求重新入库。

（3）凡属产品的内在质量问题，用户要求退货和换货，应由质检部门出具检查证明、试验记录，经物资主管部门同意，方可退货或换货。

（4）退货或换货产品必须达到验收入库的标准，否则不能入库。

（5）物资出库后，保管员发现账实不符，是多发或错发的要派专人及时查找追回以减少损失，不可久拖不决。

（6）代运货物发出后，收货单位提出数量不符时，属于重量短少而包装完好且件数不缺的，应由仓库保管机构负责处理；属于件数短少的，应由运输机构负责处理。若发出的货物品种、规格、型号不符，由保管机构负责处理。若发出货物损坏，应根据承运人出具的证明，分别由保管及运输机构处理。

实践任务　出库单据

在不同的单位中，会采用自提和送货这两种不同的出库方式，而不同的单位在不同的出库方式条件下，单证流转与账务处理的程序都会有所不同。

1. 出库单据

熟悉出库单据，两人一组相互表述。

（1）提货单。提货单是向仓库提取货物的正式凭证。提货单见表6-1。

（2）出库单。一般作为销售或第三方物流仓库货物出库的凭证。出库单的样式见表6-2。出库单主要包含以下项目：发货单位、发货时间、出库品种、出库数量、金额、出库方式选择、运费结算方式、提货人签字、仓库主管签字等。

表6-1 提货单

提货单位：　　　　　　　　　　　　　　　　　　　　　　　　年　月　日

名称	规格	单位	数量	单价	金额	备注

金额（大写）　佰　拾　万　佰　拾　元　角　分

负责人：　　　　会计：　　　　记账：　　　　出纳：　　　　制票：

表6-2 出库单

客户名称：　　　　　　　　　　　　　　　　储存凭证号码：
发货仓库：　　　　　　　　　　　　　　　　仓库地址：
发货日期：

货号、品名、规格及牌号	国别及产地	包装及件数	单位	数量	单价	总价	金额

危险品标志章及备注	运费		包装押金	
	金额（大写）　佰　拾　万　仟　佰　拾　元　角　分			

审核　　　　　　　　　　　　　　　　　　　　　　　　制单

出库单通常一式4份，第一联存根，第二联仓库留存，第三联财务核算，第四联提货人留存。

2. 提货单流转程序

提货方式下的提货单流转程序如图 6-3 所示。

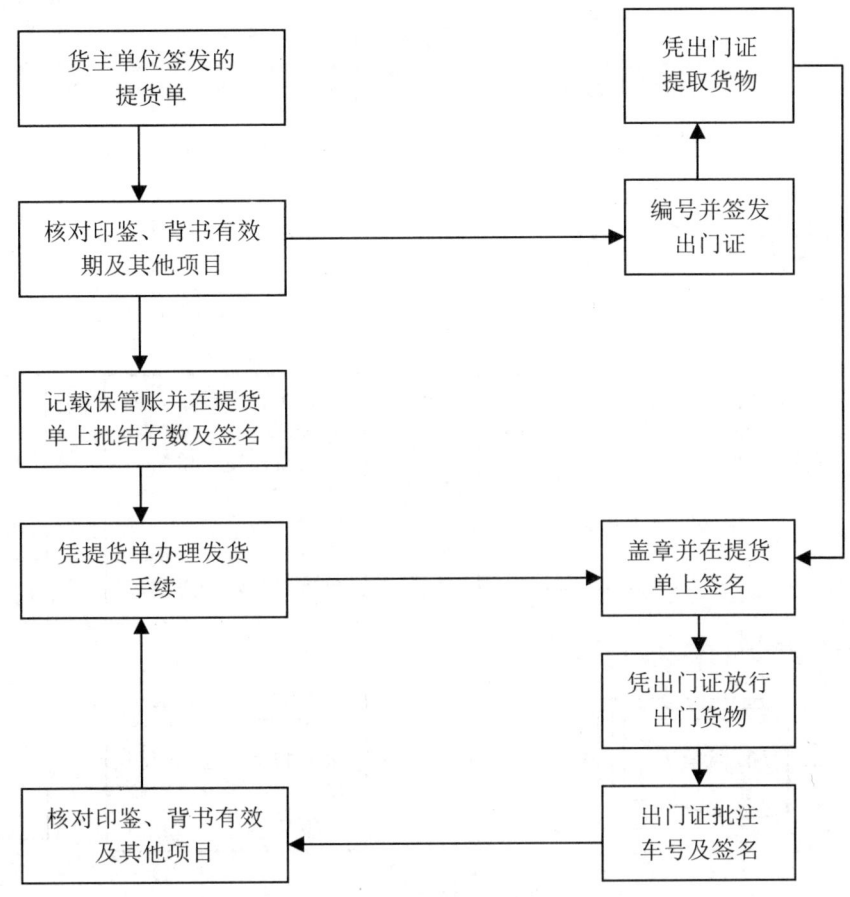

图 6-3 提货单流转程序

学习以上流程图，对以下表述进行排序，序号写在每条表述的括号里。

出门证的一联交给提货人，管理人员根据另一联和提货单在物资明细账出库记录栏内登账并在提货单上签名，批注出仓吨数和结存吨数，将提货单交给保管员发货。（　　）

提货人凭出门证提货出门，并将出门证交给门卫。门卫应在每天下班前将出门证交回账务人员，账务人员凭此证与已经回笼的提货单号码和所编代号逐一核对。如果发现提货单或出门证短少应该立即追查，不得拖延。（　　）

提货人凭出门证向发货员领取所提商品，待货付讫，保管员应盖付讫章和签名，并将提货单返回给账务人员。（　　）

自提是仓库在收到提货单后，经审核无误后向提货人开具物资出门证，出门证上应列明每张提货单的编号。（　　）

3. 出库单的流转程序

出库单的流转程序，如图 6-4 所示。

仓储作业管理

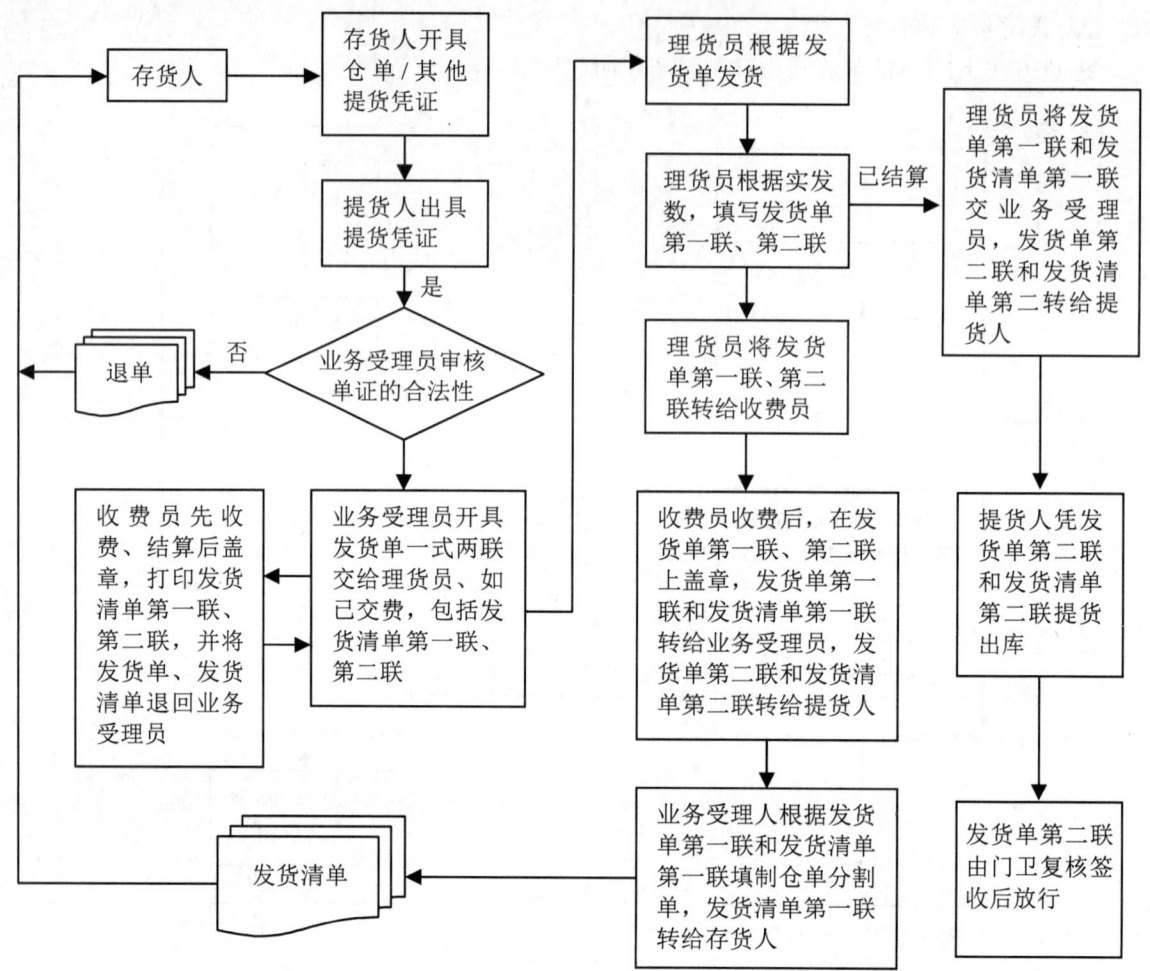

图 6-4　出库单流转程序

学习以上流程图，对以下表述进行排序，序号写在每条表述的括号里。

复核员根据发货单证，现场核对凭证号、实发数量、规格型号、储存货位、存货数量等，确认无误后签字，将所有单证返交保管员。（　　）

业务受理员根据发货单和作业通知单，将发货单和货物档案（即货物资料）转给保管员，到现场备货。（　　）

保管员根据发货单和货物档案核对物资，并与作业班组或计量员等联系，现场备货，核对无误、手续完备后装车发货，并与提货人清点交接。按照实发数量及有关内容填写发货单，转复核员进行实物复核。（　　）

业务受理员对保管员和收费员返回的发货单第一联和发货清单第一联审核无误后，发货单第一联归档留存。根据实发数量填写仓单分割单，发货清单第一联经签字、盖章后返给存货人。（　　）

保管员在复核后的发货单诸联上加盖"发货专用章"，并将发货情况录入计算机中。已办理结算和交费（即发货单上有费用收记章）的，保管员将发货单第二联（出门证）、发货清单第二联（随货同行）交提货人作为出库凭证。发货单第一联、发货清单第一联及货物档案转交业务受理员存档。未办理结算和交费的，保管员将发货单第一联、第二联及货物资料返给收费员。收费员结算、收费、盖章，打印发货清单第一联、第二联后，将发货单第二联（出门证）、发货清单第二联及随货资料等交提货人出库，将发货单第一联、发货清单第一联及货物档案返回业务受理员。（　　）

项目三　处理退货

【案例6-3】

仓库的黑洞——退货管理

某制造企业仓储部王经理在一次访谈中说道："客户退货一直是一个令人头疼的问题。"

在仓库里打包完成，准备出库的货物都是包装完整，堆放整齐的。可是货物一旦被客户给退回到仓库时，原本的包装几乎都破损了，里面的货物也是破破烂烂的。

退货品是非常不受人待见的，收到这些货后如何处理等都是让人烦恼的问题。不管是什么原因造成的退货，对于供应链来说就是一大堆麻烦事要接踵而来。

首先，要查成品库存，看看是否需要补货，保障客户的生产不会受影响。

其次，如果是因为产品包装的原因引起的退货，就需要处理更多的事情。

客户的整改报告是逃不掉的，每次都要整理数据，找出各种合理的原因来解释情况。

碰到强势客户，还要随时准备好去汇报工作。

退货品在被返回后又可能出现以下诸多情况：

1. 包装破损严重

原有的产品包装很有可能已经被客户扔了，他会随便找个纸箱来对退货品进行打包。

如果在物流或快递运输过程中再遇到一些简单粗暴的操作，那么退货品回到厂内的时候已经要变成"垃圾"了。

2. 没有统一的收货人

如果是因为产品包装问题的退货，就可能写物流部发货人的名字。

如果是质量问题的退货，客户往往会写质量三包负责人的名字。

如果相关的负责人员碰巧出差或休假了，退货品到了后就可能没人来处理。

3. 无固定收货区域

退货如果是用物流运输车辆带回来的，可能就会卸在仓库收货区。

如果是用快递寄回的，很可能就会被放在工厂大门保安处。

收货人为了要找某一批退货可能要寻遍全厂。

4. 工厂内部处理流程缓慢，相互推诿

（1）退货产品是否可以返工后继续使用？

（2）由谁来确认返工品可以再次发货给客户？

（3）由谁来提交偏差使用申请？

（4）如果退货品的最终处理意见是报废，那么这笔费用该归到工厂哪个部门的账上？

（5）是否要向企业外部的原材料供应商或者运输公司进行索赔？

以上诸多问题，使得处理退货的工作成了企业内部人人趋避不及的一个区域。

由于缺少其他部门的配合，负责处理退货的员工工作积极性也普遍不高。

退货品如果刚回到工厂，经过挑选，测试合格后还可能有部分产品是可以用的。但是如果没有及时进行处置，退货品就会被人遗忘，时间过得久了，产品就彻底失去了使用价值，变成了真正的废品。

如何有效地管理退货品的逆向物流？让这块被忽视的库存再次发挥它应有的价值。

（摘自：《仓库的黑洞——退货管理》，http://www.iepgf.cn/forum.php?mod=viewthread&tid=377406&highlight=%CD%CB%BB%F5）

思考与互动：

1. 退货是否还可以继续使用？

2. 退货品需要经过哪些检验程序？

3. 在退货的过程中究竟会发生什么事情？

退货作业属于逆向物流。作业对象包含来自客户的包装物、不合格品和可回收利用的物质。退货作业可以简单概括为从客户手中回收用过的、过时的或者损坏的商品和包装开始，直至最终处理环节的过程。在仓储实务中，返品就是仓储中心按订单或合同将货物发出后，由于某种原因，客户退回仓库的货物。

可以说，退货处理是对产品和货物的完整、有效和高效利用过程的协调。在仓储中心，退货一般分成两种情况：客户退货给中心和中心退货给供应商。

理论任务1　分析退货原因

客户退货可根据退货原因不同在包装箱上做不同的退货标记。客户的退货原因主要有以下四种：

（1）供应商在促销期间的代销货物，在促销期结束后未出售的货物可退给供应商。
（2）货物过期或破损无法继续销售。
（3）货物存在质量问题无法销售。
（4）客户订货过量，短期销售不出去。货物退回到仓库，可以继续配给其他客户。

理论任务2　处理退货

退货处理流程如图6-5所示。

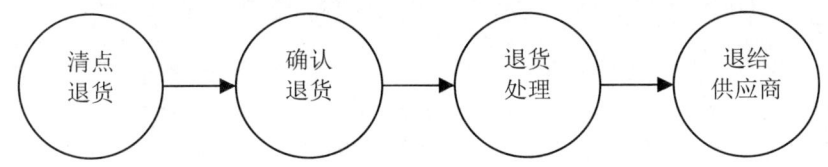

图 6-5　退货处理流程

仓储中心对于客户的退货处理流程如下：

1. 清点退货

退货部根据退货清单清点客户退货数量，出现实际数量与退货单上的退货数量出现差异时以实际数量为准。

2. 确认退货

在系统中确认所有退货，将客户退货库存转到 WMS 系统中不可用库存。

3. 退货处理

（1）订货过量的退货。对客户订货过量，短期销售不出去的退货可由退货库存调整成可用库存继续销售。将未出售的代销品退货重新包装准备退给供应商。

（2）质量问题的退货。对因质量问题的退货由质量控制主管查看、检验、定性。如属于采购合同中质量问题范畴之列的情况，质量部将定性为质量问题，货物继续放在退货区，质量部通知供应商提取退货。如不属于质量问题，质量部如认为可以继续销售，则退给客户继续销售，反之则视同于无法继续销售的退货。

（3）无法继续销售的退货。货物过期或破损无法继续销售的退货按照采购部与供应商签订的退货条款操作。可以退货的货物继续留在退货区等待供应商退货，不可退货的货物则由不可用库存转移到报废状态，并由退货部集中销毁。

（4）中心退货给供应商。退货部将可以退货的货物按货物种类归类制作出每周退货计划表并交给采购部，由采购部通知供应商退货。在供应商提取退货时，退货部在系统中确认退货后系统冲减应付。

实践任务　退货处理

服装物流仓储季末退货处理方案

根据各个公司治理结构和政策方针不同，服装退货可分为五种：日常退换（残品退货）、紧急退货（如公司召回款）、过季退货、调拨货等。祥达童装服装季末退货按比例退回总仓，进行重新整理，然后重新调配整合，再订购二次配发，所以必须符合新品的要求。但是童装退货具有品类多，尺码多，跨度大等特点，牛仔装等识别难度较大，而且童装几百万件的操作时间短，工作量大，配合环节多。要解决好这方面的问题，整理人员须有经验，除应对货品需要具有了解外，在实际操作中业界人士还总结了很多经验，有助于进一步提升效率、质量，降低成本。对于过季退货环节的操作类似，具体如下：

1. 系统操作

所有退货系统需求统一使用系统申报订单，以方便所有人员按订单要求操作，账务结束后比较订单履行率对代理商、公司、团队都有益处，强大的系统支持能力为人工操作效率、质量添砖加瓦。

2. 退货计划

退货计划是童装季末退货处理的核心。做好退货计划可以从以下几个方面采取措施:

(1) 退货前期阶段做好计划,退货中期做好跟进,退货后期做好结账。

(2) 与销售、商品做好退货总计划(如区域阶段每月退多少量)。

(3) 设置一定的评价指标,对仓库的最大处理能力、人、货、场配置,进行评估。

(4) 退货计划可以参考往期执行情况,提前预防,提前做好备案。

3. 退货交接

货品交接方式一般都是分现场拆箱清点和只交接箱数两种,大批量过季退货时童装使用现场拆箱清点方式交接,一般在外箱完好无破损的情况下,直接交接箱数就可以了,但对于客户数量不准且不配合单位进行现场拆箱清点方案,直接在摄像头前完成扫描核对。

4. 扫描核对

对每一单据的退货进行逐一扫描,就所扫描货品与所退单据一致性进行核对,例如出现吊牌与实际款式不符情况,发现异常再由指定人员进行重新核查确认退回客户,以确保退货信息准确。有些单位先检验后扫描核对,因童装业务量很大,需要第一时间将数据核对清楚,以准确的数据进行检验整理。

5. 检验整理

检验整理直接影响了退货处理的效率和质量,建议此环节安排人员成立专职退货整理小组,小组成员必须熟悉产品,熟练包装作业,有一定的质检基础,整理时需对货品作简单的质量检验,区分正品、残次品等,并且重新进行包装,同时对正品、残次品作出区分,直接返还代理商。

6. 上架整理

货品通过整理扫描环节后,就需要对货品进行上架操作,由系统统计出退货的汇总信息,根据大数据和已有的经验,结合统筹场地,根据不同情况可以采取下列三种处理方式:

(1) 阶段性统一上架。安排大类款式,大批量的退货上架时可以退货整理一个周期后统一进行分类整理上架。

(2) 采用播种集中法。二次上架退货进行分款分色分码,再统一进行上架。

(3) 随机上架。少量即处理完的货品立马安排上架。

7. 退货相关要求以及注意事项

退货有详细的接受标准,如服饰、包装袋、吊牌、衣袋、装箱要求和包装要求等,举例说明如下:

(1) 过季货品退回严格按计划执行。若为春季货品,则不能有其他季货品。

(2) 退货时保证同款同类在同一箱中,一箱退货必须对应一张箱单。不要出现一箱中有多张单据。必须优先同款同箱,不满箱可以拼箱。

(3) 吊牌以及内标不要有字迹。

有了严格的流程和实战经验,通过大大小小的培训、实操、比赛,每年都能将几百万件的退货顺利整理好,并满足二次配发的要求。

1. 阅读以上材料,标注关键词。

2. 请结合以上材料描述，绘制退货处理操作逻辑图。

3. 请结合退货相关要求以及注意事项，绘制错误操作警示图片。

单元小结

仓储中心的出库业务需做好货物出库前的准备工作，货物出库应严格按照程序办理，处理好商品出库中出现的问题，同时认真做好货物的出库复核。对于退货，要明确退货原因，据此给予妥善处理。

知识问答

1. 商品出库准备工作主要包括哪些？
2. 商品出库的作业程序是什么？
3. 在商品出库过程中，会出现哪些问题？该怎样处理？
4. 阐述出现退货的原因及对应的处理方法。

能力拓展

1. 在出库及退货业务处理过程中，有一些可供参考的 KPI 设置指标，请查阅网络资料对其进行了解，并在班级内进行交流。

KPI 设置指标	解 释
到货准确率	
核对准确率	
检验准确率	
换袋指标	

续表

KPI 设置指标	解　释
分款准确率	
订单履行率	

2. 结合实际业务在实训室进行出库业务实训，要求能准确、熟练地掌握办理货物出库的手续，并能正确地填写各种单据、账、卡等，并能熟练地掌握货物出库各种单证的传递。

3. 仓储企业先进先出原则在日常工作中准确运用。

仓储企业库存管理中，常常会运用到相应的存货计价方法，而先进先出法则是存货的计价方法之一。那么仓储企业先进先出原则该如何准确运用在日常工作中呢？可通过以下实例来了解：

先进先出法是以先购入的存货先发出这样一种存货实物流转假设为前提，对发出存货进行计价的一种方法。采用这种方法，先购入的存货成本在后购入的存货成本之前转出，据此确定发出存货和期末存货的成本。其根据先购入的商品先领用或发出的假定计价。用先进先出法计算的期末存货额，比较接近市价。

对销售而言，先获得的存货先销售出去，使留下存货的日期离现在越近，存货价值越接近现在的重置价值。在物价上涨时，此法会导致较低的销货成本，较多的盈余。

例如存货情形如下：

1月1日进货10个，每个5元，小计50元。

4月1日进货10个，每个6元，小计60元。

8月1日进货10个，每个7元，小计70元。

12月1日进货10个，每个8元，小计80元。

假设在12月31日存货数量为15个，则期末存货价值为12月1日10个，每个8元，小计80元，8月1日5个，每个7元，小计35元，总计存货价值为115元。

对电脑数据结构而言，称为排序的数据进出方式，从一端进，从另一端出，就好像排队一样。

（1）先进先出法和后进先出法的区别。

先进先出：发出存货计价时，坚持遵循先购进先发出的原则进行计价。

后进先出：发出存货计价时，坚持遵循后购进先发出的原则进行计价。

上述两种方法均指发出存货的计价方法，而与存货本身实际发出先后顺序无关。比如：3月1日购买A产品3个，单价为8元；3月5日购买A产品9个，单价为7元；3月初A产品余2个，单价为10元。3月发出A产品8个。这发出的8个A产品计价如下：

先进先出：2×10+3×8+3×7=65元；后进先出：8×7=56元。

（2）先进先出法的运用。先进先出法是指根据先购进的存货先发出的成本流转假设对存货的发出和结存进行计价的方法。以先进先出法计价的库存的商品存货则是最后购进的商品存货市场经济环境下,各种商品的价格总是有所波动的,在物价上涨过快的前提下,由于物价快速上涨,先购进的存货其成本相对较低,而后购进的存货成本就偏高。这样发出存货的价值就低于市场价值,产品销售成本偏低,而期末存货成本偏高。

因商品的售价是按近期市价计算,因而收入较多,销售收入和销售成本不符合配比原则,以此计算出来的利润就偏高,形成虚增利润,实质为"存货利润"。

因为虚增了利润,就会加重企业所得税负担,以及向投资人分红增加,从而导致企业现金流出量增加。但是从筹资角度来看,较多的利润、较高的存货价值、较高的流动比率意味着企业财务状况良好,这会博取社会公众对企业的信任,增强投资人的投资信心,而且利润的大小往往是评价一个企业负责人政绩的重要标尺,不少企业按利润水平的高低来评价企业管理人员的业绩,并根据评价结果来奖励管理人员,此时管理人员往往乐于采用先进先出法,因为这样做会高估任职期间的利润水平,从而获取更多眼前利益。

(3) 运用先进先出法的注意事项。先进先出法,期末材料按照最接近的单位成本计算,比较接近目前的市场价格,因此资产负债表可以较为真实地反映财务状况,但是由于本期发出材料成本是按照较早购入材料的成本进行计算的,所以计入产品成本的直接材料费用可能被低估,等到这些产品销售出去就会使利润表的反映不够真实。

(4) 先进先出原则的适用性。根据谨慎性原则的要求,先进先出法适用于市场价格普遍处于下降趋势的商品。因为采用先进先出法,期末存货余额按最后的进价计算,使期末存货的价格接近于当时的价格,真实反映了企业期末资产状况;期末存货的账面价格反映的是最后购进的较低的价格,对于市场价格处于下降趋势的产品,符合谨慎原则的要求,能抵御物价下降的影响,减少企业经营的风险,消除潜亏隐患,从而避免了由于存货资金不实而虚增企业账面资产。这时如果采用后进先出法,在库存物资保持一定余额的条件下,账面的存货计价永远是最初购进的高价,这就造成了存货成本的流转与实物流转的不一致。

课外阅读

仓储成本管理与经济效益分析

一、仓储成本管理

(一) 仓储成本的概念

仓储成本是指由仓储作业带来的成本,以及建造、购置仓库等设施设备所带来的成本。仓储成本对企业物流成本的影响具有两重性。一方面,拥有适当的库存,可以避免由于缺货而进行紧急采购时引起的成本提高,适当的库存使企业能在有利时机进行销售,或在有利时机实施购进,从而增加销售利润或降低购进成本;另一方面,仓储作为一种停滞,也常常会冲减物流系统效益、恶化物流系统运行,从而冲减企业利润,同时为了实施仓储活动,必须有成本的支出,这都会冲减利润。因此,研究仓储成本的构成,合理计算仓储成本,合理控制仓储成本,加强仓储成本管理是企业物流管理的一项重要内容。

(二) 仓储成本的构成

实施仓储活动会引起仓库建设等固定资产投资的增加,从而增加企业成本;进货、验收、存储、发货、搬运等仓储作业的支出会导致企业收益降低。此外,随着社会保障体系和安全体系日益完善,我国近年来已开始对库存产品通过投保来分担风险,投保缴纳保险费带来的保险费支出在有些企业已达到了相当大的比例,而且这个成本支出的比例还会不断上升。具体来说，仓储成本主要由建造、购买或租赁仓库等设施设备所带来的成本和各类仓储作业带来的成本构成。

（三）仓储成本管理的意义

仓储及相关库存会增加费用，但也可能提高运输和生产效率，降低运输和生产成本，达到新的均衡。这说明仓储成本管理在企业物流系统中具有十分重要的作用。例如，美国联合慈善公司的全国办公室为许多美国著名的慈善机构、政治组织的筹款活动准备资料。公司将资料印好，然后由 UPS 直接将资料由印刷厂送往各地的分拨点。公司考虑到如果在全美各地租用仓库可能会降低总成本。资料送往各个仓库后，由 UPS 从大约 35 个仓库做短距离运输，送到当地分拨点。这样当地分拨点可以直接从仓库提货，而不必向印刷厂订货。该公司针对需要印刷 500 万册资料的典型活动，其成本核算见表 6-3。

表 6-3　联合慈善公司成本核算表　　　　　　　　　　　　　　　　单位：美元

方案		方案一 从工厂直接运输	方案二 通过仓库运输	成本变化
生产成本		500000.00	425000.00	-75000.00
运输成本	至仓库	0.00	50000.00	+50000.00
	至当地	250000.00	100000.00	-150000.00
仓储成本		0.00	75000.00	+75000.00
总计		750000.00	650000.00	-100000.00

从表 6-3 可以看出：500 万册资料从工厂直接运输到用户手中和通过仓库运输到用户手中所支出的生产费用、运输费用和仓储费用是不同的，虽然方案二的实施会增加一定的仓储成本，但运输费用的降低在抵消增加的仓储成本后还结余 100000 美元。因此利用仓库来节约成本是一种非常有吸引力的方法。

（四）仓储成本管理的原则

仓储成本管理是企业赢利的"第三利润源泉"，是企业加强竞争力、求得生存和扩展的主要保障。在仓储成本的管理控制过程中我们应该遵循以下原则：

（1）降低仓储成本要在保证仓储质量的前提下进行。

（2）企业降低仓储成本不能损害国家、集体和消费者的利益。

（3）仓储成本管理要进行全员、全过程和全方位的管理。

（4）仓储成本管理要在重要领域和环节上对关键因素加以控制。

（5）仓储成本管理要能起到降低成本、纠正偏差的作用，并具有实用、方便、易于操作的特点。

（6）仓储成本管理活动将注意力集中于重要事项。

（五）降低仓储成本的方法与手段

1．合理规划仓储空间的取得方式，降低仓储成本

企业取得仓储空间的方式有三种选择，即自有仓库、租赁仓库或采用公共仓库。在满足一定客户服务水平的前提下，以成本为依据，选择其中之一或结合使用，既是降低仓储成本的重要手段，也是进行仓储管理的一项重要内容。

自有仓库、租赁仓库与公共仓库各具特色，因此有的企业适合自有仓库，有的企业适合租赁仓库，有的企业适合公共仓库，但大多数企业则由于不同地区的市场条件及其他因素而适合混合的策略。企业在决定采用哪一类型的仓库进行仓储时，需要考虑以下因素：

（1）周转量。自有仓库固定成本相对较高，而且与使用程度无关，所以必须有大量存货来分摊这些成本，才能使自有仓库的平均单位成本低于公共仓库的平均单位成本。通常，存货周转量越高，使用自有仓库便越经济。相反，当周转量相对较小时，应选择公共仓库。

（2）需求的稳定性。具有多种产品线，需求稳定的企业，仓库具有稳定的周转量，因此选择自有仓库最经济。当需求的稳定性相对较差时，则应选择公共仓库。

（3）市场密度。市场密度较大或供应商比较集中时，有利于修建自有仓库。因为零担运输费率比较高，经自有仓库拼箱后，采用整车装运，运费率便会大大降低。相反，市场密度较低时，在不同的地方使用公共仓库要比一个自有仓库服务一个很大市场区域更为经济。

2. 合理选择仓储类型与作业模式，降低仓储成本

任何拥有储存空间的企业都必须支付仓储成本，当企业通过租赁仓库或公共仓库的形式实施仓储活动时，仓储成本是由外部提供仓储服务的物流企业按费率向企业收取的；当企业通过自有仓库实施仓储活动时，仓储成本是由企业自有仓库产生的内部成本。由于不同仓储系统表现出不同水平的固定成本和可变成本，因此不同吞吐量下，采用不同的仓储类型与作业模式会带来不同的仓储成本。为了降低企业的仓储成本，必须根据企业吞吐量的规模，恰当地选择仓储类型与作业模式。

3. 合理布局仓库结构与空间，降低仓储成本

仓库的规模确定之后，企业还要进一步对仓库的结构与空间布局进行决策，制定这些决策的基本思路就是要在仓库的建筑成本与仓储作业成本之间进行权衡，以期将仓储总成本控制在最低。

仓库长度与宽度的决策主要取决于仓库的搬运成本和仓库的建筑成本之间的权衡。增加仓库的高度可以带来仓库建筑成本的节约。但是仓库高度的增加，会提升仓储作业成本，备货作业和入库时货品堆码作业的时间会加长，难度会加大，货品搬运成本会上升。同时为了能够进行高空作业还有可能要购买新的设备，当货品不适合进行多层堆码时，还必须购买货架等设施设备，从而导致相关成本增加。仓储作业成本与其他相关成本的增加会抵消建筑成本的下降，因此在进行仓库高度决策时，应当对各方面的成本进行权衡。

仓库的基本结构确定了以后，便要研究货位、货架和巷道的布局。缩小库内通道宽度以增加储存有效面积。具体方法有采用窄巷道式通道，配以轨道式装卸车辆，以减少车辆运行宽度要求；采用侧叉车、转柱式叉车，以减少叉车转弯所需的宽度。另外还可采用密集型货架、可卸式货架、贯通式货架，采用不依靠通道的桥式吊车技术等，减少库内通道数量，增加储存有效面积。

4. 降低装卸搬运成本的方法

（1）经济合理地选择装卸搬运设备。装卸搬运设备占企业投资的比重很大，同时装卸搬运设备的装卸搬运能力、配件损坏的修理、动力系统和燃料的使用等都会影响装卸搬运成本。选择合适的装卸搬运设备可降低装卸搬运成本。

（2）在高峰期间或试用期间可暂时租用补充装卸搬运设备，以减少设备投资。

(3)合理布局仓库,优化搬运路线,尽量减少装卸、搬运次数,缩短搬运距离。

(4)采用机械化、自动化装卸搬运作业,既能大幅度削减作业人员,又能降低人工费用。

5. 降低备货作业成本的方法

(1)合理选择备货作业方式。备货作业是仓储作业中最复杂的作业,有全面分拣、批处理分拣、分区分拣和分波分拣四种作业方式。当产品的种类比较多时,我们应当采取全面分拣的方式;产品种类比较少时,采取批处理分拣方式;仓储面积比较大,存放不同产品的区域相隔较远时,应当采用分区分拣方式;当不同的订单由不同的承运商承担运输,并对分拣好的产品有不同的要求时,应当采用分拨分拣方式。以此原则选择备货作业方式,可以节约成本。

(2)合理分区,降低备货成本。为了提高备货的作业效率,应当将仓库分成"储藏区"和"备货区"。两个区的分配方法有两种:一种是将仓储空间水平分成储藏区和备货区两部分;另一种是将货架垂直分成储藏区和备货区两部分,货架的最下面一格作为备货区,其他部分作为储藏区。另外,将备货区分成"散货备货区"和"整箱货物备货区",也有利于减少备货时间,降低备货成本。

(3)加强场地管理,提高备货作业效率。为提高备货作业效率,应该恰当地选择场地管理方法,如在储藏区采用流动场地管理法,在备货区采用固定场地管理法。这样可以降低备货成本。另外,对于同一条过道左右两边货架上的产品加上左右编号,将出库频率比较高的产品集中堆放在一条过道上或者仓库门附近,这样安排产品的存储位置,也有利于降低备货成本。

备货人员必须熟悉产品存放的位置,迅速准确地找到要分拣的货物,节省备货时间,提高效率,从而降低备货成本。

6. 降低验货与出入库作业成本的手段

在仓库中,产品检验的费工程度仅次于备货作业。要降低验货作业的成本,最理想的是一次就能准确地完成整个商品的检验,要做到这一点,可以利用各种类型的扫描仪来读取产品条形码。这种方法与工作人员根据经验来检验商品相比,具有准确程度高、误差少、速度快的优点。

此外,条形码与计算机管理信息系统还可以大大提高出入库作业的准确度与效率,通过扫描产品包装上的条形码,计算机可以读取产品信息,并记入相应的入库与出库信息。

7. 降低流通加工成本的手段

流通加工需要花费大量的成本,降低流通加工的成本便可以降低企业的物流成本,提高企业的物流竞争力。为了降低流通加工成本,可采取"备货作业""贴价格标签""验货作业"一条龙的办法,来提高作业效率。

二、仓储经济效益分析

(一)仓储经济效益分析的意义

仓储经济效益分析指标是仓储管理成果的集中体现,是衡量仓储管理水平高低的尺度。利用指标考核仓储经营,进行仓储经济效益分析的意义在于:对内加强管理,降低仓储成本,对外接受货主定期评价。

1. 对内加强管理,降低仓储成本

经济效益分析指标是衡量仓库工作的重要标志,仓库可以利用生产绩效考核指标对内考核仓库各环节的计划执行情况,纠正运作过程中出现的偏差。

通过指标的考核与分析,可以对仓库的各项活动进行全面的检查和比较,确定合理的仓库作业定额指标,制订优化的仓储作业方案,从而提高仓库利用率,提高客户服务水平,降低仓储成本,利于提高仓储的经营管理水平,落实仓储管理经济责任制,加快仓储企业的现代化建设,以最少的劳动消耗获得最大的经济效益。

2. 对外沟通客户,接受客户评价

仓库还可以充分利用生产绩效考核指标对外进行客户沟通,给货主企业提供相对应的质量评价指标和参考数据,这样利于说服客户,扩大市场占有率,稳定客户关系,利于市场的开发。

(二)仓储经济效益分析指标

仓储经济效益分析实质就是仓储经济指标的分析,学习和掌握仓储经济指标是进行仓储经济效益分析的基础。仓储经济效益分析指标制定需遵循科学性、可行性、协调性、可比性、稳定性的原则。

仓储经济效益分析的指标体系由储存数量指标、储存质量指标、储存效率指标、储存经济指标和安全性指标五大类构成。

1. 储存数量指标

为了促进保管人员挖掘潜力,采用先进机具和技术,提高仓容使用效能,从总量上掌握经济成果,衡量仓容能力,是该类指标所要承担的。具体指标及公式如下:

(1)吞吐量。吞吐量是指计划期内仓库中转供应物品的总量。入库量是指经仓库验收入库的数量,不包括到货未验收、不具备验收条件、验收发现问题的物品数量;出库量是指按出库手续已经点交给用户或承运单位的物品数量,不包括备货待发运的物品数量;直拨量是指在车站、码头、机场、供货单位等点办理完提货手续后,直接将物品从提货点分拨转运给用户的数量。计量单位通常为"吨",计算公式为

$$吞吐量 = 入库量 + 出库量 + 直拨量$$

(2)库存量。由于库存量是一个动态的时点指标,通常用计划期内的日平均库存量或年平均库存量表示。该指标同时也是反映仓库平均库存水平和库容利用状况的指标。库存量指仓库内所有本单位和代存单位的物品数量,不包括待处理、待验收的物品数量。月初库存量等于上月末库存量,月末库存量等于月初库存量加上本月入库量再减去本月出库量。其计量单位为"吨",计算公式为

$$月平均库存 = \frac{月初库存量 + 月末库存量}{2}$$

$$年平均库存量 = \frac{各月平均库存量之和}{12}$$

(3)仓库面积。仓库面积指标反映仓库可供使用的库房面积和货场使用面积。

库房使用面积是指库房墙内面积减去墙、柱、楼(电)梯等固定建筑物面积;货场使用面积是指货场总面积减去排水明沟、灯塔、水塔等固定建筑面积。

(4)职工人数。职工人数一般计算年或月的平均职工人数。计算公式为

$$月平均人数 = \frac{月内每日实际人数之和}{该月天数} = \frac{月初人数 + 月末人数}{2}$$

$$年平均人数 = \frac{年内每日实际人数之和}{12}$$

（5）设备数量。设备数量指标是反映在仓储工作中所用各种设备的数量。通常以统计在册的设备台数和处于良好状态的设备台数来表示。

2. 仓储质量指标

仓储质量指物品经过仓库储存阶段，其使用价值满足社会生产的程度和仓储服务工作满足货主与用户需要的程度。由于库存物品的性质差别较大，货主所要求的物流服务内容也不尽相同，所以各仓库反映仓储质量的指标体系的繁简程度也会有所不同。通常情况下，反映质量的指标主要是收发差错率（收发正确率）、账货相符率、物品损耗率、缺货率、业务赔偿费率、平均收发货时间、设备完好率、作业量系数等。

（1）收发差错率（收发正确率）。收发差错率是以收发货所发生差错的累计笔数占收发货总笔数的百分比来计算，此项指标反映仓库收、发货的准确程度。收发差错包括因验收不严、责任心不强而造成的错收、错发，不包括由丢失、被盗等因素造成的差错，这是仓库管理的重要质量指标。通常情况下，收发货差错率应控制在 0.5%的范围内。而对于一些单位价值高的物品或具有特别意义的物品，客户将会要求仓库的收发正确率是 100%，否则将根据合同予以赔偿。计算公式为

$$收发差错率 = \frac{收发差错累计笔数}{收发货物总笔数} \times 100\%$$

$$收发正确率 = 1 - 收发差错率$$

（2）账货相符率。账货相符率是指在进行物品盘点时，仓库保管的物品账面上的结存数与库存实有数量的相互符合程度。在对仓储物品进行盘点时，要求根据账目逐笔与实物进行核对。计算公式为

$$账货相符率 = \frac{账货相符笔数}{储存物品总笔数} \times 100\%$$

（3）物品损耗率。物品损耗率是指保管期内，某种物品自然减量的数量占该种物品入库数量的百分比，此项指标反映仓库物品保管和维护的质量、水平。物品损耗指标主要用于易挥发、易流失、易破碎的物品，仓储企业与货主根据物品的性质在仓储合同中规定一个相应的损耗上限。若实际损耗高于合同中规定的损耗率，说明仓库管理不善，超额损失部分仓库要给予赔付。计算公式为

$$物品损耗率 = \frac{某种物品损耗量}{某种物品入库总量} \times 100\%$$

（4）缺货率。缺货率反映仓储企业保证供应、满足客户需求的程度。该项指标可以衡量仓库进行库存分析的能力和及时组织补货的能力。计算公式为

$$缺货率 = \frac{缺货次数}{用户要求次数} \times 100\%$$

（5）业务赔偿费率。业务赔偿费率是以仓库在计划期内发生的业务赔罚款占同期业务总收入的百分比来计算，此项指标反映仓库履行仓储合同的质量。业务赔罚款是指在入库、保管、出库阶段，由于管理不严、措施不当造成的库存物品损坏或丢失所支付的赔款和罚款，以及为延误时间等所支付的罚款,意外灾害造成的损失不计。业务总收入指计划期内仓储部门在入库、

储存、出库阶段提供服务所收取的费用之和。计算公式为

$$业务赔偿费率 = \frac{业务赔罚款总额}{业务总收入} \times 100\%$$

（6）平均收发货时间。平均收发货时间是指仓库收发每笔（即每张出入货单据上的物品）物品所用的时间。它既是一项反映仓储服务质量的指标，同时也能反映仓库的劳动效率。

每笔物品收、发时间的一般界定如下：收货时间指自单证和物品到齐后开始计算，至验收完毕单据返回财务部门为止的累计小时数；发货时间指自仓库接到发货单（调拨单）开始，经备货、包装、填单等，到办妥出库手续为止。一般不把在库待运时间列为发货时间计算。

制定和考核平均收发货时间指标的目的是缩短仓库收发货时间，提高仓容利用率，加速商品与资金的周转。一般来说，仓库的收发货时间应控制在一个工作日之内，而对于大批量、难以操作的收发货业务则可适当延长时间。计算公式为

$$平均收发时间（小时/笔）= \frac{收发货时间总和}{收发货总笔数}$$

（7）设备完好率。设备完好率指完好设备台日数占设备总台日数的比率。完好设备台日数是指设备处于良好状态的累计台日数，其中不包括正在修理或待修理设备的台日数。良好设备的标准如下：设备的各项性能良好；设备运转正常，零部件齐全，磨损腐蚀程度不超过技术规定的标准，计量仪器仪表和润滑系统正常；原料、燃料和油料消耗正常。设备完好率的计算公式为

$$设备完好率 = \frac{完好设备台日数}{设备总台日数} \times 100\%$$

（8）作业量系数。作业量系数反映仓库实际发生作业与任务之间的关系，作业量系数为1是最理想的，表明仓库装卸作业组织合理。计算公式为

$$作业量系数 = \frac{装卸作业总量}{进出库物品数量}$$

3. 储存效率指标

（1）仓库面积利用率。仓库面积利用率指报告期实际占用面积占报告期仓库的总面积的比率。报告期实际占用面积是指报告期仓库中物品储存堆放所实际占用的有效面积之和。报告期仓库的总面积是指从仓库的围墙线算起，整个仓库所占有的面积。计算公式为

$$仓库面积利用率 = \frac{报告期实际占用面积}{报告期仓库总面积} \times 100\%$$

（2）仓容利用率。仓容利用率的计算公式为

$$仓容利用率 = \frac{仓库平均库存量}{最大库容量} \times 100\%$$

（3）设备利用率。设备利用率的计算公式为

$$设备利用率 = \frac{设备作业总台时}{设备应作业总台时} \times 100\%$$

设备作业总台时指各台设备每次作业时数的总和，设备应作业总台时指各台设备应作业时数的总和。计算设备利用率的设备必须是在用的完好设备。

（4）全员劳动生产率。全员劳动生产率是反映仓库生产劳动效率的指标。可以用平均每

人每天完成的出入库物品量来表示。计算公式为

$$全员劳动生产率（吨/工日数）=\frac{全年物品出入库总量}{全员年工日总数}$$

（5）周转速度。周转速度是反映仓储工作水平的重要效率指标。周转速度通常用周转次数和周转天数来反映。计算公式为

$$周转次数（次/年、次/季、次/月）=\frac{报告期物品周转量}{报告期平均库存量}$$

$$周转天数（天）=\frac{报告期日历天数}{周转次数}$$

根据实际情况，周转次数可以是一年的周转次数，也可以是一个季度的周转次数或一个月的周转次数，对应的报告期日历天数分别是360天、90天和30天。

4. 储存经济性指标

储存经济指标主要包括平均仓储成本、利润总额、资金利润率、收入利润率、每吨保管物品利润和人均实现利润等。

（1）平均仓储成本。平均仓储成本是指一定时期内每存储一吨物品所需支出的费用，可以综合反映仓储的经济成果。计算公式为

$$平均仓储成本（元/吨）=\frac{报告期仓储费用总额}{报告期平均存储量}$$

报告期仓储费用总额是物品在出入库、验收、存储和搬运过程中消耗的材料、燃料、人工工资和福利费、固定资产折旧、修理费、照明费、租赁费以及应分摊的管理费。

（2）利润总额。利润总额是指仓储企业在一定时期内已实现的全部利润。计算公式为

利润总额=仓库营业利润+投资净损益+营业外收入−营业外支出

仓库营业利润=仓库主营业务利润+其他业务利润−管理费用−财务费用

仓库营业利润是指仓储企业利用各种资源在企业内获得的利润，包括仓库保管利润、仓库保管材料销售利润、出租包装物等取得的利润。而投资净损益则是仓库用各种资源在企业外投资所取得的收益或损失。营业外收入是指与仓储企业生产无直接联系的收入，如逾期包装物的押金没收收入、罚款的净收入和其他收入等。营业外支出是指与仓储企业生产无直接关系的一些支出，如企业搬迁费、编外人员生活费、停工损失、呆账损失、生活困难补助等。

（3）资金利润率。资金利用率是指仓储企业在一定时期实现的利润总额与全部资金的比率。计算公式为

$$资金利润率=\frac{利润总额}{固定资产平均占用额+流动资金平均占用额}×100\%$$

（4）收入利润率。收入利润率是指仓储企业在一定时期内实现的利润总额占营业收入的比率。计算公式为

$$资金收入利润率=\frac{利润总额}{仓储营业收入}×100\%$$

（5）每吨保管商品利润。每吨保管商品利润是指在报告期内储存保管每吨物品平均所能获得的利润。计算公式为

$$\text{每吨保管物品利润（元/吨）} = \frac{\text{报告期利润总额}}{\text{报告期物品储存总量}}$$

上式中的报告期物品储存总量一般是指报告期间出库的物品总量而非入库的总量。

（6）人均实现利润。人均实现利润是指报告年度仓储企业平均每人实现的利润。它是利润总额与仓库中的全员人数之比。计算公式为

$$\text{人均实现利润（元/人）} = \frac{\text{报告期利润总额}}{\text{报告期全员平均人数}}$$

5. 安全性指标

仓库的安全指标，是用来反映仓库作业的安全程度，它主要可以用发生的各种事故的大小和次数来表示，如人身伤亡事故，仓库失火、爆炸和被盗事故，机械损坏事故等。这类指标一般不需计算，只是根据损失的大小来划分等级。

以上五类指标从多个方面反映了仓储企业或部门经营管理、工作质量以及经济效益水平，构成了仓储经济效益分析的指标体系。

三、仓储经济效益分析的方法

仓储经济效益分析包括仓储营运能力和仓储获利能力分析。利用上述的各项指标，采用适当的方法对仓储企业的工作进行系统而周密的分析，以便透过现象分析问题，全面、准确、深刻地认识仓储工作的现状和规律，把握其发展趋势；认识仓储工作的内在规律，采取相应措施，提高仓库各项工作水平及经济效益。

1. 价值分析法

在降低成本开支的分析方法中，价值分析是一种比较有效的方法。价值分析也称价值工程，是从分析价值、功能和成本三者的关系入手，以提高使用价值为目的，以功能分析为核心，以开发信息资源为基础，以科学的分析方法为工具，用最低的成本来实现产品必要功能的一种技术经济方法。价值分析法中的价值是指产品（作业环节或工作）的功能与成本两者的比值，即

$$\text{价值（V）} = \text{价值系数（k）} \frac{\text{功能（F）}}{\text{成本（C）}}$$

采用价值分析法分析三条基本原则：消除浪费，排除无用作业环节和工作；尽可能采用标准化和规范化方法；经常分析有无更好的方法可以替代现在使用的方法。

在上述三条基本原则下，结合仓储经济效益分析指标，通过考察以下问题进行价值分析，实现各项仓储工作的功能与成本的最佳匹配，使物流仓储达到最佳经济效益。

（1）现在采用什么方法？

（2）其作用（或功能）是什么？

（3）采用这种方法的成本是多少？

（4）是否存在其他可以完成同样工作的方法？

（5）如果存在，其成本开支是多少？

2. 对比分析法

对比分析法是将两个或两个以上有内在联系、可比的指标（或数量）进行对比，从对比中找矛盾、寻差距、查原因。对比分析法是指标分析法中使用最普遍、最简单和最有效的方法。

根据分析问题的需要，运用对比分析法对指标进行对比分析时，首先选定对比标志，然

后进行对比,通常情况下有以下几种对比方法:

(1)计划完成情况的对比分析。计划完成情况的对比分析是将同类指标的实际完成数或预计完成数与计划数进行对比分析,从而反映计划完成的绝对数和相对程度,分析计划完成或未完成的具体原因,肯定成绩,总结经验,找出差距,提出措施。

(2)纵向动态对比分析。纵向动态对比分析是将不同时间上的相同种类的仓储经济效益指标进行对比,可以是本期与基期(或上期)比,也可以是本期与历史同期实际指标比,与历史平均水平比,与历史最好水平比等。通过对比分析,掌握事物发展的方向和速度,寻找指标增长或降低的原因,提出改进措施。

(3)横向类比分析。横向类比分析是指同一时期、不同空间条件下,相同类型的仓储经济效益指标的对比分析。类比单位的选择可以是同类仓储企业的同期同类指标对比分析,或同一仓储企业中不同库房、货场间同期同类指标进行对比分析,这些企业一般是同类企业中的先进企业,可以是国内的,也可以是国外的。通过横向对比,企业能够正确定位,找出差距,采取措施赶超先进。

某仓储企业计划完成情况的对比分析、纵向动态对比分析和横向类比分析表,见表6-4。

表6-4 某仓储企业计划完成情况的对比分析、纵向动态对比分析和横向类比分析表

指标	本期		上年实际	同行先进	差距(增+)(减−)		
	实际	计划			比计划	比上年	比先进
吞吐量							
收发差错率							
业务赔偿费率							
平均收发货时间							
仓库面积利用率							
周转次数							
设备利用率							
平均仓储成本							
利润总额							
资金利润率							
……							

(4)结构对比分析。结构对比分析是将总体分为不同性质的各部分,通过以部分指标与总体指标之比,反映事物总体内部构成情况,一般用百分数表示。

通过结构对比分析,可以研究各组成部分占总体的比重及变化情况,从而认识仓储工作中各个部分的问题及其对总体的影响。例如,在分析物品保管损失时,可分析霉变残损、丢失短少、错收错发、违规作业等各部分发生损失所占的比重(表6-5)。所占比重较大的为主要原因,应采取相应的改进措施。

应用对比分析法进行对比分析时,要注意所对比的指标或现象之间的可比性。由于对比分析是两个或两个以上有联系的指标或现象之间的比较,所以在进行纵向对比时,根据现象的性质并结合分析研究的目的,必须考虑指标所包括的范围、内容、计量单位、计算方法、所属

时间等要相互适应，彼此协调；在进行横向对比时，要考虑是对比单位之间的经济职能或经济活动性质、经营规模应基本相同，否则就缺乏可比性。

表 6-5 物品保管损失结构对比分析表

物品保管损失分类	计量单位	数量	金额/元	所占比重/%	
				数量	金额
霉变残损					
丢失短少					
错收错发					
违规作业					
合　计					

要结合使用各种对比分析方法。每个对比指标只能从一个侧面来反映情况，只做单项指标的对比，会出现片面结果，有时甚至会得出误导性的分析结果。把有联系的对比指标结合运用，有利于全面、深入地研究分析问题。

最后，还需要正确选择对比的基数。对比基数的选择，应根据不同的分析和目的进行，一般应选择具有代表性的时期作为基数。如在进行指标的纵向动态对比分析时，应选择企业发展比较稳定的年份作为基数，这样的对比分析才更具有现实意义，而与过高或过低的年份所做的比较，都将达不到预期的目的和效果。

3. 因素分析法

因素分析法是用来分析影响指标变化的各个因素以及它们对指标各自的影响程度。因素分析法的基本做法是，在分析某一因素变动对总指标变动的影响时，假定只有这一个因素在变动，而其余因素是固定不变的；然后逐个进行替代，使某一项因素单独变化，从而得到每项因素对该指标的影响程度。

在采用因素分析法时，应注意各因素按合理的顺序排列，并注意前后因素按合乎逻辑的衔接原则处理。如果顺序改变，各因素变动影响程度之积（或之和）虽仍等于总指标的变动数，但单各因素的影响值就会发生变化，得出不同的答案。

在进行两因素分析时，一般是数量因素在前，质量因素在后。在分析数量指标时，另一质量指标的同度量因素固定在基期（或计划指标）；在分析质量指标时，另一数量指标的同度量因素固定在报告期（或实际指标）。在进行多因素分标时，同度量因素的选择，要按顺序依次进行。

单元七　仓储管理附加业务

通过本单元的学习，学生应能够掌握仓储管理的附加业务，主要包含订单处理、拣选补货、包装和流通加工等，着重掌握运用订单分析进行拣选的程序和方法。明确物流包装和流通加工的形式和作用。

（1）订单处理流程。
（2）拣选方法。
（3）物流包装。
（4）流通加工。

（1）初步具备订单处理和拣选方案设计的能力。
（2）能通过组内研究、互相协作、运用相关资料解决相关问题。
（3）具有团队合作精神和协调人际关系的能力。

项目一　处理客户订单

【案例7-1】

日处理能力100万件背后，京东冷链物流用小科技关爱员工

目前，越来越多的国家通过京东生鲜把本国优质的生鲜产品销往中国，比如澳大利亚活牛、智利车厘子、新西兰佳沛奇异果、哥斯达黎加金菠萝，借助于京东生鲜冷链送达每一位消费者的手中。京东生鲜冷链日均仓库订单处理能力已达到100万件，其涉足品类非常之全，涵盖海鲜水产、水果、猪牛羊肉、蔬菜、禽类蛋品、速冻食品、饮品甜品、冰激凌、鲜花等在内的各个品类。

目前京东物流在全国建立了10多个生鲜冷库，覆盖深冷、冷冻、冷藏和控温四个温层，实现了-30℃至常温层的全温层覆盖，以满足不同品类的个性化存储需求。为了保证全程冷链不间断，从商品入库、存储，一直到消费者手中的每一个环节，京东生鲜冷链均可实现24小时实时全温层及温湿度监控，确保商品在仓储、运输、配送环节的温度可控、时效可控、品质可控，以最好的状态和口感送至消费者手中。

为了减轻仓储工人的劳动负担，改善工作环境，京东物流为生鲜仓的仓储工人配备了智

能语音拣选器。这是一种可以通过语音提示拣货指令，协助工人实现高效率工作的语音拣货设备。其外观酷似耳麦，听筒中会发出声音，提示商品的位置信息，工人根据引导找到相应商品，并回复"OK"表示确认，然后工人继续根据提示寻找下一件商品。

记者在走访中亲眼见到了拣选工人头戴该设备进行工作的场景，在京东物流的生鲜仓中，实时气温在-18℃，工人头戴智能语音拣选设备，腰间别着一个手机大小的智能终端，语音拣选设备发出指令，工人拣货，整个过程非常流畅，不到一分钟时间内，工人拣出了10件商品，包括罗非鱼、黑虎虾、牛腩块、澳门豆捞、白虾等冷冻商品。

生鲜仓相关负责人李治杰表示："以往我们的拣选全靠人工，一只手拿着PDA终端，一只手从货架上取货，找到商品后还要把包装袋拉平再用PDA终端扫码，过程很繁琐，而且我们的手在低温环境下并不灵活，这种操作非常费时费力，而现在，这种设备解放了我们的双手，省时省力。"

2017年7月，京东与国际物流巨头雅玛多达成战略合作，共同推动中国生鲜冷链与国际标准接轨。在2018年1月16日，京东物流与中国国际货运航空有限公司（简称国货航）签署深度业务合作协议，双方将以构建采运销一体化的完整产业链为目标，共同提供以生鲜冷链为主的航空供应链解决方案，形成安全、可溯源的产品体系，不断为用户带来安全、新鲜可靠的高品质生活体验。

（摘自：《日处理能力100万件背后，京东冷链物流用小科技关爱员工》，http://www.chinawuliu.com.cn/zixun/201801/22/328039.shtml）

思考与互动：

1. 根据以上资料分析京东支持日处理订单100万件背后的小科技。

2. 试分析订单与拣选之间的联系。

客户订单处理是物流仓储中心的提供配送服务质量得以保障的基本条件，是实现企业顾客服务目标最重要的影响因素。客户订单处理是从接受订货到发运交货、受理客户单据处理等的全过程。其具体包括接受订单、订单检查、客户信用检查、按订单供货、订单处理状态跟踪等活动。准确、完备、快速的信息处理与信息传递是现代物流管理发展的主要驱动力。

订单处理作业流程如图7-1所示。

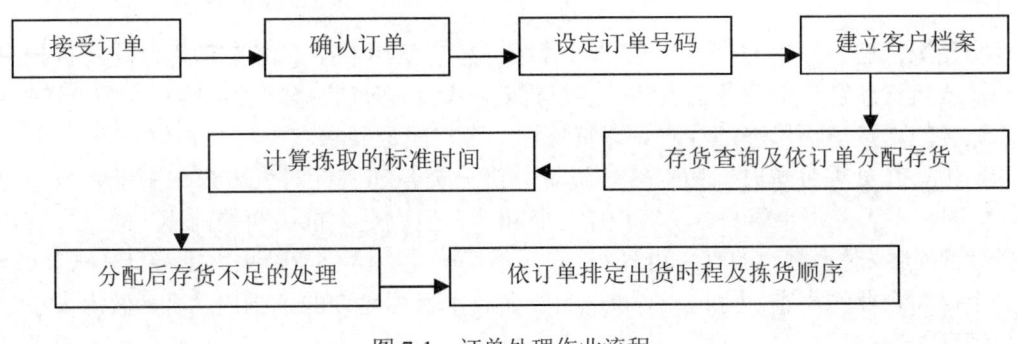

图7-1 订单处理作业流程

理论任务 1　接受订单

接受订单是订单处理过程的开端。订单一经接受，买卖双方的合同即为成立。订单接受有多种方式。目前，由于信息系统的使用，多数仓储中心与客户常采用电子订货方式，这种订货方式采用电子传运方式取代传统人工书写、输入、传送的订货方式，将订货资料由书面资料转为电子资料，通过通信网络进行传输，从而提高订单传输速度、可靠性及正确性，减轻审核工作负担，有效提高客服水平，缩减存货及相关成本费用。

理论任务 2　确认订单

接受订单后，需对其进行确认。其主要内容包括以下几点：

1. 确认货物数量及日期

接受订单后就需对货物数量及日期进行确认。这是对订货资料项目的基本检查，即检查品名、数量、送货日期等是否有遗漏、笔误或不符合公司要求的情形。尤其当送货时间有问题或出货时间已延迟时，更需与客户再次确认订单内容或更正运送时间。

2. 确认客户信用

接受订单后需查核客户的财务状况，以确定其是否有能力支付该订单的账款。通常的做法是检查客户的应收账款是否已超过其信用额度。具体可采取输入客户代号（客户名称）或输入订购项目资料两种途径来核查客户信用的状况。当该客户应收账款已超过其信用额度，系统会加以警示锁定，以便输入人员上报主管审核，决定处理方法。

3. 确认订货价格

不同的客户、不同的订购量，可能有不同的价格。输入价格时，系统应加以检验。若输入的价格不符（输入错误或因业务员通过降价获取订单等），系统应加以锁定，以便主管审核。

4. 加工包装确认

加工包装时，应事先确认客户对于订购的商品是否有特殊的包装、分装或贴标等要求。此外，对于有关赠品的包装等资料都要详细确认、记录。

理论任务 3　确认订单号码

每一笔订单都要有其单独的订单号码，由控制单位或成本单位指定，除便于仓储配送管理计算成本外，还可用于制配送单等一切有关工作，且所有工作说明单及进度报告均应附此号码。

理论任务 4　建立客户档案

客户档案应包括：客户名称、代号、等级；客户信用额度；客户销售付款及折扣率的条件；开发或负责此客户的业务员资料；客户配送区域；客户收账地址；客户点配送路径顺序；客户点适合的送货车辆形态；客户点卸货特性；客户配送要求。

仓储中心在处理订单时，应对客户进行分级分类管理。针对大客户、关键客户进行重点管理，但同时不可忽视小客户。小客户的订货虽少，但也是大批买卖的前驱，而且大客户也有要小批量的时候。对小客户的订单处理得当时，不仅可能会给企业带来大批量订购或持续订购，还有助于提高企业的声誉。因此，仓储企业要在成本目标允许的范围内，尽量做出令小批量购买客户满意的安排。

理论任务5　存货查询及依订单分配存货

输入客户订购的商品名称、代号后，系统查对存货的相关资料，看此商品是否缺货。如果缺货，则应提供商品资料或此缺货商品已被采购但未入库的信息，以便于接单人员与客户协调是否改订替代品或者允许延后出货等。

订货资料输入系统确认无误后，最主要的处理作业在于如何将大量的订货资料，做最有效的汇总分类、调拨库存，以便后续的物流作业能有效进行。

存货的分配模式可分为单一订单分配及批次分配两种。

单一订单分配，多为在线即时分配，即在输入订单资料时，就将存货分配给该订单。

批次分配，即累积汇总数笔订单资料输入后，再一次分配库存。仓储中心因客户类型等级多，采用批次分配以确保库存能作最佳的分配。总括来说，仓储中心订单的分批原则主要有按接单顺序、按配送区域路径、按流通加工要求等类型。

如果客户所在地、客户送货车辆（如低温车、冷冻车、冷藏车）有特殊要求，则可汇总合并处理。

若订单的某商品总出货量大于可分配的库存量，则可依据特殊优先权、订单交易量或交易金额、对公司贡献度、客户信用度考虑客户订单优先处理权。

理论任务6　计算拣取的标准时间

订单处理人员要事先掌握每一笔订单或每批订单可能花费的拣取时间，以便有计划地安排出货。

理论任务7　分配后存货不足的处理

若现有存货数量无法满足客户需求，客户又不愿以替代品替代时，则应按照客户意愿与公司政策来决定对应方式。分配后存货不足的处理方式大致有如下几种：

1. 重新调拨

若客户不允许过期交货，而公司也不愿失去此客户订单，则需重新调拨分配订单。

2. 补送

若客户对不足额的订货允许予以补送，且公司政策也允许，则采用补送方式。

若客户允许不足额订货或整张订单留待下一次订单一起配送，则亦采用补送处理。

3. 删除不足额订单

若客户允许不足额订单可等待有货时再予以补送，但公司政策并不希望分批出货，则只好删除订单上不足额的订单。

若客户不允许过期交货，且公司也无法重新调拨不足额，则可考虑删除订单。

4. 延迟交货

一是有时限延迟交货，即客户允许一段时间的过期交货，且希望所有订单一起配送。

二是无时限延迟交货，即不论需要等多久，客户都允许过期交货，且希望所有订货一起送达，则等待所有订货到达再出货。对于这种将整张订单延后配送的，也应将这些顺延的订单记录成档。

5. 取消订单

若客户希望所有订单一起配送到达,且不允许过期交货,而公司也无法重新调拨时,则只有将整张订单取消。

理论任务 8　订单资料输出

订单资料经由上述处理后,系统即可打印出货单据,以便开展后续的物流作业。系统输出单据主要有以下三种:

1. 拣货单

拣货单(又称出库单)作为拣货出库的依据,用以提供详细且有效率的拣货资讯,以便于拣货的进行。拣货单的形式应配合仓储中心的拣货策略及拣货作业方式来加以设计。拣货单上应详细标示拣货数量及单位,同时拣货单物品的排序要依据其储位前后顺序打印,以减少人员重复往返取货,提高拣货效率。拣货单见表7-1。

表 7-1　拣货单

拣货单编号:＿＿＿＿＿＿＿＿　　　　　　　　　订单编号:

用户名称			地址			电话		
出货日期				出货货位号				
拣货日期	年　月　日至　年　月　日					拣货人		
核查时间	年　月　日至　年　月　日					核查人		
序号	储位号码	商品名称	规格型号	商品编码	包装单位			数量	备注
					箱	整托盘	单件		
备注									

托运人(签章)　　　　　　　　　　　承运人(签章)
日期:＿＿年＿＿月＿＿日　　　　　　日期:＿＿年＿＿月＿＿日

2. 送货单

送货单主要是在物品交货配送时,给客户签收、确认的出货资料,其正确性及明确性很重要。要确保送货单上的资料与实际送货相符,除了出货前的清点外,对于出货单据的打印时间以及一些订单异动情形如缺货品项或缺货数量等也须打印注明。送货单见表7-2。

3. 缺货资料

库存分配后,对于缺货的商品或缺货的订单资料,系统应提供查询或报表打印功能,以便工作人员处理。对于库存缺货的商品,系统应提供依供应商别或商品别查询的缺货商品资料,以提醒采购人员紧急采购;对于缺货订单,系统应提供依客户别或外务员别查询的缺货订单资料,以便外务人员及时处理。缺货单见表7-3。

表 7-2 送货单

收货单位				送货人员			
送达地点				送货时间			
发运物品详细内容							
货物名称	型号	规格	单位	数量	单价	总额	备注
有关说明							
收货方验收情况	验收人员		收货方负责人签字		负责人		（公章）
	日 期				日 期		

说明：此送货单一式三联，第三联送财务办理结算用，第二联送仓储部提货用，第一联为货到目的地后用作签收，并由送货人员带回交给部门主管。

表 7-3 缺货单

序号	货物编码	货物名称	货位编号	缺货数量	
日期			记录人		

实践任务　处理客户订单

1. 熟悉以下客户档案，模拟给每个客户档案中填写客户类型和客户级别。

客户类型：伙伴型、重点型、普通型；客户级别：选 A、B、C 类。

客户档案一

客户编号	2018060112					
公司名称	1号店			助记码	YH	
法人代表	李云	家庭地址	北京市通州区佳和家园5-2-502	联系方式	61567796	
证件类型	营业执照	证件编号	12010675478851	营销区域	北京市通州区	
公司地址	北京市通州区			邮编	101101	联系人	王国福
办公电话	61563212	家庭电话	45338506	传真号码	28654897	
电子邮箱	YiHao@136.com	QQ账号	3753885316	MSN账号	YiHao@msn.com	

续表

开户银行	新华商业银行			银行账号	86439896420421		
公司性质	民营	所属行业	零售业	注册资金	800 万	经营范围	办公用品
信用额度	150 万元	忠诚度	高	满意度	较高	应收账款	106 万元
客户类型				客户级别			

客户档案二

客户编号	2019052311						
公司名称	2 号店				助记码	EH	
法人代表	李和平	家庭地址	北京市通州区北关环岛 12 号		联系方式	66152118	
证件类型	营业执照	证件编号	120103789341238		营销区域	北京市通州区	
公司地址	北京市通州区		邮编	1011000	联系人	吴双	
办公电话	82641893	家庭电话	57827463		传真号码	51263180	
电子邮箱	erhao@.136com	QQ 账号	638496216		MSN 账号	erhao@msn.com	
开户银行	工商银行			银行账号	1566331510296580		
公司性质	民营	所属行业	零售业	注册资金	300 万	经营范围	日用百货
信用额度	9 万元	忠诚度	一般	满意度	高	应收账款	5.98 万元
客户类型				客户级别			

客户档案三

客户编号	2016020106						
公司名称	3 号店				助记码	SH	
法人代表	张明	家庭地址	北京市朝阳区光明街大都家园 5-505		联系方式	68560698	
证件类型	营业执照	证件编号	121713432567866		营销区域	北京市朝阳区	
公司地址	北京市朝阳区		邮编	830000	联系人	王林	
办公电话	38293647	家庭电话	53468679		传真号码	38293600	
电子邮箱	sanhao@136.com	QQ 账号	575967882		MSN 账号	sanhao@hotmail.com	
开户银行	招商银行			银行账号	93725289031384		
公司性质	民营	所属行业	零售	注册资金	300 万	经营范围	日用品、食品
信用额度	6 万元	忠诚度	一般	满意度	低	应收账款	5.8 万元
客户类型	普通型			客户级别	C		

客户档案四

客户编号	2017041201					
公司名称	4 号店			助记码	SH	
法人代表	董兴	家庭地址	北京市大兴区红旗家园 2-3-303		联系方式	68669125
证件类型	营业执照	证件编号	120109278369890		营销区域	北京市大兴区

续表

公司地址	北京市大兴区		邮编	102100	联系人	周昌
办公电话	67530877		家庭电话	63520555	传真号码	67530445
电子邮箱	sihao@162.com	QQ 账号	263820344		MSN 账号	sihao@136.com
开户银行	农业银行			银行账号		62839047352
公司性质	中外合资	所属行业	商业	注册资金	1000 万	经营范围	办公用品
信用额度	200 万元	忠诚度	高	满意度	高	应收账款	128 万元
客户类型				客户级别			

2. 根据以下信息进行客户库存分配优先权的分析

客户/衡量指标	1 号店	2 号店	3 号店	4 号店	评价指标
货款到位时间	19	21	16	18	0.1
订单响应时间	10	11	8	9	0.3
去年需求量占总需求量比重	22%	16%	18%	20%	0.1
合作年限	3	1	1	2	0.15
信誉度	优	良	优	优	0.15
客户优先权					

3. 根据原始库存信息与客户订货需求信息编制库存分析表。

库存分析表

序号	商品名称	原有库存（箱）	库存需求				合计出库量（箱）	库存结余（箱）	缺货（箱）
			A区超市	B区超市	D区超市	F区超市			
1	旺仔牛奶	100	20	15	18	27			
2	巧克力	32	15	10		8			
3	蛋黄派	82	16	18	20	16			
4	大豆油	59	9	15	12	12			
5	百事可乐	41		7	8	6			
6	冰河绿茶	25		5					
7	泡面搭档	32	9			25			
8	伊利牛奶	20			4				
9	碎果冰	19			8				
10	养乐多	16				6			
合计	金额（万元）		0.5236	0.4837	0.4716	0.5279			
	数量								

4. 根据客户优先等级进行分配后的处理。

处理意见：根据客户优先权分析，在库存不足的情况下，先满足_____，其次是_____，最后满足_____。因此在_____库存不足的情况下，需要和_____进行客户沟通。

客户沟通记录

沟通记录登记表	
时间：2010-6-1	
情况说明：	
沟通结果如下：	

补货单

客户：		补货日期：		最迟送货日期：	
序号	补货品类	商品名称	包装单位	包装率	数量	上报部门
仓管员核对签字：			主管签字确认：		

5. 订单处理员李芳上班后开始处理 2018 年 6 月 1 号的订单，根据查阅系统客户档案和订单信息，获得下表统计信息，请填空白处并分析各客户订单的有效性，然后对问题订单进行处理。

1. 订单有效性分析

客户名称	连锁1号店	连锁2号店	连锁3号店	连锁4号店	连锁5号店
订单日期	6.1	6.1	6.2	6.1	6.1
订单日期是否错误					
应收账款	3万	2万	2.5	1.5万	3万
授信额度	4.5万	3万	3.5万	4万	3.5万
允许超出金额	1.5万	1万	1万	3.5万	0.5万
订单金额	0.556万	0.4935万	0.2576万	0.6712万	0.5396万
是否超出授信额度					
订单有效性分析					

2. 问题订单处理表

订单客户	无效原因	处理意见	日期	主管签字

项目二　组织拣货作业

【案例 7-2】

智能仓储中最重要的环节：拣货作业

当今社会，已经慢慢形成了无 WMS 不谈仓储管理的理念，WMS 仓储系统渐渐深入仓储人员的思想，更加渐渐深入企业主的思想了。

需要注意的是，WMS 系统只是一套软件系统，它必须和相关硬件设备相配合，才能发挥更大的作用，实现真正无纸化管理的智能仓储。

拣货作业为仓储物流中心最重要、最占成本的作业，其效率及正确性都大大影响公司的服务质量。而如何有效提升作业效率及降低作业人员的误拣率为拣货作业的最大课题。大多数从事仓储工作的人都知道，PDA 拣货系统、电子标签拣货系统和语音拣货系统都是仓库拣货环节中常用的管理系统，各有特点，优势和缺陷同样存在。以下将分析三种拣货系统的优缺点以供参考。

PDA 拣货系统（图 7-2）

优势：解放双手，提高效率；能够随时记录拣货员的操作信息，方便跟踪追溯；提高准确率；无纸化作业，扫描即可完成拣货，方便快捷。

缺点：需要人员对 PDA 操作熟悉，培训成本高；核单效率受限于网络与 PDA 数量。

图 7-2　PDA 拣货系统

电子标签拣货系统（图 7-3）

优势：借助视觉指示；解放双手；拣货速度快；在单个 SKU 拣取效率上更高。

图 7-3 电子标签拣货系统

缺点：一旦布局完成，将无法更改；增加 SKU，需要增加相应货架、标签，费用较高。

语音拣货系统（图 7-4）

优势：作业准确率高；无纸化作业；需较少的人工判断；作业速度较快。

图 7-4 语音拣货系统

缺点：设备投入费用较高；受地方口音影响；影响因素较多。

语音拣货系统适合整箱、BC 类商品的拣选，必须一个 SKU 一个库位，对操作的准确性要求比较高。电子标签适合零拣，而且是 A 类商品的零拣，拣选速度快，拣选面小。

总结：

PDA 拣货系统、电子标签拣货系统和语音拣货系统三者皆有优缺点，不存在哪个更好，就行业的应用程度来说，PDA 拣货有一定优势，在拣选快流件且 SKU 数量少的情况下，电子标签有绝对优势，如果是慢流件，且 SKU 种类多，可能语音拣选更有优势。但是语音拣选在同一区域内，对工作人员数量有限制。

从目前市场来看，电子标签拣货系统仍占据着主流位置。其在拣货作业中起着解放双手、取代表单等作用，其效率明显优于表单、贴标、RF 等拣货方式，在快消、零售行业应用较广。虽然电子标签拣货系统在市场应用中更受欢迎，但 PDA 拣货系统和语音拣货系统依旧凭借其拣货特点和优势受到不少企业的青睐。因此，企业在选择拣货系统时不可盲目跟随，而是要依据自身特点和需求进行选择，才能实现拣货管理最优化。

（摘自：《智能仓储中最重要的环节：拣货作业》，http://www.chinawuliu.com.cn/xsyj/201805/22/331357.shtml）

思考与互动：

1. 请仔细阅读以上信息，三人一组分别整理 PDA 拣货系统、电子标签拣货系统和语音拣货系统的优缺点于卡片上。

2. 三人轮换进行表述，A 讲给 B 听，B 将听到的讲给 C，C 再把听到的表述给 A 看看是否正确；然后再由 B 讲给 C 听，C 将听到的讲给 A，A 将听到的表述给 C；最后一轮 C 讲给 A 听，A 将听到的讲给 B，B 将听到的表述给 C。

拣货作业是依据客户的订货要求及仓储中心的送货计划，尽可能迅速准确地将货物从其储位拣取出来，并按一定的方式进行分类、集中，等待配装送货的作业过程。在配送作业的各环节中，拣货作业是最繁琐、工作量最大的环节，它是整个仓储中心作业系统的核心。

由于大体积、大批量货物多采取直达、直送的供应方式，因此配送的主要对象是中、小货物，这使得拣货作业工作量占仓储中心作业量的比重非常大。特别是对于客户多、商品品种多、需求批量小、需求频率高、送货时间要求高的配送服务，拣货作业的速度和质量不仅对仓储中心的作业效率具有决定性的作用，而且直接影响到整个仓储中心的信誉和服务水平。

拣货作业流程是分拣系统的业务流程依据，合理利用机械、自动化设备，采用新技术可以节约作业时间、降低分拣错误率，也是构建分拣系统的目标与关键。

理论任务 1　拣货作业管理

拣货作业环节不仅工作量大、工艺过程复杂，而且作业要求时间短、准确度高、服务质量好，因此加强对拣货作业的管理非常重要。

1. 拣货作业管理的基本流程

根据客户订单所提供的货物特性、数量、服务要求、送货区域等信息，对拣货作业进行科学的规划与设计，并制定出合理高效的作业流程是拣货作业系统管理的关键。拣货作业管理的一般流程见表 7-4。

表 7-4　拣货作业管理的一般流程

序号	工作内容
1	确定拣货作业方式
2	制作拣货作业单据
3	设计拣货作业路径
4	分派拣货作业人员
5	拣取货物
6	集中货物
7	分货

2. 拣货作业管理的目标

从拣货作业的一般流程可以看出，拣货作业所消耗的时间主要包括：

（1）订单或送货单经过信息处理过程，形成拣货指示的时间。

(2）行走与搬运货物的时间。

(3）准确找到货物的储位并确认所拣货物及其数量的时间。

(4）取完货，将货物分类集中的时间。

综上所述，加强拣货作业管理、提高拣货作业效率，应主要缩短以上四个作业时间，以提高作业速度与作业能力。此外，防止分拣错误的发生，提高仓储中心内账物相符率，降低作业成本也是拣货作业管理的目标。

理论任务 2　拣货信息的传递方式

拣货信息用于指导拣货作业的进行，使拣货人员正确而迅速地完成拣货工作。因为拣货信息来自客户的订单，既可通过手工单据来传递，也可以通过其他电子设备和自动拣货控制系统传递。

1. 订单传票

订单传票即直接利用客户的订单作为拣货指示凭据。这种方法在订单订购品种比较少、批量较小的情况下使用。须注意的是，订单在传票和拣货过程中易受到污损，可能导致拣货作业过程发生错误。如果订单上未标明货物储放的位置，仅靠作业人员的记忆拣货会影响拣货效率。

2. 拣货单传递

拣货单传递信息，即将原始的客户订单输入计算机，经过系统处理后，生成并打印出拣货单，作业人员据此拣货。为缩短拣货路径，提高作业效率，拣货单上按储位顺序来排列货物编号，并可标明储位。不过处理打印拣货单需要一定成本，而且必须尽可能防止拣货单据出现差错。

3. 显示器传递

显示器传递即在货架上安装液晶显示器，通过自动控制系统传递拣货信息。显示器安装在储位上，相应储位上的显示器显示该货物应拣取的数量。这种系统可以安装在重力货架、托盘货架、一般货物棚架上。显示器传递方式如图 7-5 所示。

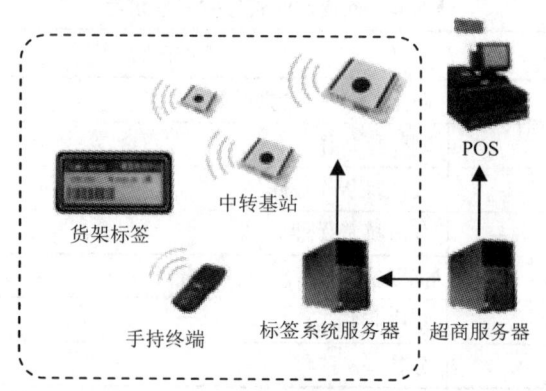

图 7-5　显示器传递方式

4. 无线通信传递

无线通信传递即在叉车上安装无线通信设备，通过这套设备把应从哪个储位拣取何种货物及拣取数量等信息指示给叉车司机。这种传递方式通常适用于大批量出货时的拣货作业。

5. 计算机随行传递

计算机随行传递是指在叉车或台车上设置辅助拣货的计算机终端机，拣取前先将拣货信息输入计算机或软盘，拣货人员依据叉车或台车上计算机传递的指示，到正确位置拣取货物。

6. 自动拣货系统传递

拣货过程全部由自动控制系统完成。通过电子设备输入订单后形成拣货信息，在拣货信息指导下由系统自动进行拣货作业，这是目前物流配送技术发展的主要方向之一。

理论任务 3 拣货方式与策略

1. 订单别拣取

订单别拣取又称单一拣取法，是针对每一份订单，由作业人员巡回于仓库内，按照订单所列货物及数量，将客户所订购的货物逐一由仓库储位或其他作业区中取出，然后集中在一起的拣货方式。

订单别拣取的特点如下：

（1）作业方法单一，接到订单可以立即拣货、送货，所以作业前置时间短。

（2）作业人员责任明确，易于安排人力。

（3）货物品种多时，拣货行走路径加长，拣取效率降低。

（4）拣货区域大时，搬运系统设计比较困难。

由于订单别拣取的处理弹性比较大，适合订单内容差异较大、订单数量变化频繁、季节性强的货物配送，如化妆品、高级服饰、家具、电器等。

根据仓储中心的设备水平、客户订单的不同需求以及作业量的大小，订单别拣取一般有以下几种形式：

（1）人工拣选。拣货作业由人来进行，人、货架、集货设备（货箱、托盘等）配合完成配货作业，在实施时由人一次巡回或分段巡回于各货架之间，按各分店的需求拣货直至配齐。

（2）人工+手推作业车拣选。拣货作业人员推着手推车一次巡回或分段巡回于货架之间，按分店需求拣货，直到配齐。它与人工拣选基本相同，区别在于借助半机械化的手推车作业。

（3）机动作业车拣选。拣货作业员乘车辆或台车载，为一个分店或多个分店拣选。

（4）传动运输带拣选。拣货作业人员，只在附近几个货位进行拣选作业，传动运输带不停地运转，或拣货作业人员按指令将货物取出放在传动运输带上，或者放入传动运输带上的容器内。传动运输带运转到末端时把货物卸下来，放在已划好的货位上待装车发货。

（5）拣选机械拣选。自动分拣机或由人操作的叉车、分拣台车巡回于一般高层货架间进行拣选，或者在高层重力式货架一端进行拣选。

2. 批量拣取

批量拣取，又称播种式拣取，是将过账订单集合成一批，按照货物品种分类加总后再进行拣货，然后依据不同客户或不同订单分类集中的拣货方式。

批量拣取方式的特点如下：

（1）订单必须累计到一定数量，才进行一次性处理，因此中间会出现停滞时间。

（2）可以缩短拣取货物时的行走时间，增加单位时间的拣货量。

（3）工艺难度较大，计划性较强，容易发生错误。

首先，批量拣取方式适合订单变化较小、订单数量稳定的仓储中心，以及外形较规则、固定的货物出货，如箱装、扁袋装的货物。其次，需进行流通加工的货物也适合批量拣取，拣取后进行批量加工，最后分类配送，这样有利于提高货物的加工效率。

批量拣取作业有以下几种形式：

（1）人工分货。在货物体积较小、重量较轻的情况下，人工从普通货架或重力式货架上一次取出若干分店共同需求的某种货物，然后巡回于各分店配货货位之间，将货物按分店订单上的数量进行分放，完成后再取第二种货物，如此反复直至分货完成。适合人工分货的有药品、钟表、化妆品、小百货等。

（2）人工+手推作业车分货。拣货作业人员利用手推车至一个存货点，将各分店共同需求的某种货物取出，利用手推车的机动性可在较大范围巡回分放。

（3）机动作业车分货。用台车、平板作业车一次取出数量较多、体积和重量较大的货物，有时可借助叉车、巷道起重机一次取出单元货载，然后由拣货作业人员架车巡回分放。

（4）传动运输带+人工分货。传动运输带一端和货物储存点相接，另一端分别同分店的配货货位相接。传动运输带运行过程中，一端集中取出各用户共同需要的货物，置运输带上运输到各分店货位，另一端拣货作业人员取下该货位分店所需的货物。这种方式一般同重力式货架相配合，而且传动运输带不宜过长。

（5）分货机自动分货。这是现代化高技术的作业方式。自动分货机是新建的现代化仓储中心的主要设备，分货机在一端取出多分店共同需求的货物，随着分货机上运输带运行，按计算机预先制定的指令，在与分支机构连接处自动打开出口，将货物进入分支机构，分支机构的终点是分店集货货位。有时配送车辆直接停在分支机构的终端，所分货物直接分货装车。

3. 复合拣取

为克服订单别拣取和批量拣取方式的弊端，仓储中心也可以采取将订单别拣取和批量拣取组合起来的复合拣取方式。复合拣取即根据订单的品种、数量及出库频率，分别适合订单别拣取和批量拣取的订单，采取不同的拣货方式进行操作。

理论任务4　补货作业

补货是将存货位的货物补充到拣货位供拣货，补货组是拣货部下的一个小组。补货作业首先是产生补货指令，接到指令后才开始补货。

1. 补货指令的产生的方式

（1）自动补货。自动补货是系统根据自动产生补货命令。每种单品的拣货位都会设置一个补货提示量，如果库存低于这个量，则补货命令自动产生。

（2）主管指令。主管根据拣货情况，在库存未达到提示量前就主动在系统中下达补货命令。

（3）拣货员指令。当拣货员拣货时发现货量不足时引发补货命令。

2. 补货的过程

叉车工接到补货指示后，按提示将存货位的货物补充到待补货位进行补货，补货完毕进行确认。

实践任务　拣货作业

1. 请阅读以下材料，并制作制订拣货作业计划的流程图。

拣货作业计划制订及实施过程：
1. 点击关卡设置，填写任务分工及时间安排表
2. 收集拣货资料
（1）客户需求分析：了解每位客户需求，针对不同客户采取相应的拣货方式。
（2）货物特性分析：不同货物对应不同的拣货设施，不同的储存方式。
（3）选取拣货方法及拣货策略：根据企业实情选择适用的拣货方式。
（4）选择拣货路径：要最少时间、最短路线以合理的拣货路径拣选存放在仓库的货物。
（5）确定拣货时机：根据交货时间和拣货作业标准时间，安排货物拣选时机。
（6）安排拣货人员和设备：根据拣货方法和时间安排，选择相应的设备并配备恰当数量的作业人员。
3. 分析拣货资料
4. 分析拣货作业工作事项
5. 编制甘特图
6. 根据甘特图实施拣货作业

拣货过程应注意的问题：
（1）编制甘特图的时候要注意时间段不可交叉重复，并且不能太偏离实际。
（2）分工时间的衔接需要合理安排，人员需要加强合作。
（3）要考虑拣货路径的设计，根据库区分布图要选择较优的拣货路径。可以先从 A 区，然后再 B 区。
（4）拣货和出货的时候都要严格按照拣货单进行操作。在出货的时候要注意同一种货物可能涉及多份订单，所以要再细分数量到相应的货区上。

2. 根据本校实训室情况，模拟进行拣货任务设置，并制作拣货作业计划，根据甘特图实施拣货作业。

（1）每组 3 个人实施拣货作业计划。设置 3 个角色（主管、拣货员 A、拣货员 B）填写表格中的工作事项、负责人、开始时间、历时、结束时间。

（2）根据拣货作业计划实施拣货作业。选择任务，形成拣货单，核对拣货信息。选择主管、拣货员 1、拣货员 2。

（3）工作区域可分为拣货区办公室、拣货作业区、拣货设备区等，分配人员到拣货作业区域。

（4）根据表格内容选择工作人员（主管、拣货员 1、拣货员 2），选择工作内容并填写的工作时间。工作时间包括：整理拣货设备（工作时间分钟）、选择拣货设备（工作时间分钟）、使用拣货设备（工作时间分钟）、归还拣货设备（工作时间分钟）、维修拣货设备（工作时间分钟）。

可借助的表单格式如下：

在库商品信息单

序号	商品名称	规格及型号	库存数量
1			
2			
3			
4			
5			
6			
7			
8			

品种拣货单

拣货单号		包装单位				储位号码
商品名称		数量	箱	整托盘	单件	
规格型号						
商品编码						
生产厂家						

拣货时间：　　年　月　日　时至　　年　月　日　时　　拣货人：

核查时间：　　年　月　日　时至　　年　月　日　时　　核查人：

序号	订单编号	客户名称	包装单位			数量	出货单位	备注
			箱	整托盘	单件			

订 购 单

No.：＿＿＿＿＿＿＿＿

订货单位：　　　　　　　　　　地　　址：
电　　话：　　　　　　　　　　订货日期：

序号	品名	规格	单位	数量	重量	单价	总价
1							
2							
3							

续表

序号	品名	规格	单位	数量	重量	单价	总价
4							
5							
6							
7							
8							
9							
10							
合计							
交货时间							
交货地点							

制单：（签字） 业务员：（签字） 审核：（签字）

商品分类表

序号	商品名称	总需求量

拣 货 单

拣货单号： 拣货时间：
需方名称： 覆点时间：
出货日期：
拣货员： 覆点员：

序号	储位号码	商品名称	商品代号	规格	数量	重量	备注

项目三　进行包装与加工

【案例 7-3】

保健啤酒包装呈绿色化发展趋势策略

保健啤酒作为一类新型的功能性饮料，具有多种滋补、食疗或辅助治疗作用，因此日益受到消费者的青睐。对保健啤酒实施绿色包装，有利于保健啤酒的保健功能的维护与发挥。

一、保健啤酒绿色包装的意义

我国是世界第一啤酒生产消费大国，保健啤酒的研发、生产和消费发展迅猛。将绿色包装引入保健啤酒包装设计，具有很多独特的优越性。

（1）符合可持续发展潮流。资源与能源的短缺、生态环境的破坏以及人口的增加，都迫切要求人类实施可持续发展战略。包装工业必然也必须走可持续发展之路，即实行绿色包装。

（2）有利于保持保健啤酒的保健功能。保健啤酒不同于普通啤酒，往往含有维生素、酶、多糖、多肽、矿物质、次生代谢物等营养因子或药用成分，这些保健成分对包装设计有特殊要求，绿色包装既能保护保健啤酒的保健成分，又不会产生对人体或生态环境有害的负效应。

（3）有利于提升保健啤酒的经济效益。人们的营养保健意识不断增强，消费者对保健食品、绿色包装的认可与喜好也日渐加强。早在 1996 年巴黎国际食品博览会上，"绿色食品"和"绿色包装"展台一经推出，就受到各国厂商和消费者的青睐。据此推断，绿色包装的保健啤酒也将得到消费者的普遍关注与认可，从而使保健啤酒的经济效益大大提高。

（4）有助于推进中国特色保健啤酒产业的发展。中草药的神奇疗效得到世界上越来越多国家和地区的认可与推崇，用有效成分开发的保健啤酒，充分利用我国的自然资源优势。中草药保健啤酒包装中融入绿色包装理念，树立我国保健啤酒产业在国际市场上的优势地位。

（5）保健啤酒为绿色包装提供了重要的发展空间。昂贵的成本大大限制了 PEN（聚萘二甲酸乙二醇酯）绿色材料在啤酒包装中的推广与应用。将 PEN 瓶投向高档啤酒包装市场，是解决这一问题的重要途径。高附加值的保健啤酒正好为 PEN 提供了比较适宜的用武之地。

二、保健啤酒的包装现状

当前，保健啤酒的包装设计与普通啤酒类似，主要采用玻璃瓶或金属罐（以铝听为主）包装。然而，传统的玻璃瓶与铝听（含铝合金罐）均具有不少缺点。

（1）玻璃瓶的缺点。玻璃瓶具有气体阻隔性良好等优点，其缺点也很突出：①玻璃瓶耐冲击性差，极易破碎，甚至爆炸伤人；②玻璃瓶密度大，不便携带，运输成本高；③玻璃瓶碎片难以清理，一些国家已禁止在沙滩、体育场馆、旅游胜地等公共场所流通玻璃瓶装啤酒。

（2）铝听的缺点。铝听克服了玻璃瓶易爆炸伤人等缺点，但是成本较高并且其中铝元素对人体具有潜在危害，过量摄入铝可能导致脑或骨骼病变。铝听的铝含量明显高于玻璃瓶。随着贮存期的延长，铝听中铝的浓度逐渐升高。有些包装商在铝听内壁涂覆了一层保护性漆膜，但这些膜往往出现缺损，很难完全杜绝铝溶解。对保健啤酒而言至今仍未实现绿色包装。

三、保健啤酒绿色包装的发展策略

（一）包装材料既要符合绿色包装要求，又要适应啤酒产品的特性

食品绿色包装材料大致可以分为四类：可降解材料（如聚酮材料）、可食性材料（如大豆

蛋白质包装膜）、可回收再利用材料、纸材料。在啤酒绿色包装中，目前主要采用可回收再利用材料。纸材料尽管在日本清酒、葡萄酒包装中有所应用，但由于气体阻隔性不达标等原因，尚不能在啤酒包装中应用。同其他酒类或液体饮料相比，啤酒是一种比较"娇气"的饮品，它酒精含量低、营养丰富且富含 CO_2，因此怕冷、怕热、怕光、怕氧、怕漏气、怕震荡。直到20世纪末期，PET、PEN 等可回收再利用塑料材料才得以在啤酒绿色包装中崭露头角。

（二）PET 瓶优点

①密度仅为玻璃瓶的 1/18～1/8，携带方便，运输成本低；②抗冲击性、抗压强度、抗裂性较高；③透明度、洁净度较高；④改性 PET 瓶的 CO_2、O_2、水以及香味阻隔性等于或优于玻璃瓶。但是纯 PET 瓶也存在一些不足之处（如氧渗透性偏高）。

诸如对 PET 瓶进行阻隔性涂膜、加工带阻隔层的多层复合等，收到了良好的改进效果。1998 年，美国 Amcor PET 公司开发的 PET/Amosorb3000/PET 三层瓶（Amosorb3000 系一种吸氧共聚物）开始用于罐装百威啤酒。PEN 以萘环替代了 PET 的苯环，具有更加优良的力学性能与化学药品耐受性能，PEN 的 CO_2、O_2 阻隔性为 PET 的 4～5 倍，被认为是迄今为止啤酒绿色包装的最适宜材料，但 PEN 与改性 PET 仍然存在问题：①成本较高；②某些性质尚待完善。改性 PET 的残香或异味问题尚未解决。

（三）包装设计必须考虑保健啤酒的特性

既要求包装材料不能与保健成分发生化学反应，又要求包装设计有助于保健成分的保存。譬如，茶啤酒中的活性成分茶多酚在 pH>8 光照条件下容易与 O_2 发生聚合反应，而且与铁反应生成绿黑色络合物。又如，核黄素容易光解，在包装时必须注意避光设计。

（四）除选用绿色包装材料外，还应当注重绿色运输、绿色设备、绿色管理和绿色工艺

绿色包装从实质来说，是在包装产品的生命周期中，首先考虑可持续发展的一种生产模式。在保健啤酒包装过程中，绿色性应当贯穿包装的所有环节。在选用 PET 绿色材料的同时，对 PET 瓶罐装啤酒时的噪声进行考察，最终证明 PET 啤酒瓶不会产生噪声污染。

（五）注重视觉传达设计

PET、PEN 瓶的外观质感、装潢印刷性能都优于玻璃瓶。在保健啤酒包装设计中，应充分考虑绿色包装材料的质地、色彩、肌理、理化性质等特性，将艺术思维与科学技术思维相结合、时代性与民族特征相结合、程式化与个性化相结合，最终创造出独具特色的包装设计。

四、结语

现代文明的发展，使人们对营养保健、生态平衡和环境保护的关注程度迅速提高。这就为保健啤酒的绿色包装营造了一个潜力巨大的发展空间。保健啤酒方兴未艾，发展保健啤酒绿色包装，不仅有利于抢占保健啤酒绿色包装市场的先机，而且对于我国整个啤酒工业与包装工业的发展都具有重大的战略意义。当前，在保健啤酒开发的同时，必须加紧绿色包装配套设计的研发步伐，使我国保健啤酒的绿色包装迈上崭新台阶。

（摘自：《保健啤酒包装呈绿色化发展趋势策略》，https://www.tech-food.com/news/detail/n0047164.htm）

思考与互动：

1. 保健啤酒作为一类新型的功能性饮料，对包装容器有哪些特殊要求？

2．谈谈你对绿色包装的理解。

现代物流中，包装既是生产终点，又是物流始点。现代物流观念形成以前，包装被看成生产终点，一直属于生产领域的活动，包装的设计主要从生产终结的要求出发，因而常常不能满足流通的要求。包装应纳入物流系统之中，这是现代物流对包装的定位。

理论任务 1　认识包装分类

1. 按其在物流过程中的作用不同分类

（1）商业包装。其又称销售包装或小包装或内包装。它是以促进销售为主要目的的包装，这种包装特点是外形美观，有必要的装潢，包装单位适于顾客的购买量以及商店陈设的要求。

（2）运输包装。其又称大包装或外包装。运输包装的特点是在满足物流要求的基础上使包装费用越低越好，并应在包装费用和物流损失两者之间寻找最佳的结合点。

2. 在运输包装中，按包装的大小不同分类

（1）单件运输包装。常见类型如下：箱，如纸箱、木箱、条板箱、金属箱；桶，如木桶、铁桶、塑料桶、纸桶；袋，如纸袋、草袋、麻袋、布袋、纤维纺织袋；包，如帆布包、植物纤维或合成树脂纤维编织包。此外还有篓、筐、捆、玻璃瓶、陶缸、瓷坛等。

（2）集合运输包装。其又称成组化运输包装，指将若干单件运输包装组成一件大包装。

1）集装袋或集装包。袋是指用塑料重叠丝纺织成圆形大口袋，袋的上下装有环形钢制托架，每袋可装 1000 公斤货物。包也是用同样材料编成的抽口式方形包，两边有四根兜底的吊带，每包可容纳 1000～1500 公斤的货物。

2）托盘。其指用木材、金属或塑料（纤维板）制成的托板。根据 ISO 规定，托盘分四种规格：80cm×100cm，80cm×120cm，100cm×120cm，120cm×160cm。托盘的底部有插口，供铲车起卸用，每个托盘的上面可码放 500～2000 公斤的货物。货物码放后应用箱板纸、塑料薄膜或绳索加以固定，使其与托盘形成一件整体包装以便运输。

3）集装箱。在 17 种规格中使用最多的是 8ft×8ft×20ft 和 8ft×8ft×40ft 的两种集装箱（1ft=0.3048m）。20ft 的集装箱被称为标箱（TEU），其箱容约为 $31m^3$，但装货最多不得超过 17.5m/t 或 25 m^3 的货物。40ft 的箱容为 67 m^3，但限装 25m/t 或 55 m^3 的货物。

3. 按包装层次的不同分类

（1）个包装，是指一个商品为一个销售单位的包装形式。个包装直接与商品接触，在生产中与商品装配成一个整体。它以销售为主要目的，一般随同商品销售给顾客，因而又称为销售包装或小包装，如罐头听、化妆品的瓶、牙膏管、塑料袋等。

（2）中包装，又称内包装，介于个包装与外包装之间的中间包装，属于商品的内层包装。中包装在销售过程中，一部分随同商品出售，另一部分则在销售中被消耗掉，因而被列为销售包装。中包装起着进一步保护商品、方便使用和销售，方便商品分拨和销售过程中的点数和计量，方便包装组合等作用。例如，卷烟以 10 盒为 1 条，火柴以 10 盒为一包等。

（3）外包装，又称运输包装或大包装，是指商品的最外层包装。外包装起着保护商品、方便运输、装卸和储存等方面的作用。如纸箱、木箱、油桶集合包装和托盘包装。

4. 按在国际贸易中有无特殊要求分类

（1）一般包装，也就是普通包装，货主对包装无任何特殊的要求。

（2）中性包装和定牌包装。中性包装是指在商品的内外包装上不注明生产国别、产地、厂名、商标和牌号。定牌包装是指只要注明买方指定的商标或牌号即可。

5. 按包装容器的软硬程度分类

（1）硬包装，又称刚性包装，是指充填或取出包装的内装物后，容器形状基本不发生变化，材质坚硬或质地坚牢的包装。这类包装中，有的质地坚牢，能经受外力的冲击，如油桶、油罐、钢瓶、硬质木材和硬质塑料等；有的质地坚硬，但脆性较大，如玻璃和陶瓷包装等。

（2）半硬包装，又称半刚性包装，是介于硬包装和软包装之间的包装。例如，瓦楞纸箱。

（3）软包装，又称挠性包装，指包装内的充填物或内装物取出后，容器形状会发生变化且材质较软的包装。例如纸袋、铝箔包装、塑料薄膜、纤维织品包装以及复合材料的包装。

6. 按包装使用次数分类

（1）一次用包装。它是指只能使用一次，不再回收复用的包装，是随同商品一起出售或销售过程中被消费掉的销售包装。这种包装在拆装后，包装容器受到破坏，不能按原包装再次使用，只能回收处理或另做它用。如火柴盒、罐头听、蒸煮袋、快餐盒等。

（2）多次用包装。多次用包装的重复使用不同于一般废旧物资的回收利用。废旧物资回收后，改作其他用途或通过回炉加工成新材料。多次用包装是对原包装再次使用、重新包装商品，有的能继续回收复用多次，主要是商品外包装和部分包装，如针织品的标准箱和木箱。

（3）周转用包装。它是指工厂和商店用于固定周转多次复用的包装容器，其特点是带有某种意义的强制性回收性质。如啤酒瓶、汽水箱、液化气瓶、压缩钢瓶等。

7. 其他分类

（1）按运输方式不同，可分为铁路运输、卡车货物、船舶货物、航空货物及零担和集合包装。

（2）按包装防护目的的不同，可分为防潮、防水、遮光、防气、保香、防热、真空包装等。

（3）按包装的保护技术不同，可分为防潮、防锈、防虫、防腐、防震和危险品包装等。

（4）按包装操作方法，可分为装罐、捆扎、裹包、收缩、压缩和缠绕包装等。

（5）按包装装潢不同，可分为开窗式、悬托式、携带式、组合式、开罐式和喷雾式等。

此外，还可以根据包装内装物的数量、包装组合方式、收货人的不同，以及数学、科研和生产的需要进行分类。

理论任务 2　明确包装的功能

从物流仓储的角度讨论包装，包装主要有以下几个方面的功能：

（1）区别产品，提供信息。包装的重要作用就是提供包装物的信息，以帮助区别产品。包装提供的产品信息对于了解产品的储存要求非常重要。例如，产品易于受损或仅能以一种位置摆放，包装上应予以注明。

（2）保护作用。工业包装最重要的作用是保护包装内的货物不受损伤。在运输途中包装会受到货物搬运时的冲击，受到运输途中车辆产生的振动和冲击；在库存时，包装要承受堆积在它上面的货物重量。因此，工业包装必须能承受这些外力，保护包装内的货物不受损伤。

（3）提高搬运效率。适当的包装还有助于提高物料搬运效率。例如，从生产的角度来说，包装越大越好，但可能会给物料搬运造成困难。所以，任何包装设计的目的之一都是使之最易于搬运和转移。同时货物的包装单位，应该根据搬运设备的能力而定。

（4）提高客户服务水平。客户服务在物流规划中日益重要，包装设计时要考虑与客户使用的搬运、储存设备相适应。成本相对较高，却能提高客户服务水准，吸引并留住大批客户。

理论任务3　选择包装材料

1. 商品包装的性能

（1）保护性能。保护性能主要指保护包装的内装物，防止其变质，保证质量。

（2）加工操作性能。其指易加工、易包装、易充填、易封合，适合自动包装机械化操作。

（3）外观装饰性能。其指材料的形、色、纹理的美观性能产生陈列效果，提高商品身价。

（4）方便使用性能。其指便于开启包装和取出内装物，甚至便于再封闭。

（5）节省费用性能。其指经济合理地使用包装材料，注意研究如何节省包装材料的费用。

（6）易处理性能。其指包装材料要有利于环保，有利于节省资源。企业在选择包装材料时，应注意研究包装材料的回收、循环使用或可再生等。

2. 产品包装对材料的选择

（1）纸质包装材料。纸作为包装材料有纸袋、纸箱和瓦楞纸箱等。纸的应用最为广泛，品种最多，耗量也最大。在销售包装中，纸和纸板应用很广，如纸袋、纸盒、纸杯等。在仓储包装中，用瓦楞纸板制成的纸箱有取代木箱的趋势，纸制复合材料制品的应用也相当普遍。纸材料在标签、吊牌、商标纸方面的用途日益扩大。但纸的防潮、防湿性较差，难于封口，气密性差，这些缺点限制了纸和纸板在包装中的应用。

（2）木制包装材料。木材用于外包装材料具备抗压、抗震等优点。木材常用于批量小、体积小、重量大或体积大、重量大的产品，通常制作成小批量、高强度的包装容器，如木箱、木桶、木笼等。但木材易于吸收水分，易于变形开裂，易腐败，易受白蚁蛀蚀，还常有异味，不利于成批机械化加工，加之受资源、价格等因素的影响，限制了木材在包装中的应用。

（3）塑料包装材料。塑料在包装中的应用已成为现代商品包装的重要标志之一。塑料在整个包装材料中的比例，仅次于纸和纸板，有逐步取代纸、木材、金属和陶瓷玻璃的趋势。但是塑料也有不少缺点，如强度不如钢铁；耐热性不及玻璃；在外界因素长期作用下易老化；有些塑料有异味；有些塑料的内部分子有可能渗入内装物；易产生静电；废弃物难处理，易产生公害；其价格受石油价格影响而波动。

（4）金属包装材料。其主要指钢材和铝材，其形式为薄板和金属箔，前者为刚性材料，后者为软性材料。目前用量最大的是马口铁（镀锡薄钢板）和金属箔两大品种。马口铁具有坚固、抗腐蚀、易进行机械加工、表面容易进行涂饰和印刷等优点，尤其用马口铁所制作的容器具有防水、防潮、防污染等优点，所以是较理想的包装材料。金属箔多用于食品包装，如糖果类、奶油、乳制品的包装等。但金属材料在包装上的应用成本高、能耗大，在流通中易产生变形、易生锈。

（5）玻璃与陶瓷包装材料。玻璃具有耐风化、不变形、耐热、耐酸、耐磨等优点，尤其适合于各种液体物品的包装。作为仓储包装主要用于存放化工产品（如强酸类），玻璃纤维复合袋用于存放粉状化工产品和矿产物粉料。玻璃容易洗刷、消毒、灭菌，能保持良好的清洁状态,可以回收复用,利于包装成本的降低。其最大的弱点,即在超过一定的冲击力作用下容易破碎。

(6) 纤维包装材料。天然的纤维材料有黄麻、红麻、大麻、青麻、罗布麻、棉花等,经工业加工提供的纤维材料有合成树脂、玻璃纤维等。

(7) 合成树脂包装材料。其是透明的,这使得不必开封就能对容器内包装的物品一目了然;有适当的强度,可以保护商品的安全;有较好的防水、防潮、防霉等性能;有耐药剂、耐油的性能;耐热、耐寒性能较好,对气候变化有一定的适应性;有较好的防污染能力,使包装的物品既安全又卫生;密封性能好。

(8) 复合包装材料。其指将两种以上具有不同特性的材料复合在一起,以改进单一包装材料的性能,发挥包装材料更多的优点。常见的复合材料有三四十种,使用最广泛的是塑料与玻璃纸复合;塑料同塑料复合;金属箔与塑料复合;金属箔、塑料、玻璃纸复合;纸张与塑料复合等。

理论任务 4 选取包装技术

1. 包装技术分类

包装技术按功能划分为销售包装技术和运输包装技术两种。

(1) 销售包装技术有热封技术、塑料封技术、外壳包装技术、收缩包装技术、真空减压及充填包装技术、灭菌包装技术、印刷技术等。

(2) 运输包装技术有外装技术和内装技术两种。外装技术包括容器设计技术和印记技术,内装技术包括防震包装技术、防潮及防水包装技术、防锈包装技术、防霉包装技术、防虫及防鼠包装技术等。运输包装技术的重点是容器设计技术、包装尺寸和强度设计、印记技术。

2. 包装技术

(1) 防震包装技术。在内装材料中插入各种防震材料以吸收外部冲击的技术,称为防震包装技术。防震包装主要是确定采用何种防震材料及材料厚度。材料厚度由制品的落下能力和防震材料的吸收能量的关系式得到,其计算公式为

$$t = C \times (h/Gm)$$

式中,t 为防震材料厚度;h 为装卸中产生的落下高度(cm);Gm 为制品的允许冲击值(g);C 为缓冲系数。

1) 全部防震保护技术。指外包装与内装货物之间全部用防震材料(如泡沫塑料等)充填严实,以防因外力使内装货物遭受冲击和振动。

2) 部分防震保护技术。对于整体性好和有内装容器的产品来说,只需在产品或内包装的拐角或局部地方使用防震材料进行衬垫即可。所用衬垫材料主要有泡沫塑料防震垫、充气型塑料薄膜防震垫和橡胶弹簧等。

3) 悬浮式防震技术。对于某些贵重易损的物品,为了有效地保证在流通过程中不被损坏,外包装容器比较坚固,然后用绳、带、弹簧等将被装物悬吊在包装容器内,不与包装容器发生碰撞,从而减少损坏。

(2) 防破损包装技术。

1) 捆扎及裹紧技术。使杂货、散货形成一个牢固整体,以增加整体性,便于处理及防止

散堆来减少破损。

2）集装技术。利用集装减少与货体的接触，从而防止破损。

3）选择高强保护材料。通过外包装材料的高强度，来防止内装物受外力作用而破损。

（3）防霉腐包装技术。其是通过劣化某一不利的环境因素，达到抑制或杀死微生物，防止内装物霉腐，保护产品质量的包装方法。要采取特别防护措施，其主要技术有以下几种：

1）冷冻包装技术。原理是减慢细菌活动和化学变化过程，以延长储存期，但不能完全消除食品的变质。

2）耐低温包装技术。一般由耐冷耐潮的包装材料制成，使包装件较长时间地处于低温下，包装材料不变质，从而抑制包装物内微生物的活动，如鲜肉蛋鱼、水果和蔬菜。

3）高温灭菌技术。高温杀菌可消灭引起食品腐烂的微生物，可在包装过程中用高温处理防霉。

4）真空包装技术。也称减压包装法，可阻挡外界水汽进入包装容器内，也可防止在密闭着的防潮包装内存有潮湿空气，气温下降时结露。要避免过高的真空度，以防损伤包装材料。

5）防湿包装技术。它是采用防潮性能良好的密闭容器或薄膜包装材料，将干燥物品密闭起来，防止包装物内水分的增加，达到抑制微生物生长繁殖，以延长内装物储存期目的的包装方法。

（4）防锈包装技术。

1）防锈油防锈蚀技术。防锈油是在防锈矿油（空气、水分的绝缘材料）中，加入防锈添加剂的产品。在金属表面涂封防锈油，可以使金属不致遭大气锈蚀。

2）气相防锈包装技术。用气相缓蚀剂（挥发性缓蚀剂），在密封包装容器中对金属制品进行防锈处理的技术。气相缓蚀剂是一种能减慢或完全停止金属在侵蚀性介质中的破坏过程的物质，它在常温下即具有挥发性，在很短的时间内挥发或升华出的缓蚀气体，同时吸附在金属制品的表面上，从而起到抑制大气对金属锈蚀的作用。

（5）防虫包装技术。

1）放置驱虫剂。在包装中放入有一定毒性和气味的药物，利用药物在包装中挥发气体，杀灭和驱除各种害虫。常用驱虫剂有萘、对位二氯化苯、樟脑精等。

2）采用特种包装。常用的有真空包装、充气包装、脱氧包装等技术。

（6）危险品包装技术。按其危险性质，交通运输及公安消防部门规定分为十大类，即爆炸性物品、氧化剂、压缩气体和液化气体、自燃物品、遇水燃烧物品、易燃液体、易燃固体、毒害品、腐蚀性物品、放射性物品等，有些物品同时具有两种以上的危险性。

1）对有毒品的包装要明显地标明有毒标志。防毒的主要措施是包装严密不漏、不透气；对有机农药品，应装入沥青麻袋，缝口严密不漏。用塑料袋或沥青纸袋包装的，外面应再用麻袋或布袋包装。

2）对有腐蚀性的物品，要注意物品和包装容器的材质发生化学变化。金属类的包装容器，要在容器壁涂上涂料，防止腐蚀性物品对容器的腐蚀。包装合成脂肪酸的铁桶，内壁要涂有耐酸保护层。

3）对黄磷等易自燃物品的包装，宜将其装入壁厚不少于1毫米的铁桶中。桶内壁须涂耐酸保护层，桶内盛水并使水面浸没物品，桶口严密封闭，每桶净重不超过50公斤。

4) 对于易燃、易爆物品,有强烈氧化性的,遇有微量不纯物或受热即急剧分解引起爆炸的产品。防爆炸包装的有效方法是采用塑料桶包装,然后将塑料桶装入铁桶或木箱中,每件净重不超过 50 公斤,并应有自动放气的安全阀,当桶内达到一定气体压力时,能自动放气。

(7) 特种包装技术。

1) 真空包装,是将物品装入气密性容器后,在容器封口前抽真空,使密封后的容器内基本上没有空气的包装技术,主要用于肉类食品(如罐头)、谷物加工品及易氧化变质物品。

2) 充气包装,是采用二氧化碳(O_2)或氮气(N_2)等不活泼气体,置换包装容器中空气的一种包装技术,因此也称为气体置换包装。这种方法的基本特点是不采用高度真空,使氧气浓度在 $\pm 0\% \sim 2\%$,所以能防止物品的变质、发霉,抑制氧化,实现商品保鲜。

3) 脱氧包装,是继真空和充气包装后出现的新型除氧包装方法。密封包装容器中,使用能与氧气起化学作用的脱氧剂与之反应,除去包装容器中的氧气,达到保护内装物的目的。

4) 收缩包装,是用收缩薄膜裹包物品或内包装件,再对薄膜进行加热处理,使薄膜收缩紧贴于物品或内包装件的包装技术。有包装方便、效率高、便于装卸搬运、交换点验的特点。

5) 拉伸包装,是依靠机械装置,在常温下将弹性薄膜围绕被包装件拉伸、紧裹,并在其末端进行封合的一种包装方法。由于拉伸包装不需进行加热,所以消耗的能源只有收缩包装的 1/20。拉伸包装可以捆包单件物品,也可用于托盘包装之类的集合包装。

(8) 其他包装技术。有一些货物由于其特殊用途或特殊情况,需要采用特殊包装技术。例如,货物卸下船后,可能堆放在码头而遇到暴雨,此时就需要使用防水包装技术。

理论任务 5　进行包装设计

1. 包装的设计要考虑的因素

包装设计需要考虑以下因素:物流因素、工程因素、采购因素、生产因素、市场营销因素、环保因素。

包装的设计要充分考虑诸多因素,物流因素是其中的一个最重要的因素。要从物流管理的角度提出对包装的要求,并与其他部门协调与配合,共同参与包装设计,提高包装合理性。

2. 控制包装成本

包装成本的控制一方面切忌为包装而包装,此外需实施包装价值分析。包装价值分析是在品质与成本之间设法取得一种平衡。企业通过对商品实施最低程度的保护,以削减成本的费用。但成本费用削减到一定程度后,会造成更多商品的破损(工业包装)或商品的滞销(商业包装)。如果上述损失大于企业所节省的包装费用,则所谓节省是得不偿失的。

3. 关注包装标准化及合理化

(1) 包装标准化。便于提高包装生产率,便于识别、使用和计量,节约包装材料,降低包装成本,保证包装质量,保护产品安全,利于产品走向国际市场,利于包装的回收和复用。

(2) 包装合理化。包装合理化既包括包装总体的合理化,也包括包装材料、包装技术、包装方式的合理组合及运用。要做好包装合理化工作,应从以下两方面着手:

1) 防止包装不足。包括:包装物强度不足;包装材料水平不足;包装容器的层次及容积不足;包装成本过于低下,不能保证有效的包装。

2) 防止包装过剩。包括:包装物强度设计过高;包装材料选择过高;包装技术过高;包装层次过多；包装体积过大；包装成本过高。

4. 关注包装现代化趋势需求

（1）包装模数化。包装模数标准确定以后，各种进入流通领域的产品，便需要按模数规定的尺寸进行包装。模数化包装利于小包装的集合，利用集装箱及托盘装箱、装盘。

（2）包装的大型化和集装化。有利于在装卸、搬迁、保管、运输等过程的机械化，加快作业速度，减少单位包装，节约包装材料和费用。如采用集装箱、集装袋、托盘等集装方式。

（3）包装多次、反复使用和废弃包装的处理。采用通用包装，不用专门安排回返使用；采用周转包装，可多次反复使用，如饮料、啤酒瓶等；梯级利用，一次使用后的包装物用毕转作它用或简单处理后转作它用；对废弃包装物经再生处理，转化为其他用途或制作新材料。

（4）开发新的包装材料和包装器具。包装物的高功能化，用较少材料实现多种包装功能。此外采用绿色包装和纳米技术等有效提升包装的综合效果。

5. 确定最优包装

物流因素是可变的，包装也在不断发生变化，确定包装形式选择包装方法，都要与物流诸因素的变化相适应，使得包装形式、包装方法和这些因素相适应。主要有：与装卸搬运手段、方法相适应；与保管的条件和方式相适应；与运输工具类型、距离长短、道路情况相适应。

理论任务6 进行包装与加工

包装设计完成后，进行打包作业。此外流通加工是物流仓储中的重要环节之一。流通加工是为了弥补生产过程中的加工不足，商品由仓储中心送出之前，可在仓储中心做流通加工处理，更有效地满足用户或本企业需要，使产需双方更好地衔接。在各项作业中，以流通加工最易提高货品的附加值，其中包含商品的分类、过磅、拆箱重包装、贴标签及商品的组合包装。而要达成完善的流通加工，必须执行包装材料及容器的管理、组合包装规则的订定、流通加工包装工具的选用、流通加工作业的排程、作业人员的调派等。

实践任务1 绿色包装

绿色包装

"绿色包装"和"绿色包装工程"是近几年在全世界环境污染日趋严重的情况下提出的新概念。包装消耗了大量的材料，并造成了令全世界头疼的废弃物问题。在20世纪90年代，世界高科技领域开发了新的纳米技术，最有效地利用原子、分子赋予材料的高新特性，注重节俭资源，使之极大地有利于人类社会。纳米技术成了最近十年来最新兴的综合科学技术。

（一）绿色包装的兴起

绿色包装又称环境友好包装，一般是指包装设计既能保证商品的性能完好，又符合环境保护和资源再生的要求。绿色包装符合可持续发展战略，因此正逐步成为包装设计的主流方向。绿色包装的兴起源于白色污染的泛滥，随着包装材料及包装制品日益丰富而带来的包装废弃物的与日俱增；在生产和经营活动中忽视环境因素，对难以处理的塑料制品不予理睬，对于该回收的包装制品不予回收，对环境造成很大的污染。"绿色包装"应符合节省材料、资源和能源，废弃物可降解，不致污染环境，对人体健康无害等方面的要求。世界上发达国家确定了包装要符合"4R+1D"的原则，即低消耗、开发新绿色材料、再利用、再循环和可降解。

（二）绿色包装的主要手段

研究绿色包装技术，首先要研究绿色包装材料。绿色包装材料的分类如下：

（1）可回收利用的再造材料，包括纸张、纸板、纸浆膜塑材料、金属材料、玻璃、可降解高分子材料。

（2）可自然风化、回归自然的材料，包括纸制品、可降解材料及生物合成材料、可实用材料等。

（3）可焚烧回收能量、不污染大气的材料，包括部分不能回收处理再造的线性高分子材料、网状高分子材料、部分复合材料。废弃物回收利用后，主要用于生产再生纸和各种用途的纸板与纸浆膜塑制品，在生活中的利用越来越注重废弃物的危害问题。

（三）积极发展绿色包装

近年来市场经济的高速发展，带动了对产品的高要求，出口的包装材料只有符合进口国的规定，才可以准许输入进口国，否则进口国海关将不予放行。许多国家以法律的形式对进口国的商品包装规定不得使用稻草，否则将被进行烧毁。这些措施的目的在于：

（1）为了避免使用含有毒性的材料。包装容器或标签上所使用的颜料、燃料、油漆等应采用不含重金属的原料，作为结合材料的黏合剂，除不含毒性或有毒成分外，还应在分离时易于分解。

（2）尽可能使用循环再生材料。目前国际上使用的循环再生材料多是再生纸，以回收和利用后制成的再生纸箱、膜制纸浆、蜂浆纸板和纸管等。

（3）积极开发植物包装材料。植物基本上可以延续不息的繁殖能力，而且大量使用植物，不会对环境、生态平衡和资源维护造成危害，受到国际市场的青睐。

（4）选用单一的包装材料。这样不必使用特殊的工具即可将材料解体，还可以节省回收与分离的时间，避免使用黏合方法而导致回收、分离困难。

绿色包装制度就是要求进口商品包装要节俭能源，用于回收和再利用，易于分解，不污染环境，保护环境资源和消费者的健康。绿色食品将主导世界市场，绿色食品必须要有绿色包装。保证绿色食品的质量，维持绿色食品的新鲜度，是绿色包装的基本功能。因此，绿色无菌保鲜包装是绿色食品包装的首选目标。政府环保部门明确规定，绿色食品外包装上应有"四位一体"标志：绿色食品标志、绿色食品文字字样、编码和激光防伪标贴、认证单位。

1. 阅读以上文字，画出关键词。并以小组形式制作海报宣传绿色包装。

2. 查阅网络材料，列举更多的包装技术物流应用案例。

实践任务2　包装与流通加工

1. 选词填空，参考词：降低、高、严密厚实、轻便、外包装、个装、内包装。
现以香烟为例说明包装的分类：将20支香烟放进烟盒里，称为_____；
将10包烟放入长条纸盒中，称为_____；

将 50 条烟装入瓦楞纸箱，称为_____；
采用高垛就要求包装有_____的强度，否则就会压坏；
采用低垛或料架保管，包装强度就可以相应_____；
道路情况比较好的短距离汽车输送，可以采用_____包装；
长距离的车船联运，就要求_____的包装。

2. 在以下属于流通加工的描述后填写对应加工作用的标号：

鱼和肉类的冷冻（　　）
将冷冻的鱼肉磨碎以及蛋品加工（　　）
大米的自动包装（　　）
将过大包装或散装物分装成适合一次销售的小包装分装加工（　　）
将蔬菜、肉类洗净切块以满足消费者要求等（　　）
衣料品的标识和印记商标（　　）
家具组装（　　）
地毯剪接（　　）
文具盒的生产（　　）
钢板的切割（　　）
使用矫直机将薄板卷材展平（　　）
过大设备解体（　　）
将原以保护产品为主的运输包装改换成以促进销售为主的装潢性包装（　　）
合理规划、合理套裁、集中下料（　　）

流通加工所起作用：
1．为弥补生产领域加工不足的深加工。
2．为满足需求多样化进行的服务性加工。
3．为保护产品所进行的加工。
4．为提高物流效率方便物流的加工。
5．为促进销售的流通加工。
6．为提高加工效率的流通加工。
7．为提高原材料利用率的流通加工。
8．衔接不同的运输方式，使物流合理化的流通加工。

单元小结

客户订单处理是仓储中心提供配送服务质量得以保障的基本条件，是实现企业顾客服务目标最重要的影响因素。客户订单处理包括接受订单、订单检查、客户信用检查、按订单供货、订单处理状态跟踪等活动。准确、完备、快速的信息处理与信息传递是现代物流管理发展的主要驱动力。拣货作业是依据客户的订货要求及仓储中心的送货计划，尽可能迅速准确地将货物从其储位拣取出来，并按一定的方式进行分类、集中，等待配装送货的作业过程。

包装既是生产终点，又是物流始点。包装的设计主要从生产终结的要求出发，因而常常不能满足流通的要求。流通加工为了弥补生产过程中的加工不足，商品由仓储中心送出之前，可在仓储中心做流通加工处理，以更有效地满足用户或本企业需要，使产需双方更好地衔接。

知识问答

1. 简述订单处理流程。
2. 如何理解仓储中拣货作业形式？
3. 对比分析你所知道的几种拣货策略。
4. 谈谈你对物流包装的理解。
5. 论述流通加工和生产加工的区别。

能力拓展

1. 结合本校物流实训室条件，以小组为单位设计一个订单别拣选的工作任务并模拟实施。分析订单和拣选单的区别。
2. 将多个小组的订单合并在一起，进行订单需拣货种类分析，完成播种式拣货设计。

课外阅读

北京烟草物流中心订单拣选系统

北京烟草物流中心隶属于北京市烟草专卖局（公司），是在国家局提出"网上配货、电话订货、电子结算、现代物流"这样的一个背景下建立的，负责全市卷烟仓储配送工作。该中心成立于2004年7月，建设项目投资1.98亿元，是目前国内规模较大、性价比较高的烟草物流仓储中心，占地面积78亩，总建筑面积31000平方米，库房采用现代化高架立体库存储和激光定位堆垛机入出库，满足年销量70万箱和平均储量4万箱的营销需求。建成后的物流中心成为一个覆盖城乡、设备先进、流程科学、统一管理、统一访销、统一仓储、统一配送的具有北京烟草特色的现代化物流中心，面向18个区县、3.8万个卷烟零售户，负责年销售380亿支卷烟的仓储、分拣和配送工作。

截至2010年年底，烟草行业商业企业卷烟物流基础设施建设累计投资总额136亿元，物流总用地面积近1万亩，总建筑面积309万平方米，仓库总容量303万箱。这些物流基础设施的建成，满足了卷烟分拣配送的现实需要，树立了行业现代物流的形象，也为行业当前和今后一段时期的发展奠定了物质基础。

目前，工业企业99个发货点中已有98个发货点完成了系统部署，共安装车载设备9067台套，工业系统使用率已经达到71.8%；商业企业全国381个到货点全部部署了手持设备，共配备手持控制器799台。工商企业物流信息化水平继续提升，向"全面感知、全面覆盖、全程控制、全面提升"的目标积极迈进。

首先，要进一步优化作业流程，按照科学、合理、高效的原则重新划分卷烟访销周期，设计更为科学的送货路线，实现卷烟分拣、仓储、配送的无缝衔接，努力提高客户响应速度。

其次，要在成本费用方面形成较强的竞争力。一方面作为物流中心要全面实行独立核算，独立核算机制的建立有利于激发管理人员的成本管理意识，是进行成本分析、成本控制的基础；另一方面，要真正形成成本竞争优势，通过规模经营产生规模效益，打破行政区划分，探索区域配送模式是建立烟草物流配送成本优势的有效手段。

此外，烟草物流还应该围绕提供配送准时性、提供卷烟配送信息查询服务等，建立自身的服务优势。

总之，现代物流是烟草行业未来的竞争优势，烟草企业要站在打造行业核心竞争力的高度去建设现代物流，从而进一步巩固现有的网络渠道。

卷烟自动化分拣系统于 2005 年 3 月开始方案设计，2006 年 5 月正式投入生产运行。该系统的研制成功，为烟草公司提高卷烟分拣能力、速度、准确率和时效性，降低物流运营成本，改善工人劳动条件，提高对零售客户的服务质量，提供了一个全新有效的自动化技术平台。该系统在流程性、协调性、技术性等方面表现出来的科学内涵和严谨的系统素质，还将有力带动和促进烟草公司内部管理水平和人员素质的提高。现将该系统基本情况介绍如下。

一、系统设计原则

北京烟草物流中心建设项目的定位一是适用，二是先进。系统总体设计既要满足实际使用需求，又要适应今后业务模式变化和技术发展，同时还要考虑其示范性和展示功能，因此必须把握适用性与先进性的融合和统一。为了做到这一点，在设计工作中确定了以下九项原则：

（1）实用性：系统设计应首先满足现行营销体制下的业务运作需求。

（2）经济性：立足国内技术、国产设备、自行研究解决技术难题。在当前日卷烟销量不均衡和品种繁多的情况下，应科学地确定系统基本设计参数，合理配置系统资源和设备数量。降低建设成本，节省今后系统运行费用。

（3）流程合理性：力求分拣工艺流程设计的科学、完整、巧妙、适用，工艺路径简捷，物流单程顺向流动，避免迂回、逆向物流路径。

（4）适度先进性：要求系统具备高自动化水平，但对次要的、动作复杂、标准化水平较低的、目前暂时无法改变现状的工艺环节不强求自动化程度。

（5）系统柔性：系统要能够适应不同包装规格、不同包装形式的卷烟商品的拣货作业。运行中一个子系统出问题不能影响其他子系统的正常工作；子系统的一部分出问题不影响其他部分正常工作。

（6）可扩展性：系统应具备扩展和调整功能，采用模块化的结构设计，为将来业务留出扩容接口，方便各个功能模块的扩充，为整个系统将来随着业务的发展留下预留空间，避免系统扩充时的重复投资，同时与中心其他系统留有接口。

（7）高效原则：研究开发和采用高速、高效分拣技术和设备。

（8）可靠性原则：可靠性作为最重要的技术指标之一。要以各子系统的可靠性、各设备单机的可靠性，保证全系统的可靠性。在设计阶段就要引起充分注意。

（9）标准化原则：系统全部软、硬件设计、制造都要求遵循有关国际标准和国标、部标、企标进行，为该系统今后的运营、维修、维护和扩容创造条件。

二、基本工艺参数及流程

1. 基本工艺参数

分拣品种：210 个。

分拣额定能力：1100 件/小时（含件烟）。

订单结构：整件分拣/拆零分拣=2/8；运用 ABC 分类法将拆零部分分为 ABC 三类：其分

拣量比为 A:B:C=7.65:2.2:0.15；其规格比为 A:B:C=30:100:80。

分拣配送策略：1 天电访、1 天分拣、1 天配送。订单货物送达响应时间为 60 小时。

被分拣商品为非统一标准包装。

2. 北京烟草物流中心卷烟自动分拣系统工艺流程

针对北京烟草物流中心的土建场地特点和集中分拣到户的业务作业方式，制定从接收访销数据到订单配送的先进、简洁、流畅的工艺流程。

3. 各环节的工艺功能

（1）数据优化。分拣计算机信息系统自动从 WMS 下载访销数据后，系统自动进行订单优化、备货件烟库优化、补货优化、分拣优化、装箱优化、电子标签优化，优化完成后通过 WMS 向立库发出要货计划。

（2）备货件烟库。备货件烟库是立库和分拣之间的储水室，它将立库的盘烟转化为分拣需要的件烟。备货件烟库的主要功能是满足自动分拣系统的补货需求，衔接自动分拣系统与仓储系统，保证货物的及时获取和向分拣系统输送。备货系统的工艺流程如下：

分拣开始后，当在件烟库中缓存量低于最小缓存量时，分拣系统根据件烟库缺货情况按顺序启动补货计划，将补货指令发送给自动化仓储系统，根据补货需求，自动化仓储系调出相应托盘到拆盘工位，拆盘后自动输送到件烟库入库口，根据 A、B 类卷烟分类将件烟入库缓存。

（3）分拣自动补货。自动补货是分拣与件烟库之间的桥梁，根据分拣系统的分拣计划和完成情况，自动向分拣机烟仓补货。根据系统流程，流向自动分拣区的卷烟通过条码扫描，确定卷烟流向，进入补货输送线后分流，进入自动分拣区。卷烟进入自动分拣区补货线后根据自动分拣线的补货需求再次分流。从件烟库补充过来的件烟，信息管理系统通过条码扫描器读出该件烟的条码信息，从而确定该件烟是去向自动分拣区一（通道分拣处理系统）、自动分拣区二（塔式分拣处理系统）或者自动分拣区三（通道分拣处理系统），信息管理系统将该件烟的路向信息交给控制系统，由控制系统控制执行机构将该件烟送入对应的补货输送线。分拣自动补货包括通道机自动补货和塔机自动补货。

1）II 型通道式分拣机补货。从件烟库按批次出来的件烟，经过条码的识别确认后，在开箱工位经过人工开拆件烟两端后，A 类的品牌按批次顺序分别输送到两台 II 型通道式分拣机的预定烟仓口，推烟机构一次将 50 条推入烟仓，空箱皮输送到输送线的尾端进入空箱回收线。

2）II 型塔式分拣机智能小车补货。从件烟库按批次出来的件烟，经过条码的识别确认后，在开箱工位经过人工开拆件箱两端后，B 类的品牌按批次顺序分别输送到两台 II 型塔式分拣机的预定补烟通道口，推烟机构一次将 50 条推入补烟通道，补烟通道将 50 条一次传给智能小车，智能小车将烟高速送到烟仓口，由智能小车上的推烟机构自动 5 次每次 10 条地推进烟仓，空箱皮输送到输送线的尾端进入空箱回收线。下面是分拣机智能补货小车的工作流程：

当小车 PLC 得到上位机发送来的补烟信息后，随即将该信息进行整理并按预定程序通过串口传送给侍服驱动器，同时也向侍服驱动器发出相关控制信号，小车接收到补货信息，小车首先以 2 米/秒的行走速度到达指定的件烟某号储存仓（定位精度 2 毫米），然后向件烟储存仓发出信息，表明小车已作好接烟的准备。件烟储存仓在得到小车发来的信号后，随即启动输送机构将件烟传向小车。

接烟机构将已开箱的件烟从储存仓平稳地接入到小车上，在确认接烟到位后，载烟小车同样以 2 米/秒的行走速度到达指定的塔式机的某号仓（定位精度 2 毫米）。

小车停稳后，件烟步进移动机构和推烟机构进行协调动作并在规定时间内分 5 次将件烟（50 条）推进到该烟仓中。

（4）自动分拣。系统自动对订单进行分解，通道式分拣机与塔式分拣机协同作业，将相应条烟分拣到各自的传送带上，烟条进入装箱系统的缓存带上，由装箱机完成装箱作业，并将装箱完成的周转箱输送到 DPS 系统拣选工位，此时系统自动判断是否需 DPS 系统参与拣选，如需 DPS 系统参与拣选，则 DPS 系统指示灯亮，同时各货格中的电子标签显示拣选数量，人工按指引拣选，完成后确认；如不需 DPS 系统参与拣选，周转箱则直接前往分拣出口。将周转箱装到托盘上，并备货到发货暂存区，分拣完成。

（5）自动装箱、自动合单。自动装箱、自动合单负责接收从自动分拣系统（通道分拣机、塔式分拣机）分拣出来的条烟。条烟通过各自的主线皮带送到本系统的自动装箱线，由塔式分拣机分出来的条烟从上层进入，由通道机分拣出来的条烟从下层进入，按订单的先后顺序进行自动装箱。然后判断该周转箱箱所对应的订单是否需要补充 C 类品牌的烟，如果配送箱需要去 C 类电子标签拣选区域补充 C 类品牌的烟，则系统控制停放器落下且升降机构落下，该配送箱直接进入电子标签拣选输送线，完成对 C 类品牌的烟的补充，并箱过程完成；如果配送箱不需要去 C 类电子标签拣选区域补充 C 类品牌的烟，则周转箱按信息的指令有序进入缓存线等待与电子标签合单的周转箱。

三、系统结构及设备

北京烟草物流中心卷烟自动分拣系统设计为四层、九个子系统。四层是设备执行层、工控层、计算机监控层，计算机管理层。九个子系统包括订单优化子系统、自动备货子系统、自动补货子系统、自动分拣子系统、自动合单子系统、自动装箱子系统、自动控制子系统、计算机监控子系统、计算机信息管理子系统。其主要设备功能介绍如下。

1. 件烟库

拆垛后沿输送线输送的件烟按件烟条码的信息能自动到相应的储存道存储，能根据条烟分拣的需要，按时、按量、按规格品种将件烟自动输送到条烟分拣区。对条码不能识别的件烟自动剔出并进行人工补码，然后重新上线。系统设备由堆积式辊柱输送机、积放式辊柱输送机、90 度弯段辊柱输送机、升降转辙机构、停放器、爬坡皮带机、自滑式流利存储滑道等设备组成。3 层存储滑道数，每层 65 道，总计 195 道。每道储存 28 件烟；总计储存 5460 件烟处理能力。

2. II 型通道分拣机

II 型通道分拣机是在通道分拣机的基础上的改进型，其将通道分离从单纯的一次分离 5 条改进为可分离 1、2、3、4、5 条，其目的是增大出烟的组合，实现不同订单对条数的要求，解决对同一品牌需用不同的设备来处理。50 条烟自动补入通道后，先进入储存段，过储存段后进入分离段进行前后排的分离，将 50 条分离成两段 25 条方式并进入出烟机构，出烟机构在控制的指令下，步进抽板动作，同时出烟皮带机转动，如 1 条，步进抽板收缩 50 毫米，出一条烟，通理，出多条，步进抽板收缩多步，出多条。根据销售数据和分拣策略，大品牌 A 类日均销售大于 100 件共 30 种上 II 型通道分拣机自动分拣，按每个品牌设置一个仓，共设置

30个仓。两套自动分拣主线共设置了60个仓位。Ⅱ型通道分拣机的分拣效率是针对大品牌按条数来计算的，因可分离1、2、3、4、5条，不管订单单品牌卷烟的数量是多少，都能逐条进行分离分拣到单。Ⅱ型通道分拣机的预存烟仓每仓可存3件，烟仓是以1件为一次补烟，补烟频率低，接自动补烟。Ⅱ型通道分拣机传输线线采用同步皮带输送机，速度高，订单虚拟长度大，订单与订单的距离可实时分配，处理效率高系统处理能力强，对订单数的多少和每订单内量的多少没有限制。

3. Ⅱ型塔式分拣机

Ⅱ型塔式分拣机是在塔式分拣机的基础上的改进型，其将直立式的烟仓改为侧卧式，其目的是增大烟仓的容量，减缓补烟的频率，提高烟仓的利用效率和主线的效率。同时将传输线的订单输送改为同步跟踪型，实现订单时实虚拟分区，使不同的订单量占用不同长度的虚拟分区，提高处理效率。

Ⅱ型塔式分拣机的分拣是将订单按顺序逐单分拣，订单在传输线上按订单长度占据一定的虚拟区域。分拣时，条烟从烟仓里是一条一条被释放出来落在相应的订单区域里。其分拣效率由传输线的速度、条烟从烟仓里释放出来的周期以及订单出烟优化方式确定。根据销售数据和分拣策略，B类日均销售5~100件共95种上Ⅱ型塔式分拣机自动分拣，按每个品牌设置一个仓和5个预备仓，共设置100个仓。其中以10个仓为一个单元，共10个单元。两套自动分拣主线共设置200个仓位。Ⅱ型塔式分拣机的预存烟仓每仓可存75条，烟仓是以5条为一组装烟，操作时也是每次5条重叠装放，操作既简单又方便；因烟仓储存量大，量大品牌的采用多仓预储存，预存量更大，上烟操作间隔时间大，补烟频率低。Ⅱ型塔式分拣机传输线线采用直线式皮带输送机，烟仓及条烟分离机构采用单元式排列在主线两侧，收烟装置采用单元式布置在主线尾端。整个系统布置灵活，适应流程性广，人机接口方便。

4. 智能补货小车

智能小车能够根据上位机的指令，在件烟储存仓和塔式机条烟仓之间快速穿梭，并接取件烟将其补到预定的仓位中，该小车具有运行平稳高效低噪、定位精确等特点。智能小车主要用于烟草仓储中心自动化处理设备的补烟环节，可将已脱箱且在储存仓内码垛整齐的50条香烟连续推进到指定的塔机仓位中，承载的件烟重量为17kg（1箱），件烟的最大尺寸为360mm×540mm×260mm。

智能小车由行走机构、件烟接烟机构、件烟步进移动机构、条烟推进机构（每次推10条）和行走轨道以及电控等几部分所组成。

5. 控制系统

控制系统中采用集中管理，分散控制的控制方式，将传感器、PLC、实时监控调度计算机、网络、电子拣选等诸多迅速发展的技术结合在一起，用方便灵活的硬件和软件模块进行组合设计，以适应分拣系统特点的工艺控制要求和管理要求，使之成为既满足工艺要求的精确控制又满足管理现代化要求的系统。系统的总体目标如下：

（1）实现控制系统与信息管理系统的信息交换。

（2）卷烟分拣过程高度自动化。

（3）实现分拣过程与备货系统高度紧密协调运作。

（4）实现对整个设备运行过程的实时监控。

（5）实现卷烟日处理订单量不小于8000个的分拣控制。

（6）实现按分拣需求自动补货。

（7）实现当出现非正常停机时，系统保护原有资料；恢复正常时，能接续原状态继续运行。

本控制系统具有设备控制的准确性、可靠性、易用性的特点，同时也具有物料和设备的完善信息管理的特点。一方面，底层设备控制系统可向上位管理监控系统发送现场设备数据、生产数据和物流信息，接受计划调度信息，另一方面，上位管理监控系统可向下发布计划和调度信息，同时采集生产现场的各种数据，进行多种综合处理。

分拣系统按其功能可划分为执行层、设备控制层、管理监控层三层，还考虑了与其他信息系统管理层的逻辑关系。控制系统属于整个系统层次体系结构中的一部分（即PLC控制网）。系统通过对设备电气元器件的信息采集和自动控制来完成分拣任务。同时通过现场总线网络，传递控制过程的实时信息，通过工业以太网将电控系统与上位管理、调度、监控系统连接起来，一方面为设备管理层提供现场生产数据和物流信息，另一方面接受设备管理层向下发布的生产任务和设备调度信息，以完成设备控制层和设备管理层之间的信息传递。

四、系统创新

1. 实用性强

系统高度与业务处理的统一，达到系统处理40000条/小时（单线23000条/小时）的效率。并采用用简洁、经济、高效、实用的工艺流程设计和设备配置。件烟处理线路和空箱处理线路简洁流畅。

2. 自动实时补货

引入了件烟库在线缓存及实时补货的应用理念，极大提升了卷烟配送自动化物流的系统化、自动化程度，同时弥补了原有件烟库应用模式中能力、效率低的不足。在补货过程中，补货计算机自动测算补货时间并根据补货需求产生补货序列，实时给补货区下发补货指令，使整个补货过程高效而有秩序地进行。

3. 引入基于虚拟存储区的控制技术

采用基于虚拟存储区的多单并行配货控制策略，是专门针对卷烟牌号多、分拣配货效率要求高的要求而设计和制造的。传输线传输皮带以一定距离分为若干虚拟存储区，在控制上每个虚拟存储区放一个订单的卷烟，传输皮带侧边以虚拟存储区长度为间隔每一段相应长度有一个孔，作为大同步信号采集用。每一个虚拟存储区被分为10等分，通过十个光电检测开关实现，每一个光电检测开关表示一个小同步。当前通道将要出烟时，通过控制系统判断通道对应的虚拟存储区是否为空，并且判断当前订单是否需要该烟仓存储品牌的香烟；两个条件均满足时，出烟机构选定适宜的小同步（保证卷烟准确落入虚拟分区）准备出烟；当对应小同步到达时，出烟机构动作，待卷烟完全脱离烟仓时出烟机构停止动作，准备下一次出烟。

4. 敏捷的智能补货小车

采用先进的伺服驱动技术，智能补货小车具有运行平稳、高效低噪、定位精确等特点。

5. Ⅱ型通道分拣机分拣的灵活性，不受订单结构限制

通道分离从单纯的一次分离5条改进为可分离1、2、3、4、5条，其目的是增大出烟的组合，满足不同订单对条数的要求。

6. 层次分明、分工精细的控制系统

系统控制稳定、可靠、先进；具有完善的手动、自动、在线控制功能、工艺参数设置调节功能和安全保护功能。

7. 智能的订单拆分技术

巧妙的订单切分，切分订单的二次合单，保证了分拣订单的100%准确率。对订单可以复核校验，保证订单的准确性。

上述自动分拣系统填补了国内分拣系统自动补货的空白，开发了具有自主知识产权的"虚拟存储区"控制技术以适应分拣配送系统特点的工艺控制要求和管理要求，使之成为既满足工艺要求的精确控制又满足管理现代化要求的系统。采用自动分拣系统，在很大程度上降低了人员的劳动强度，节约生产成本，提高工作效率；对于在烟草行业推广应用新兴的物流技术，降低物流成本，实现配送现代化管理起了推动作用。

单元八　仓储安全管理

通过本单元的学习,学生应能够建立仓储安全管理的意识,掌握仓储安全技术措施的要求,理解仓库各种防火措施的运用。

(1)仓库安全管理的重要性。
(2)仓库安全管理内容。
(3)仓库防火措施。

(1)掌握人工操作和机械操作安全规范。
(2)掌握灭火方法,学会使用消防灭火器材。
(3)具有团队合作精神和应急抗挫的能力。

项目一　了解仓储安全管理

【案例8-1】
司机视线被挡盲目行驶作业致人重伤
一、事故简介
(一)事故梗概
1. 事故名称:某仓库"2·17"设备伤害事故。
2. 时间:1998年2月17日晚上。
3. 地点:某库房2号门前。
4. 事故造成的危害:一人骨盆骨折,多处肋骨骨折,胸腔内出血。
(二)事故发生经过
1998年2月17日晚,某仓库理货员Q负责一批到货胶合板的验收入库工作。晚上8:30,理货员Q由卸车现场准备进入库房内查看货物堆码情况,行至2号门时,遇叉车司机L驾驶载有2箱叠加胶合板(每箱重约1吨)的叉车也经由2号门进库。由于叉车司机L的视线被前方货叉上的胶合板遮挡,加上现场光照度不足,没有看到正在前面行走的理货员Q(Q当时也没有留意身后行进中的叉车),进入库房时从身后将Q撞倒,并将其上半身压在叉车底下,导致理货员Q骨盆骨折,多处肋骨骨折,胸腔内出血。

（三）对该事故的认定结果

经过单位对该事故的调查、分析认定，叉车司机 L 作业中存在违规行为：

（1）为提高作业效率使得货叉上货物过高，导致无法观察到前方情况，作业中存在安全隐患。

（2）在夜间现场灯光不足、货物遮挡视线的情况下，没有注意观察和确认前方路面和行人情况，冒然驾车行驶导致事故发生。

（3）进出库门前也未按规定减速行驶并鸣笛示警。理货员 Q 安全意识淡薄，在作业现场及进出库房大门时，未注意观察身边作业叉车的行驶状态，主动靠边行走或采取避让措施。

以上是一起人为因素导致的安全事故，两人在事故中均有过失和责任。

（四）事故分析直接原因

（1）叉车司机 L 为提高作业效率而忽视作业安全，违反安全操作规程，将两箱胶合板叠加装载，高度遮挡了视线，在装卸操作、载货行驶中无法全面观察作业环境和前方路面情况；当进入库房大门时不减速转弯，也未按规定发出警示信号。

（2）理货员 Q 安全意识淡漠，忘记自身所处作业环境的高度危险性，不注意行走路线和所处位置，没有注意观察附近叉车的行驶状态，并保持安全距离。

（五）针对此类事故的预防措施和建议

（1）切实抓好叉车司机的上岗前培训工作，认真落实考核合格、持证上岗的管理要求。

（2）进一步加强安全生产的意识教育，让员工认识到身边存在的危险，主动增强自我保护意识。

（3）安全监管部门在安全巡查中，既要查禁作业中的"三违"现象，又要关注排查现场中的安全隐患。

（4）当叉车所叉载的货物超过视线时，必须倒车行驶，不得在前方视线不清的情况下盲目行驶。

（5）理货员在作业现场要选择正确的站位，与作业或运行中机械设备保持足够的安全距离。

（6）加强作业管理协调。合理调配人员，杜绝疲劳作业。

（摘自：《叉车作业安全事故案例》，https://wenku.baidu.com/view/56b0086148d7c1c708a145de.html）

思考与互动：

1. 根据本案例列出仓库叉车不安全操作有哪些。对于其应如何规避？

2. 仓库安全管理还涉及哪些方面？

理论任务 1　仓库安全管理概述

1. 仓库安全管理的概念

仓库安全管理是将仓库作为一个系统，为实现仓库安全目标而进行的有关决策、计划、组织、实施、控制等方面的活动。

仓库安全管理措施是针对物品在仓储环节对仓库建筑要求、照明要求、物品摆放要求、消防要求、收发要求、事故应急救援要求等综合性管理措施。仓库安全管理员要严格遵守各项章程。

2. 仓库安全管理的意义

仓库是企业物资供应体系的一个重要组成部分，是企业各种物资周转储备的环节，同时担负着物资管理的多项业务职能。仓库管理因为作业对象的多样性，作业场地的多样性，机械作业和人力作业并重，任务的突发性、不均衡性、强迫性以及存在不规范的货物等原因，形成诸多不安全因素。

仓库又是物资聚集，一旦发生火灾，扑救难度大，易造成重大损失，危害公共安全。因此，如何保管好库存物资，做到库存物资数量准确，质量完好，收发迅速，供应及时，仓库安全管理在这里发挥着重要作用。

仓库加强安全管理，提高仓储安全技术水平，及时发现和消除仓库中的不安全因素，杜绝各类事故的发生，在保护仓库员工的人身安全，减免仓库货物的损失，间接提高仓库运转效率，保障仓库基础设施等方面具有十分重要的意义。

3. 仓库安全技术措施原则

仓库安全管理需构建安全管理措施。其主要包括组织机构图和应急响应程序；安全操作管理制度化；加强劳动安全保护；重视安全教育与培训。仓库制定安全技术措施应遵循以下原则：

（1）安全技术措施等级顺序。当劳动安全技术措施与经济效益发生矛盾时，应优先考虑安全技术措施上的要求，并按安全技术措施等级顺序选择安全技术措施。安全技术措施等级顺序如下：直接安全技术措施；间接安全技术措施；指示性安全技术措施；若间接、指示性安全技术措施仍然不能避免事故、危害的发生，则应采用安全操作规程、安全教育、培训和个体防护用品等措施来预防。

（2）根据安全技术措施等级顺序的要求，应遵循的具体原则有消除、预防、减弱、隔离、连锁、警告。

（3）安全对策措施的内容。库区平面布置的对策措施；防火、防爆对策措施；电气、设备安全对策措施；强噪声源、振动源的对策措施。

4. 安全技术要求

关于仓库安全，《消防法》第二十三条规定："储存可燃物资仓库的管理，必须执行消防技术标准和管理规定"。按照消防规定配备消防器材；严格遵守《实物管理制度》，做到手续齐全、账目清楚、日清月结、账物相符；库房要做到"三铁一锁一器"，三铁是指铁门、铁窗、保险柜，一锁指大铁锁，一器指报警器。发现问题要及时报告、及时维修，钥匙要由专人专管，防止和杜绝失盗现象；库房内、工作室禁止烟火。

（1）装卸搬运机械的作业安全：定期对职工进行安全技术教育；组织职工学习仓储作业技术知识；制定各项安全操作规程。

（2）仓库储备物资保管保养作业的安全：检查所用工具是否完好；作业人员应穿戴相应的防护服装；作业时要轻吊稳放，防止撞击和震动；工作结束后，及时洗手、洗脸、漱口或沐浴。

（3）仓库电器设备的安全：有可熔保险器和自动开关；有良好的绝缘装置；高压线经过之处有安全措施和警告标志；电工操作严格遵守安全操作规程；高大建筑物和危险品库房要有避雷装置。

（4）仓库建筑物和其他设施的安全：对于装有起重行车的大型库房、储备化工材料和危险物品的库房，都要经常检查维护，检查库房结构情况，对于地面裂缝、地基沉降、结构损坏，以及周围山体滑坡、塌方等情况应及时维修和排除。各种建筑物都得有防火安全设施。

理论任务2　仓储基本安全管理

仓库要有明确的基本原则，每个仓库工作者都必须清楚，并且基本原则需要张贴，让每个进入仓库人员都一目了然，然后在基本原则的前提下，选用最优适用方法。

（1）组织机构图和应急响应程序，包括确立安全组织机构、确认责任区域、明确安全职责、结合组织机构建立应急响应程序。

（2）加强安全保护。仓库安保的原则是预防为主、严格管理、确保重点、保障安全和主管负责制。建立治安保卫管理制度，搞好仓库大门和要害部门的守卫工作，做好治安检查工作、加强巡逻检查工作、配备和使用防盗设施、制定治安应急预案。

（3）防范自然灾害。其包括建立防雷措施，如规划防雷网区域、布置防雷网、进行防雷检测，还需要进行防汛，如布置雨水管道、保持日常畅通，低洼处设局部排水措施，在雨季来临前做好仓库防漏和雨水管道完好检查整改。

（4）开展安全培训。新员工、转岗、六个月后复岗需进行岗前安全培训；新工艺、新设备、新材料、新技术、新产品需进行新操作培训和安全注意事项教育。

理论任务3　仓储安全作业管理

1. 人力操作安全要求

普遍认为，如果物体重量超过人体的承受能力时，急性安全事故频率增加，累积损伤加大。

（1）人力作业仅限制在轻负荷的作业。

体力搬运重量主要指人体搬运物体的重量，也包括单次搬运重量与全日搬运重量。单次搬运重量指人体每一次搬运的重量。全日搬运重量指人体工作日单次搬运重量的总和。为了保护职工的健康，《体力搬运重量限值》（GB 12330—90）规定，体力搬运重量极限值为：

男子搬 15kg/次、全日 18t 或 90t·m；扛 50kg/次、全日 20t 或 300t·m；推或拉 300kg/次、全日 30t 或 3000t·m。

女子搬 10kg/次、全日 8t 或 40t·m；扛 20kg/次、全日 10t 或 150t·m；推或拉 200kg/次、全日 16t 或 1600t·m。

（2）尽可能采用人力机械作业。

（3）只在适合作业的安全环境进行作业。

（4）作业人员按要求穿戴相应的安全防护用具（如防砸鞋、棉质手套），使用合适的作业工具进行作业。

合适的穿着主要考虑所从事工作和环境温度，如长袖长裤会保护我们皮肤不被划伤和磨损。人工搬运必须穿特种劳保鞋（防滑、防砸），从脚上给我们足够支持。

（5）物品太重请人帮忙，多人协作事先计划好动作、搬运路线，不可单方面地突然放下物品，关键在于口头协调。

（6）勿用猛力，搬运的物品高于自己的胸口时，应考虑重量和物品的状态、环境，必要时寻求帮助。

(7) 合适安排工间休息：每作业 2 小时至少有 10 分钟的休息时间，每 4 小时有 1 小时休息时间。

(8) 搬运时要匀速，不可奔跑，注意周围环境。

(9) 转弯时，靠脚步的移动来转弯，而不是靠身体的扭动迫使转弯。

(10) 必须有专人在现场指挥和进行安全指导，严格按照安全规范进行作业指挥。

2．机械作业安全要求

(1) 使用合适的机械、设备进行作业。

(2) 所使用的设备具有良好的工况：危险品作业时还需要减低负荷 25%作业。

(3) 设备作业要有专人进行指挥。

(4) 汽车装卸时，注意保持安全间距。汽车与堆物距离不小于 2 米，与滚动物品距离不得小于 3 米。多辆汽车同时进行装卸时，直线停放的前后车距不得小于 2 米，并排停放的两车侧板距离不得小于 1.5 米。

(5) 移动吊车必须在停放稳定后方可作业。

(6) 载货移动设备上不得载人运行。

(7) 货物装卸与搬运要求专人专机，建立岗位责任制，防止丢失和损坏。

(8) 货物装卸操作手应做到"会操作、会保养、会检查、会排除一般故障"。

3．特种作业及设备的管控

(1) 年检：若年检在 4 月份，则必须在 3 月份提出申请。

(2) 内燃式叉车：原则上不允许进入仓库，应做好阻燃措施。

(3) 机动车：刹车、倒车警报、给类指示灯、编号、牌照等完好。

(4) 道路上限速要求：空车低于 15 公里/小时、载货物时低于 10 公里/小时。转弯处减速、鸣喇叭、打转向灯。

(5) 特种作业人员：必须持证操作，严禁其他人员作业。

(6) 每辆机动车：须标识责任人和联系电话，操作机动车必须经过责任人同意。

(7) 其他：叉车作业时附近人的管理、维护保养。

理论任务 4　仓库安全管理信息系统

1．系统的基本要求

仓库安全系统是一个多因素、多环节、多专业的综合系统，包括人、物、环境诸多因素，渗透于仓库的每项工作之中，贯穿于仓储物资的接收、储存、养护、包装、装卸搬运、发放等环节，涉及诸多技术和管理问题。可见，仓库的安全管理十分复杂。

仓库安全管理综合信息系统，是把门禁系统（IC 卡开门）、环境监控系统、财务管理系统、合同管理系统、报警控制系统和数据处理系统结合在一起，充分利用先进的计算机技术和控制手段。它既能通过音频、视频以及红外线、雷达、震动等传感器，实时监控对所有分库的开门、取物、检修等操作，又能对防区内的警报信号立即处理或自动上报。它还是一个仓库的数据中心，能完成人员、仓储信息处理以及自动报时、鸣号、熄灯、开关高压电网、布撤防等控制。另外，该系统还与财务管理系统、合同管理系统集成在一起，构成一个安全、主动和综合的仓库管理系统。

随着社会信息交流的日益加强和信息量的集聚增加，仓储管理部门越来越需要一套低成本、高性能、方便使用、功能完善的综合仓库监控管理系统。

要求仓库安全管理信息系统具有立即捕捉警情并提供警情发生地的有关信息（如地图、位置、类型、程度、平面图、地形图、结构图以及警情发生地的仓储情况等），计算机系统马上对警情做出反应，迅速通知值班人员和仓库管理员（通过声光等信号形式），可能的话还可立即对警情发生地实施控制（如接通高压电网、自动封闭门窗、拉响警笛、打开探照灯等）。对重要的警情要立即通过计算机网络或内部电话、自动交换网上报上级主管部门。特别是要求系统能完整记录从发生警情到上报，进而做出处理的全过程，以便于事后分析处理。

2. 系统的功能描述

（1）定时自动测量并记录湿度、温度，能够触发越界报警。

（2）可挂接多种类型的防区，每个防区可以是震动、雷达、红外线等类型的一种。

（3）系统对每个警情立即反应，指出地点、位置等，给出警情所在地的结构图，并能自动启动警号、灯光等报警设备，必要时可立即自动拨号上报上级主管部门。

（4）双 IC 卡开门，并自动记录开门时间、持卡者身份等信息。

（5）对钥匙统一管理，记录取钥匙的时间、人员等信息。

（6）可以进行人员管理、仓储管理、财务管理、合同管理等内容。

（7）自动记录管理员交接班日志，对仓库的操作也均有记录。

（8）可根据综合条件检索历史记录，并可打印输出。

（9）对人员的情况、密码（管理员）、防区所接传感器参数均可随时更新。

综上所述，系统所完成的功能是比较全面的。其中以处理警情的优先级最高，一旦发生警报，应立即停止其他事务性处理工作，转为响应处理警报。由于这种系统具有一定的技术先进性、新颖性和实用性，所以可以对仓储信息进行有效的安全管理。

理论任务 5 远程视频监控系统

目前很多仓库已逐步实现无人值班或职守。对于仓库，除了常规的自动化系统之外，远程视频监控系统已逐步成为无人值班仓库新增的而且是一个十分必要的自动化项目，是其他自动化手段不可替代的。

1. 系统的基本要求

常规意义上的远程监控系统，是调度自动化的主要内容。它们是实现仓库无人值班或职守的必要条件，但仅仅依靠调度自动化的现有技术手段，实现仓库的无人值班或职守是不完善的，这是因为仓库是重点场所，安全要求非常高。为了保证安全，应对环境状况、设备运行、文明生产等各类情况加以监视，特别是要防范火灾、爆炸、泄露、失窃以及恶意破坏等，对安全生产构成极大威胁的情况加以监视。

以视频监控为核心的环境监控系统，可以包含各类报警信号（如红外、运动、门磁、声音、震动、微波、温度、湿度等），经中央单元的处理，进行视频录像并联动各类行动输出（如警号、锁具、消防设备等），经过进一步开发，可以较好地应用于无人值班仓库。

仓库远程监控系统的主要用途，即用于安全防范、环境状况和对付自然灾害等。在调度或监控站即可实现对仓库现场进行直观监视，这些都有助于无人值班仓库的安全生产工作。

另外，对于仓库的设备检修工作或事故处理过程，远程监控系统还可以提供录像记录手段，为事后分析事故原因和事故处理过程提供可靠的依据。

远程监控系统主要由三个互相衔接的部分组成：仓库现场、网络传输和远程监控中心。

2. 系统的主要功能

仓库的远程监控系统，实际上是一个以多媒体技术为核心，涵盖了音视频压缩、通信、计算机网络技术较为复杂的综合系统。它主要完成对仓库环境空间的安全防范监控，可以对必要生产设备实现可视化管理甚至校验；同时具备集中性和远程性，主要功能分为以下几个部分：

（1）实时视频监控。在监控终端上，接收来自仓库的实时图像；选择不同的摄像机，遥控云台转动，遥控摄像机的镜头，如变焦、聚焦等。

（2）集中远程监控。可通过网络对远程监控点进行实时的视频监控和音频监听；可通过远程客户端软件，实现对现场云台、镜头的方向控制，变倍、变焦等操作；可接收远程报警点的报警信息，并可联动弹出图像。

（3）报警联动。事先设定报警联动关系，在发生报警时启动相应设备，如烟感报警时，启动消防装置及录像装置。

（4）可视校验。与常规四遥系统相配合，实现对某些必要的设备进行可视化校验，其图像还可方便地存入图像数据库中，作为历史资料保存。本系统拟在无人职守情况下，实现如下功能：

1）他人非法闯入仓库，破坏设备等非法行为。

2）监控区域内视频信号丢失报警。

3）本地硬盘所记录的数据已满，要求更换硬盘。

4）当上述事件发生时，本系统可向监控中心提供声光报警。

5）可将变电站内的数据仪表信息上传至监控中心。

6）根据用户的需求，监控区域的图像可以压缩后存入本地硬盘，并可以根据日期、时间、监控名称为条件进行检索。

实践任务　仓储安全管理

根据美国劳动署的统计资料，货车及仓库运输作业是全美工业事故发生率最高领域。快速移动的叉车载运重负荷货物并在狭小的区域操作，很容易引起事故的不断发生。每年平均每个装卸平台大约通过100000次，因此发生事故的概率也很大。当事故发生时，将导致员工永久的致残或更为恶劣的后果。在美国，一个30岁的员工因工伤导致残废后所需承担的费用可能达100万美元。

常见的仓库三大风险如下：高处坠落、物体坠落、叉车安全。

1. 请将事故图片与其风险描述相匹配。

图1

图2

图 3

图 4

2. 请将事故图片与其违反的仓库安全描述相匹配。

图 1

图 2

图 3

图 4

（1）保证你的身体在叉车的顶架下面。
（2）禁止在消防设施前堆放材料、停放叉车。
（3）需要选择适当物料搬运设备。
（4）堆放过程中使用的托盘、容器和其他装置若有损坏或不稳固，必须立即停止使用，并清除出存储区域。空货盘必须安全地储存以防止坠落。

3. 遵照以下人工搬运安全操作要求，在实训室开展安全操作实训。

人工搬运安全操作要求：
（1）两脚稍微张开与臀部对齐。
（2）用手掌和手指紧捏货物。

（3）弯曲膝盖，使身体与搬运物体保持正确的高度。
（4）挺直膝盖以提起货物，尽量把压力分给大腿和小腿。
（5）抬头伸颚，腰部与垂直方向的倾斜度大于20°。
（6）货物紧靠身体胸部到大腿之间，使货物的重心保持在身体重心上。
（7）搬运物品时，不要有扭动、弯曲和前倾。
正确使用退和拉：
（1）尽量使用腿部力量。
（2）站得稳，鞋子是关键。
（3）身体到位：身躯稍微向前倾（推），稍微向后倾（拉），手臂稍微弯曲，不要僵硬，双手保持在腰部以上。
（4）小心斜坡，斜坡可以减免我们的力度，但是不要让冲力失去自己控制物品的能力。

4．遵照以下叉车搬运安全操作要求，在实训室开展安全操作实训。

叉车搬运安全操作要求：
（1）搬运货物时，货物稳固在叉车上，货物的大小不宜超出叉子太多。
（2）人车分道，叉车通道宽度2.5米。
（3）不是紧急情况下，叉车不允许急停、急速转向，转向和开启时注意周围环境。
（4）叉车不能在地面倾斜的地方升降货物，不能在行驶时升降货物。
（5）叉车在作业时，禁止人员进入升举范围内。
（6）尤其在升降货物时应格外小心，对于有小心轻放、请勿倒置等搬运要求的，按提示要求搬运。

项目二　加强仓储消防管理

【案例8-2】

天津港"8·12"瑞海公司危险品仓库火灾爆炸事故被认定为是一起特别重大的生产安全责任事故。

一、事故基本情况

（一）事故发生的时间和地点

2015年8月12日22时51分46秒，位于天津市滨海新区吉运二道95号的瑞海公司危险品仓库运抵区（"待申报装船出口货物运抵区"的简称，主要用于出口集装箱货物的运抵和报关监管）最先起火，23时34分06秒发生第一次爆炸，23时34分37秒发生第二次更剧烈的爆炸。事故现场形成6处大火点及数十个小火点，8月14日16时40分，现场明火被扑灭。

（二）事故现场情况

事故现场按受损程度，分为事故中心区、爆炸冲击波波及区。事故中心区为此次事故中受损最严重区域，该区域东至跃进路、西至海滨高速、南至顺安仓储有限公司、北至吉运三道，面积约为54万平方米。两次爆炸分别形成一个直径15米、深1.1米的月牙形小爆坑和一个直径97米、深2.7米的圆形大爆坑。以大爆坑为爆炸中心，150米范围内的建筑被摧毁，东侧的瑞海公司综合楼和南侧的中联建通公司办公楼只剩下钢筋混凝土框架；堆场内大量普通集装箱和罐式集装箱被掀翻、解体、炸飞，形成由南至北的 3 座巨大堆垛，一个罐式集装箱被抛进中联建通公司办公楼 4 层房间内，多个集装箱被抛到该建筑楼顶；参与救援的消防车、警车和位于爆炸中心南侧的吉运一道和北侧吉运三道附近的顺安仓储有限公司、安邦国际贸易有限公司储存的 7641 辆商品汽车和现场灭火的 30 辆消防车在事故中全部损毁，邻近中心区的贵龙实业、新东物流、港湾物流等公司的 4787 辆汽车受损。

爆炸冲击波波及区分为严重受损区、中度受损区。严重受损区是指建筑结构、外墙、吊顶受损的区域，受损建筑部分主体承重构件（柱、梁、楼板）的钢筋外露，失去承重能力，不再满足安全使用条件。中度受损区是指建筑幕墙及门、窗受损的区域，受损建筑局部幕墙及部分门、窗变形、破裂。

（三）人员伤亡和财产损失情况

事故造成 165 人遇难，8 人失踪，798 人受伤住院治疗；304 幢建筑物、12428 辆商品汽车、7533 个集装箱受损。

截至 2015 年 12 月 10 日，事故调查组依据《企业职工伤亡事故经济损失统计标准》（GB6721—1986）等标准和规定统计，已核定直接经济损失 68.66 亿元，其他损失尚需最终核定。

（四）环境污染情况

通过分析事发时瑞海公司储存的 111 种危险货物的化学组分，确定至少有 129 种化学物质发生爆炸燃烧或泄漏扩散，其中，氢氧化钠、硝酸钾、硝酸铵、氰化钠、金属镁和硫化钠这 6 种物质的重量占到总重量的 50%。同时，爆炸还引燃了周边建筑物以及大量汽车、焦炭等普通货物。本次事故残留的化学品与产生的二次污染物逾百种，对局部区域的大气环境、水环境和土壤环境造成了不同程度的污染。

二、事故直接原因

（一）最初起火部位认定

通过调查询问事发当晚现场作业员工、调取分析位于瑞海公司北侧的环发讯通公司的监控视频、提取对比现场痕迹物证、分析集装箱毁坏和位移特征，认定事故最初起火部位为瑞海公司危险品仓库运抵区南侧集装箱区的中部。

（二）起火原因分析认定

（1）排除人为破坏因素、雷击因素和来自集装箱外部引火源。公安部派员指导天津市公安机关对全市重点人员和各种矛盾的情况以及瑞海公司员工、外协单位人员情况进行了全面排查，对事发时在现场的所有人员逐人定时定位，结合事故现场勘查和相关视频资料分析等工作，可以排除恐怖犯罪、刑事犯罪等人为破坏因素。

现场勘验表明，起火部位无电气设备，电缆为直埋敷设且完好，附近的灯塔、视频监控设施在起火时还正常工作，可以排除电气线路及设备因素引发火灾的可能。

同时，运抵区为物理隔离的封闭区域，起火当天气象资料显示无雷电天气，监控视频及证人证言证实起火时运抵区内无车辆作业，可以排除遗留火种、雷击、车辆起火等外部因素。

（2）筛查最初着火物质。事故调查组通过调取天津海关 H2010 通关管理系统数据等，查明事发当日瑞海公司危险品仓库运抵区储存的危险货物包括第 2、3、4、5、6、8 类及无危险性分类数据的物质，共 72 种。对上述物质采用理化性质分析、实验验证、视频比对、现场物证分析等方法，逐类逐种进行了筛查：第 2 类气体 2 种，均为不燃气体；第 3 类易燃液体 10 种，均无自燃或自热特性，且其中着火可能性最高的一甲基三氯硅烷燃烧时火焰较小，与监控视频中猛烈燃烧的特征不符；第 5 类氧化性物质 5 种，均无自燃或自热特性；第 6 类毒性物质 12 种、第 8 类腐蚀性物质 8 种、无危险性分类数据物质 27 种，均无自燃或自热特性；第 4 类易燃固体、易于自燃的物质、遇水放出易燃气体的物质 8 种，除硝化棉外，均不自燃或自热。实验表明，在硝化棉燃烧过程中伴有固体颗粒燃烧物飘落，同时产生大量气体，形成向上的热浮力。经与事故现场监控视频比对，事故最初的燃烧火焰特征与硝化棉的燃烧火焰特征相吻合。同时查明，事发当天运抵区内共有硝化棉及硝基漆片 32.97 吨。因此，认定最初着火物质为硝化棉。

（摘自：《天津港"8·12"瑞海公司危险品仓库特别重大火灾爆炸事故调查报告》，http://www.safehoo.com/Case/Case/Blaze/201806/1524366.shtml）

思考与互动：

1. 简述本次事故基本情况。

2. 造成危险品库火灾事故的原因可能有哪些？

3. 本次火灾事故的原因是什么？应该如何防范？

理论任务 1　认知仓库火灾知识

由于仓库储存物资种类繁多，性质不一，储存条件的防火要求各异，且火灾损失大，因此仓库是消防安全的重点单位。关于仓库安全，《消防法》第二十三条规定："储存可燃物资仓库的管理，必须执行消防技术标准和管理规定。"按照消防规定配备消防器材；严格遵守《实物管理制度》，做到手续齐全、账目清楚、日清月结、账物相符；库房要做到"三铁一锁一器"，三铁是指铁门、铁窗、保险柜，一锁指大铁锁，一器指报警器。发现问题要及时报告、及时维修，钥匙要由专人专管，防止和杜绝失盗现象；库房内、工作室禁止烟火。

1. 燃烧知识

凡有热和光一起放出的氧化反应，称为燃烧。燃烧是空气中的氧和可燃物质的一种强烈的化学反应，也就是可燃物的激烈氧化。在这种化学反应中，通常要发出光和火焰，并放出大量的热。发生燃烧，必须同时具备三个条件，即

可燃物：在常温下能燃烧的物质。如木材、纸张、汽油、酒精、氢气、乙炔、金属钠、镁等。

助燃物：支持燃烧的物质，包括空气中的氧气、释放氧离子的氧化剂。如空气、氧气、氯、过氧化钠、氯酸钾、高锰酸钾等。

着火源：物质燃烧的热能源，不论是明火源还是其他火源实质上都是引起易燃物燃烧的热能，该热能引起易燃物资的气化，形成易燃气体，易燃气体在火源的高温中燃烧，如明火、赤热体、火星、电火花等。

防止燃烧条件的产生，不使燃烧三个条件相互结合并发生作用，以及采取限制、削弱燃烧条件发展的办法，阻止火势蔓延，这就是防火的基本原理。

2. 火灾知识

火灾指在时间和空间上失去控制的燃烧所造成的灾害。火灾通常分为四类，见表 8-1。

表 8-1　火灾的分类

分类	项目	示例
A 类火灾	固体物质火灾。这种物质往往具有有机物性质，一般在燃烧时能产生灼热的余烬	如木材、棉、毛、麻、纸张火灾等
B 类火灾	液体火灾和可熔化的固体火灾	如汽油、煤油、原油、甲醇、乙醇、沥青、石蜡火灾等
C 类火灾	气体火灾	如煤气、天然气、甲烷、乙烷、丙烷、氢气火灾等
D 类火灾	金属火灾	如钾、钠、镁、钛、锆、锂、铝镁合金火灾等

火灾事故发生的原因主要有以下方面：

（1）火源管理不善。

（2）易燃、易爆炸性物资由于保管方法不当，搬运装卸中的事故而引起火灾。

（3）仓库建筑及平面布局不合理。

（4）防火制度、措施不健全，思想麻痹大意。

具体表现为放火、电气、违章操作、用火不慎、玩火、吸烟、自燃、雷击以及其他因素，如地震、风灾等。

3. 仓库火灾特性

仓库是物资聚集地，发生火灾时常具有以下特点：

（1）燃烧猛烈，容易蔓延扩大。储存可燃物资的仓库着火后，火势会迅速蔓延扩大，产生很高的温度。一般百货仓库的燃烧中心，温度往往在 1000℃ 以上，而危险化学品着火的温度就更高。高温不仅使火势蔓延速度加快，还会加速钢屋架的坍塌，妨碍消防人员接近火场施救。

（2）烟雾大，扑救困难。仓库平时门窗关闭，空气流通较差，对制止火势蔓延虽有一定好处，但容易产生大量烟雾，影响寻找火源，影响消防人员的视线和正常呼吸。

（3）通道容易阻塞，损失巨大。仓库内的通道原来就比较小，有些单位还往往违章堆放，以致堆垛又高、又大、又密，发生火灾后堆垛倒塌，通道受阻。有些危险品仓库在发生火灾时，由于燃速快，火势凶猛、烟雾浓、毒气大，易造成没有佩戴防毒面具的参加救援人员伤亡。

由于在仓储环境中常见的火源的温度都大大超出一般可燃物所需点火能量。所以，要求在有火灾爆炸危险的场所严禁烟火,禁止使用易产生火花的金属工具，不准机动车辆随便驶入，采用防爆电器，严格防火检修制度等。

4. 仓库火灾的着热火源

仓库火灾的种类有普通火火灾、油类火火灾、电气火火灾、爆炸性火灾。仓库火灾的着热火源有：

（1）明火与明火星。

（2）电火：电线短路、用电超负荷、漏电引起的电路电火花、电器设备的电火花、电器设备升温引起的燃烧。

（3）化学火和爆炸性火灾。

（4）自燃。

（5）雷电和静电。

（6）聚光。

（7）撞击和摩擦。

（8）人为破坏纵火。

理论任务 2　仓库防火

仓库中存放着大量物资，一旦发生火灾，将造成人员伤亡和巨大的经济损失。因此，仓库必须遵守消防法规和安全规程，把消防安全工作贯彻到仓储的各个岗位和全部活动中并确保防火安全。仓库的防火工作应从以下几方面着手加强。

1. 储存安全管理

（1）依据国家《建筑设计防火规范》的规定，按照仓库储存物品的火灾危险程度分为甲、乙、丙、丁、戊五类。

（2）露天存放物品应当分类、分堆、分组和分垛，并留出必要的防火间距；堆场的总储量以及与建筑物等之间的防火距离，必须符合建筑设计防火规范的规定。

（3）甲乙类桶装液体，不宜露天存放；必须露天存放时，在炎热季节必须采取降温措施。

（4）库存物品应当分类、分垛储存，每垛占地面积不宜大于100平方米，垛与垛间距不小于1米，垛与墙间距不小于0.5米，垛与梁、柱间距不小于0.3米，主要通道的宽度不小于2米。

（5）甲、乙类物品和一般物品以及容易相互发生化学反应或者灭火方法不同的物品，必须分间、分库储存，并在醒目处标明储存物品的名称、性质和灭火方法。

（6）易自燃或者遇水分解的物品，必须在温度较低、通风良好和空气干燥的场所储存，并安装专用仪器定时检测，严格控制湿度与温度。

（7）物品入库前应当有专人负责检查，确定无火种等隐患后，方准入库。

（8）甲、乙类物品的包装容器应当牢固、密封，发现破损、残缺、变形和物品变质、分解等情况时，应当及时进行安全处理，严防跑、冒、滴、漏。

（9）使用过的油棉纱、油手套等沾油纤维物品以及可燃包装，存放在安全地点定期处理。

（10）库房内因物品防冻必须采暖时，应当采用水暖，其散热器、供暖管道与储存物品的距离不小于0.3米。

（11）甲、乙类物品库房内不准设办公室、休息室；其他库房必须设办公室时，可以贴邻库房一角设置无孔洞的一、二级耐火等级的建筑，其门窗直通库外，具体实施应征得当地公安消防监督机构的同意。

（12）储存甲、乙、丙类物品的库房布局、储存类别不得擅自改变；如确需改变的，应当报经当地公安消防监督机构同意。

2. 装卸管理

（1）进入库区的所有机动车辆，必须安装防火罩。

（2）蒸汽机车驶入库区时，应当关闭灰箱和送风器，并不得在库区清炉；仓库应当派专人负责监护。

（3）汽车、拖拉机不准进入甲、乙、丙类物品库房。

（4）进入甲、乙类物品库房的电瓶车、铲车必须是防爆型的；进入丙类物品库房的电瓶车、铲车，必须装有防止火花溅出的安全装置。

（5）各种机动车辆装卸物品后，不准在库区、库房、货场内停放和修理。

（6）库区内不得搭建临时建筑和构筑物；因装卸作业确需搭建时，必须经单位防火负责人批准，装卸作业结束后立即拆除。

（7）装卸甲、乙类物品时，操作人员不得穿戴易产生静电的工作服、帽和使用易产生火花的工具，严防震动、撞击、重压、摩擦和倒置；对易产生静电的装卸设备要消除静电。

（8）库房内固定吊装设备需维修时，采取防火安全措施，经防火负责人批准后方可进行。

（9）装卸作业结束后，应当对库区、库房进行检查，确认安全后，方可离开。

3. 电器管理

（1）仓库的电气装置必须符合国家现行的有关电气设计和施工安装验收标准规范规定。

（2）甲、乙类物品库房和丙类液体库房的电气装置，必须符合国家现行的有关爆炸危险场所的电气安全规定。

（3）储存丙类固体物品的库房，不准使用碘钨灯和超过 60 瓦以上的白炽灯等高温照明灯具；当使用日光灯等低温照明灯具和其他防燃型照明灯具时，应当对镇流器采取隔热、散热等防火保护措施，确保安全。

（4）库房内不准设置移动式照明灯具；照明灯具下方不准堆放物品，其垂直下方与储存物品水平间距不得小于 0.5 米。

（5）库房内敷设的配电线路，需穿金属管或用非燃硬塑料管保护。

（6）库区内的每个库房应当在库房外单独安装开关箱，保管人员离库时，必须拉闸断电；禁止使用不合规格的保险装置。

（7）库房内不准使用电炉、电烙铁、电熨斗等电热器具和电视机、电冰箱等家用电器。

（8）仓库电器设备的周围和架空线路的下方严禁堆放物品；对提升、码垛等机械设备易产生火花的部位，要设置防护罩。

（9）仓库必须按国家有关防雷设计安装规范的规定，设置防雷装置并定期检测保证有效。

（10）仓库的电器设备，必须由持合格证的电工进行安装、检查和维修保养；电工应当严格遵守各项电器操作规程。

4. 火源管理

（1）仓库应当设置醒目的防火标志；进入甲、乙类物品库区的人员，必须登记，并交出携带的火种。

（2）库房内严禁使用明火；库房外动用明火作业时，必须办理动火证，经仓库或单位防火负责人批准，并采取严格的安全措施；动火证应当注明动火地点、时间、动火人、现场监护人、批准人和防火措施等内容。

（3）库房内不准使用火炉取暖；在库区使用时，应当经防火负责人批准。

（4）防火负责人在审批火炉的使用地点时，必须根据储存物品的分类，按照有关防火间距的规定审批，并制定防火安全管理制度，落实到人。

（5）库区以及周围 50 米内，严禁燃放烟花爆竹。

5. 消防设施和器材管理

（1）仓库内应当按照国家有关消防技术规范，设置、配备消防设施和器材。

（2）消防器材应当设置在明显和便于取用的地点，周围不准堆放物品和杂物。

（3）仓库的消防设施、器材，应当由专人管理，负责检查、维修、保养、更换和添置，保证完好有效，严禁圈占、埋压和挪用。

（4）甲、乙、丙类物品国家储备库、专业性仓库及其他大型物资仓库，应按照国家有关技术规范的规定，安装相应的报警装置，附近有公安消防队的宜设置与其直通的报警电话。

（5）对消防水池、消火栓、灭火器等消防设施、器材，应当经常进行检查，保持完整好用；地处寒区的仓库，寒冷季节要采取防冻措施。

（6）库区的消防车道和仓库的安全出口、疏散楼梯等消防通道，严禁堆放物品。

理论任务3　仓库灭火

1. 灭火方法

物质燃烧必须同时具备3个必要条件，即可燃物、助燃物和着火源。基于这些基本条件，一切灭火措施，都是为了破坏已经形成的燃烧条件，或终止燃烧的连锁反应而使火熄灭以及把火势控制在一定范围内，最大限度地减少火灾损失。这就是灭火的基本原理。

灭火的方法有如下几种：

（1）冷却法：如用水扑灭一般固体物质的火灾，通过水来吸收大量热量，使燃烧物的温度迅速降低，最后使燃烧终止。

（2）窒息法：如用二氧化碳、氮气、水蒸气等来降低氧的浓度，使燃烧不能持续。

（3）隔离法：如用泡沫灭火剂灭火，通过产生的泡沫覆盖于燃烧体表面，在冷却的同时把可燃物同火焰和空气隔离开来，达到灭火的目的。

（4）化学抑制法：如用干粉灭火剂通过化学作用，破坏燃烧的链式反应，使燃烧终止。

（5）综合灭火法：根据情况，多种灭火方法同时使用。

2. 常用的灭火器及使用方法

灭火器是一种轻便的灭火工具，它可以用于扑救初起火灾，控制蔓延。不同种类的灭火器，适用于不同物质的火灾，其结构和使用方法也各不相同。灭火器的种类较多，常用的主要有泡沫灭火器、二氧化碳灭火器、干粉灭火器和1211灭火器等。常用灭火器的种类及其使用范围见表8-2。

表8-2　常用灭火器的种类及其使用范围

灭火器的种类	使用范围
干粉灭火器	用于扑救易燃液体、有机溶剂、可燃气体和电气设备初起火灾
二氧化碳灭火器	用于扑灭贵重仪器、图书档案、电气设备及其他忌水物资的初起火灭
1211灭火器	用于扑救可燃气体、可燃液体、带电设备及一般物资的初起火灾
泡沫灭火器	用于扑救油类、木材及一般货物的初起火灾
四氯化碳灭火器	用于扑救电气设备初起火灾
清水灭火器	扑救一般固体火灾（如：竹木、纺织品等）
消防水桶及砂箱	用于扑救一般初起的火灾

3. 禁止用水灭火的情况

以下货物起火禁止用水灭火：

（1）电气设备：水可以导电，电路如未切断，用水灭火有触电危险。

（2）忌水货物：如钾、钠、镁、铝粉、电石等，能与水发生化学反应，易引起爆炸。

（3）油类、酒精和其他轻于水的易燃液体：此类货物能浮于水面，用水灭火会扩大火灾面积，但面积不广、厚度不超过3厘米时，可用雾状水扑灭。

（4）粉末状固体：如用水灭火时，能随水流的冲击，造成粉尘的飞扬，扩大灾害，可用雾状水扑灭。

（5）已经高度灼热的物体：如金属铸件和某些矿物体，与水接触会爆炸伤人，不宜用水灭火。

（6）其他过水能使质量变化或怕水的物资：如仪器、机电设备、纸张等，非万不得已时，避免用水扑救，应用其他方法施救。

4. 消防设备的管理

消防设备在管理时应注意：

（1）每个库房配备的灭火器不得少于2个，应悬挂在库外墙上，高地高度不超过1.5米，远离取暖设备，防止日光直射。对于灭火器，每隔15天就应检查一次，注意药料的完整和出口的畅通。灭火器的部件每半年要检查一次，每年要换药一次。

（2）每栋独立的库房至少要配备4个消防水桶。挂于明显位置，并不许挪作他用。

（3）每个仓库附近都要配备一定数量的消防桶。日常应保持存水满量，冬季防止结冰。

实践任务1　仓库应急预案

A 仓库应急预案

一、目的

仓库发生安全事故，为确保人、财、物得到及时救治，防止和控制事态蔓延，使事故损失降到最低，制定本应急预案。

二、组织机构

总指挥、副总指挥、灭火组、通信联络组、安全防护组、救护组、成员。

三、报警程序和接警处置程序

（1）无论任何部门（人员）发现火灾都应立即向公司保卫部联系（59621688）和向公安消防队报警（119）。

（2）报警时要沉着冷静，应向消防队接警人员描述清楚以下几个内容：

1）报警人的姓名、住址、工作单位、联系电话。

2）失火的准确地理位置。

3）能够了解失火的情况，如起火时间、燃烧特征、火势大小、有无被困人员、有无重要物品、失火周围有何重要建筑、行车路线、消防车和消防队员如何方便地进入或接近火灾现场等。

4）耐心回答接警人员的询问。

5）打完电话，应组织人员到各个路口等待消防车的到来，以便引导消防车和消防队员快速进入火灾现场。同时报告相关部门负责人，做好灭火前的必要准备工作，及时记录火灾情况。

（3）安全处接到报警后，应立即采取以下措施：

1）组织义务消防队赶赴现场，并及时通知事故发生部位的人员或电工切断着火部位的电源。

2）门卫值班人员在火灾事故期间，严格控制出入车辆和人员。

四、应急疏散组织程序和措施

疏散引导组在发生火灾时，先疏散被火势围困的人员，其次进行火势周围物资的疏散，同时要注意疏散人员的安全，疏散后的物资要放在不影响消防车通道和利于火灾扑救的安全地点，物资的放置点要留有一两名人员看守，防止疏散后有物资形成新的火点。

（1）在疏散时，要先疏散容易起火物资和贵重物资。

（2）消防队到达火场后，应听从公安消防人员的指挥进行疏散工作。

五、扑救初期火灾的程序和措施

（1）报警后，灭火组应迅速赶往失火地点，听从总指挥的统一指挥实施灭火。在总指挥未到达的情况下，就近利用消防水源和灭火器材迅速扑救火灾，防止火势蔓延。

（2）灭火组人员到达火灾现场时，如发现有人员被火势周围，应先救人，后救火，如发现有易燃易爆危险物品受到火势威胁时，应迅速组织人员将易燃易爆危险物品转移到安全地点。

（3）如起火物为化学药品或易燃易爆危险物品时，应在确定无爆炸危险的情况下，用干粉灭火器、沙子等物品进行扑救，用水将周围的可燃物品淋湿，但严禁用水扑救由化学药品或易燃易爆危险物品引发的火灾；如不能确定有无爆炸危险的，应在安全地点做好准备。

（4）在公安消防队到达火场后，应听从公安消防部门指挥人员的指挥，配合灭火工作。

六、通信联络、安全防护、救护的程序和措施

1. 通信联络组

（1）通信联络组在报警后，立即通知公司保卫部和各小组成员到达火灾现场。

（2）根据总指挥的指令，将破拆、停电、供水、车辆调配等灭火指令传达到火灾现场的各小组。

（3）将火场的进展情况及时反馈给消防队，保障火灾现场与外界的信息畅通。

2. 安全防护组

（1）安全防护组接到火警后，应首先控制车辆和无关人员厂区，同时迅速通知有关人员清理火灾区周围停放的车辆。

（2）派一名人员到路口引导消防车和消防队员快速进入火灾现场。

（3）火灾扑灭后，要全面检查现场，消灭阴燃火种，并派人保护好火灾现场，等待公安消防部门的监督检查，协助对火场进行现场调查。

3. 救护组

（1）救护组接到通知后，要迅速组织医护人员准备好抢救器械、药品、救护车等，迅速赶赴火灾现场，一旦发现有人受伤就实施抢救。

（2）如有人受伤或中毒，应根据伤势情况处理，必要时拨打120救护电话。

1. 阅读以下应急预案，用简单话语进行表述。

2. 将班级分为两组，分别进行模拟现场演练，一组演练，另外一组进行观察评价。

实践任务 2　安全管理表格

仓库安全管理中会涉及一些工作用表，常用的有仓库温湿度表、巡查记录表、报损申请表、仓库安全管理实施计划表、仓库安全日志、仓库安全日报表、仓库安全事故报告书、安全改善通知书、仓库保管工作考核表、仓库防火防盗工作考核表。具体如下：

仓库温湿度表

库号：　　　　　　放置位置：　　　　　　储存商品：
安全温度：　　　　安全相对湿度：

日期	上午							下午							备注
	天气	干球/℃	湿球/℃	相对湿度/%	绝对湿度/（g/m³）		调节措施	记录时间	天气	干球/℃	湿球/℃	相对湿度/%	绝对湿度/（g/m³）		调节措施	记录时间	
					库内	库外							库内	库外			
1																
2																
3																
4																
5																
6																
7																
8																
9																
10																
11																
12																

巡查记录表

检查项目	月　日 星期一	月　日 星期二	月　日 星期三	月　日 星期四	月　日 星期五	月　日 星期六	月　日 星期日
库房清洁							
作业通道							
用具归位							
货物状态							
库房温度							
相对湿度							

续表

检查项目	月 日 星期一	月 日 星期二	月 日 星期三	月 日 星期四	月 日 星期五	月 日 星期六	月 日 星期日
照明设备							
消防设备							
消防通道							
防盗							
托盘维护							
检查人							

注：1. 消防设备每月进行一次全面检查。
  2. 将破损的托盘每月集中进行维护处理。

报损申请表

时间：   报损仓库：

物资编号	商品名称	规格	数量	原因说明	拟处理方式

仓库安全管理实施计划表

| 主题 | 实施内容 | 负责人 | 查核 | 日期 | | | | | | | | |
				星期								

仓库安全日志

安全			事故						事故频率	对策指示事项
人员	时间	物资名称	存放场所	物资编号	内容	原因	损失额			

仓库安全日报表

日期：　　　　　　气候：　　　　　　温度：　　　　　　湿度：

检查结果	
建议事项	
主要负责人	意见
经理指示	

仓库安全事故报告书

事故内容			
发生地点			
见证人		事故责任人	
发生日期	年　月　日	发生时间	□上午　□下午　　时
事故原因			
事故状况			
处理方式	负责人：		
根本对策	负责人：		
追踪检查	负责人：		

审核：　　　　　　　　　　　　　制表：

安全改善通知书

检查日期：　　　　　　　　　　　　　　第　　　号

不安全因素	不合规则处或不安全情形	建议改善事项	改善期限	改善经过或结果

检查人：　　　　主要负责人：　　　　主管：

仓库保管工作考核表

绩效考核人员名单				
被考核人员				
考核地点		考核时间		
考核项目	考核内容		分值	实际得分
温湿度管理	正确读出干球和湿球的温度		10	
	正确读出相对湿度，查出绝对湿度		10	
	正确填写温湿度记录表		10	
物资防锈、除锈处理	正确涂防锈油防锈		6	
	选择合适的气相纸，正确包装物资		6	
	正确涂防锈油防锈		6	
	正确用手工除锈		6	
	正确涂防锈材料		6	
	正确用防锈材料包装物资		5	
物资防霉、除霉处理	正确涂刷防霉剂		6	
	正确喷洒防霉剂		6	
	正确放置防霉剂		6	
	找出库内长霉物资		6	
	正确晾晒		6	
	正确除去霉迹		5	
合计			100	

注：考核满分为100分，60~70分为及格，71~80分为中等，81~90分为良好，91分以上为优秀。

仓库防火防盗工作考核表

绩效考核人员名单				
被考核人员				
考核地点		考核时间		
考核项目	考核内容		分值	实际得分
防火工作	能及时查出仓库内的消防隐患，并提出整改措施		20	
	正确检查仓库的消防设施是否齐全有效		15	
	能够根据检查情况对仓库的消防工作提出整改意见		10	
防盗工作	能及时发现仓库防盗隐患，并提出整改措施		20	
	正确填写"门卫放行登记表"		15	
	正确填写"仓库巡查表"		10	
	正确填写"交接班表"		10	
合计			100	

注：考核满分为100分，60~70分为及格，71~80分为中等，81~90分为良好，91分以上为优秀。

1. 请熟悉以上表格内容。
2. 以小组为单位进行研讨以加深理解。
3. 根据这些表格对本校仓储实训室的安全状况进行查核记录。

单元小结

为了提高仓库安全管理和技术水平，本单元结合仓库管理实践，在论述仓储安全重要性的基础上，对仓库安全涉及的基本安全管理、操作安全管理、仓库安全监控系统、仓库火灾防范措施、危险品保管的注意事项等进行了系统的分析和介绍。

知识问答

1. 仓库的安全管理包含哪些方面？
2. 常用灭火器有哪些种类？分别适应于什么情况？
3. 哪些情况下不能用水来灭火？

能力拓展

危险品仓库的防火措施

危险化学品共有六千多种，常见的有两千多种。从消防角度考虑，按其主要危险特性可分为爆炸物品、氧化剂、压缩气体和液化气体、自燃物品、遇水燃烧物品、易燃液体、易燃固体、毒害物品、腐蚀物品、放射性物品。许多危险化学品都是怕热的。受热后挥发加快，体积急剧膨胀，饱和蒸气压升高，以至分解放热，引起爆炸燃烧。尤其夏季气温较高，在我国有些地区，白天可达40℃以上，超过了许多物质的闪点、燃点，容易引发燃烧爆炸，造成极大的危害性。危险品仓库防火措施如下：

（1）危险品仓库的选址要求。火灾爆炸危险性较大的物资仓库，应当规划在远离城市居民区的地方。根据《建筑设计防火规范》（GB 50016-2014）的要求，仓库建筑应采用相应的耐火等级，仓库之间必须留出足够的防火间距。

（2）分类储存和专仓专储。危险化学品则由于类别不同、性能各异，在受热、摩擦、震动、撞击、日光暴晒、遇水受潮、接触空气、接触有机物或相抵触的物品等因素的影响下，就会引起燃烧、爆炸。发生火灾时，灭火的方法也比较复杂。为了能使危险化学品的储存更加安全，人们经过长期的实践，逐步掌握了它们的特性，把它们分别储存在具有特殊要求的专门仓库里，并由具备专业知识的人员严加管理。

危险品有不同的安全要求，有些夏天要防暑降温，有些则要保温储存；有些忌水怕潮，有些则要浸泡在水里；有些化学性质活泼，有些则比较稳定；有些要密封储存，有些则应注意通风。如果把不同种类的危险化学品混放在一起，就很难适应不同的安全要求。仓库里的危险化学品一定要专库专存，严禁与其他物资混存混放。

性质抵触的物品不能同储。有些危险化学品的性质是不能互相接触的，只有单独存放才比较安全。如果与另一类物质相遇，就会引起燃烧、爆炸。例如，乙炔碰到氯气，硝酸碰到松节油，过氯酸碰到乙醚，高锰酸钾碰到甘油，氯酸钾碰到浓硫酸，乙醇碰到氧化钠都会很快发生燃烧，甚至引起爆炸。

灭火方法不同的物品不可混存。危险化学品不同于一般物质，着火后要根据它们的特性，采取不同的灭火措施。有些可以用水浇，有些则忌水；有的可用泡沫灭火，有的泡沫浇上去反而会扩大灾情；有些能用沙土覆盖，有的用沙土覆盖反而会引起爆炸……如果把灭火方法不同的物质放在一起，万一发生火灾，扑灭起来就会顾此失彼，十分困难。所以，危险化学品一定要分类存放，不可混存，运输时也不可混装。

易燃易爆品需单独存放。爆炸物品、易燃和可燃液体、遇水燃烧物品、易燃固体、放射性物品、自燃物品必须单独存放，不得与任何其他物品混存；易燃气体、助燃气体、氧化剂除了可与不燃气体共存外，不得与其他物品混存；毒害物品除可与不燃气体、助燃气体共存外，不得与其他物品混存。

除了危险化学品要专库储存外，用危险化学品加工制成的物资，如有硝酸纤的乒乓球、眼镜架、手风琴、三角尺、漆布以及日常生活用的发胶、花露水、樟脑丸、蜡纸改正液、香蕉水、油漆、鞭炮等也不能随便储存在普通的物资仓库里。如果普通物资与危险化学品混放在一起，安全就要受到严重威胁。

（3）危险品包装防火要求。危险化学品有各自的不同特性，对包装材料的要求也不一样。例如，苦味酸与金属反应就能生成敏感度更大的爆炸品，所以不能采用金属容器；一般的酸类都有腐蚀性，必须装在耐酸陶瓷坛或玻璃瓶里；氢氟酸的腐蚀性却又很特别，不仅能腐蚀很多金属，还能够与玻璃、陶瓷等反应，就只能盛装在铅容器里，或抗腐蚀性很强的塑料、橡胶桶里；有些固体物质忌水怕潮，外面还应再加防潮的沥青纸等。

危险化学品的包装大都要求密封。它们的挥发性、渗透性很强，有的容器内还有压力，稍有缝隙就会钻出来惹是生非。例如，酸类物质的气体挥发后，就有极大的腐蚀性，还会使人中毒；易燃液体蒸气逸出，就可能引起燃烧爆炸；可燃粉末漏出，会形成爆炸性混合物；氧化剂散漏，遇有机物也可能发生燃烧；有的物质因包装破损，遇到空气中的水分发生分解、放热，会产生可燃气体，甚至自行着火。

有些容器是玻璃、陶瓷的，很容易破碎；有些要防震、防摩擦。危险化学品的包装要经过检查，发现损坏、泄漏现象要及时更换包装，对泄漏出来的物质要妥善处理。一切危险化学品的包装外面，都必须标明物品的名称，涂刷或者粘贴上国家规定的标志。凡是没有名称、标志的产品不得出厂，承运单位也可拒绝运输。

（4）防暑降温，保持阴凉。夏季，在阳光的照射下，铁器会发烫，沥青路面也会变软。如果把桶装的易燃液体放在日光下暴晒，就很容易造成"胖桶"现象，还可能进一步引发爆炸。所以，不应露天堆放而必须放在阴凉的仓库里。对闪点特别低的物质，如甲乙醚、石油醚等，可在仓内放冰或设置冷冻盐水盘管，采用冷气、冷风等自动调节温度的措施来降温，使仓库内温度不超过 28℃。夏季白天气温高，所以运输危险物品要避开中午时间，一般应在早晚气温低的时候进行，如有特殊情况，必须在中午高温条件下运输的，则应采取切实可靠的遮阳、降温等安全措施。

小组活动：制作危险品仓库火灾危险性及防火措施宣传海报。

露天仓库的防火措施

露天仓库堆放地大都是可燃物，如棉花麻、化纤原料、稻草等，外面遮盖的又是苫布、芦席等，都是非常容易燃烧的物质。有些露天仓库的货垛与辅助部门、生活区混在一起，人员进出频繁，火种较多。露天仓库的装卸机械到处移动，经常使用临时电线，由于机械摩擦、电线放置不符合安全要求，经常会迸出火星。有些露天仓库的堆垛过高、过大，一旦堆垛起火，就是一片火海；堆垛布局也过密，发生火灾后蔓延迅速；发生火灾时气流会加速运动，很容易发生飞火，扩大燃烧范围；有的露天仓库远离水源，交通不便，扑救也比较困难。露天仓库扑救火灾往往延续较长时间。露天仓库常常是歹徒放火的首选目标。

露天仓库应当设在水源充足、交通方便、消防车能够到达的地方；仓库四周要砌筑高度不低于2米的围墙；仓库内货垛同生产辅助区、生活区应用围墙分隔；进入货场的人员不得携带火种，严禁吸烟，要有严格的出入库制度。

大型的露天货场应当分成若干组，组与组之间要留有较大的防火间距；堆垛与堆垛之间也应留有足够的通道；每个堆垛的占地面积不能过大，高度一般不超过8m。

起重装卸机械要符合防火安全要求，防止摩擦、撞击产生火星；货场内一般宜采用地下电缆，安装固定插座；使用移动式的电气线路，应用绝缘良好的橡胶绝缘电缆，接线角、开关柜、电动机等附近要经常保持清洁，防止积集麻线、飞絮、草木、粉末等可燃物。

仓库内应当配备一定的消防设备，并要有值班人员随时守护；无关人员严禁入内；大型露天仓库要按照国家防雷规范的规定，安装足够的避雷装置。

经常进行安全检查，对刚入库的物资要重点监视，防止夹入火种；对可能发生自燃的棉花、稻草和黄麻，更要经常检查，防止积热自燃。

小组活动：制作露天仓库火灾危险性级防火措施宣传海报。

课外阅读

某企业仓库安全管理制度

为了贯彻落实"安全第一，预防为主，综合治理"的安全方针，全面加强公司各仓库安全生产管理，防止发生安全生产责任事故，保证人身和财产安全，促进公司发展，根据国家《安全生产法》《消防法》和相关安全条例，结合公司实际制定本制度，请各部门严格执行，确保安全生产。

一、仓库安全责任

（1）仓库安全管理必须贯彻"预防为主"，实行"谁主管谁负责"的原则。

（2）仓库保管员应当熟悉储存物品的分类、性质、保管业务知识和防火安全制度，掌握消防器材的操作使用和维修保养方法，做好本职工作。

（3）仓库物品应当分类，严格按照"五距"（灯距、堆距、行距、柱距、墙距）的要求堆放，不得混存，严禁在消防通道堆放货物，严禁堵塞消防门及消防器材。

（4）仓库的电气装置必须符合国家现行的有关电气设计和施工安装验收标准规范的规定。

（5）库房内不准设置移动式照明灯具。照明灯具、电器设备的周围和主线槽下方严禁堆放物品，其垂直下方与储存物品水平间距离不得小于0.5米。

（6）每个库房应当在库房外单独安装开关箱，保管人员离库时。必须拉闸断电。禁止使用不合规格的保险装置。库房内不准使用电炉、电烙铁、电熨斗等电热器具和电视机、电冰箱等家用电器。

（7）仓库应当设置明显的防火标志。库房内严禁使用明火，不允许住人。

（8）仓库应当按照国家有关消防法规规定，配备足够的消防器材，并确保消防器材有效。

（9）落实仓库温度、电源安全管理责任和 24 小时值班巡逻等制度，落实逐级防火责任制和岗位防火责任制；组织开展防火检查，消除火险隐患。

（10）组建专职、义务消防队，定期进行业务培训，制订灭火应急方案，开展自防自救工作。

（11）库存物品应当分类、分垛储存，每垛占地面积不宜超过 100 平方米，垛与垛间距不小于 1 米，垛与墙间距不小于 0.5 米，垛与梁、柱间距不小于 0.3 米，主要通道的宽度不小于 2 米。

（12）装卸作业结束后，应当对库区、库房进行检查，确认安全后，方可离人。

（13）库区范围动用明火作业时，必须办理动火证，经公司安全与保障部批准，并采取严格的安全措施方可作业。动火证应当注明动火地点、时间、动火人、现场监护人、批准人和防火措施等内容。

（14）仓库的消防设施、器材，应当由专人管理，负责检查、维修、保养、更换和添置，保证完好有效，严禁圈占、埋压和挪用。

二、仓储部门经理安全责任

（1）仓储部门经理是仓库安全第一责任人，对经营管理的仓库安全生产负责，重点加强仓库消防安全、货物安全、货物装卸安全管理，防止安全责任事故发生。

（2）认真学习和贯彻执行国家《安全生产法》《消防法》等法律、法规，严格遵守公司的安全管理制度、操作规范。

（3）负责制订本部门安全生产工作计划，组织完成公司下达的安全任务。

（4）认真落实仓库的安全管理制度，做好仓库消防安全、防汛、防白蚁、防盗等工作，严禁在仓库储存限类货物。

（5）做好防台风、防汛、防火工作，定期进行应急预案演练。

（6）做好员工安全培训，每月召开一次安全例会，积极开展安全生产活动，加强安全生产教育与宣传，强化员工安全意识。

（7）每月进行一次安全隐患排查治理，检查重点包括：仓库结构安全及卫生状况、库区消防安全、库区安全用电情况、叉车安全技术、现场作业规范等，发现隐患及时落实整改。

（8）认真落实责任区的安全器材配备及检查，确保消防系统正常运作。严禁烟火，安全用电，禁止堵塞消防通道。

（9）落实公司叉车使用、管理制度，认真做好叉车等装卸设备的日常保养维护工作，确保车容车貌、安全技术良好。

（10）制定并落实叉车装卸和货物搬运操作流程，确保特种设备操作人员持证上岗，确保装卸作业安全。

（11）要求员工严格遵守电梯安全操作规定，实行电梯安全使用监督制度，避免电梯超载、撞击。

（12）落实进出仓库车辆的捆绑、苫盖和其他安全规范监督。

三、仓库管理员安全责任

（1）严格遵守国家安全生产法规和公司安全管理规章制度，保障自己及他人生命及财产安全。

（2）仓管员是所在库区的防火责任人，消防管理及消防防范工作是日常工作的重中之重，禁止在库区存放易燃易爆等危险品，做好库区周围的禁烟和防火管理，负责每月定期对消防栓、灭火器等消防设施进行维护检查，并认真填写"消防器材检查卡"。

（3）库区范围严禁明火作业，如特殊情况需明火作业，必须办理动火申请，经公司安全与保障部批准，并采取有效安全措施方可作业。

（4）必须按"五距"要求安全堆放货物，按规定留出安全通道，严禁在消防设施附近堆放货物，对超限货物设置围栏，并做好安全标识。

（5）按规定做好安全隐患巡查工作，积极采取有效措施排除一切安全隐患，及时报告隐患，并认真填写安全检查记录。

（6）确保安全用电，离开仓库时必须关闭库区内照明设施，库区内严禁使用生活电器设备。杜绝在仓库私自乱拉电线和安装照明设备，对于外来客户因工作需要临时拉线用电时，需报公司安全与保障部批准，并确保用电安全的情况下方可使用。

（7）认真落实现场安全操作流程，做好现场安全生产监督，及时制止并报告违章作业行为。

（8）不得随意带人进入仓库，对需进入仓库办理业务的外来人员要实行登记制度，并要求来访人员不得明火、不得随意走动、不得攀爬登高。

（9）如公司范围发生火灾或受台风暴雨袭击，应按照公司应急预案要求和统一部署，采取防范措施，积极参加抗灾抢险，确保人员、财产安全。

（10）发生安全生产事故要及时报告，并保护事故现场，积极配合相关调查处理工作。

四、仓库防火管理规定

（1）仓库管理部门应把仓库防火安全作为仓库管理工作的首要工作，自觉执行"四抓"，即抓隐患、抓苗头、抓措施、抓效果。

（2）严禁携带火种进入库房，不得存放易燃易爆的危险品，仓库区域内严禁吸烟，仓库配套的休息间严禁煮食。

（3）仓库内不准使用碘钨灯、电熨斗、电炉子、电烙铁等电加热器具，不准超负荷用电作业，不准用不合格的保险装置。

（4）每年至少对库房内灯具、电线等设备检查两次。禁止乱拉临时线，发现电线老化、破损，绝缘不良等可能引起打火、短路等不良因素，必须及时更新线路。

（5）物品应按"五距"要求码放。

（6）要保持库内通道和入口的畅通，消防器材要放在指定地点，不得随意挪动，在消防器材1米范围内不能堆放物品。

（7）对房间内配备的电器应按规定及有关制度办理，发现不安全因素如短路、打火、漏电、接触不良、超负荷用电等问题除及时采取措施外，要立即通知安全与保障部检修。

（8）下班时做到人走灯灭、关窗、锁门。

（9）在遇有火情时，应按应急方案采取灭火行动，并按上级指令疏散人员，由最近的消防楼梯撤离到安全地带。

（10）每月检查责任区的消防设施和器材，并在消防卡进行登记，对不合格的灭火器及时报告更换，确保仓库消防设施和器材清洁、完好。

（11）仓库内严禁点燃明火和明火作业，如因工作需要进行明火作业时，须经公司安全主任同意并采取可靠的安全措施方可作业。

五、货物安全管理规定

（1）货物必须按照"五距原则"堆放，并按货物包装提示安全堆码，货物摆放要分类、整齐、稳定、限高。

（2）对包装材料稳定性较差的货物、包装有锋利棱角的货物、叠层且偏高的货物要设围栏，警示标牌。

（3）禁止货物堵塞消防设施及消防通道。

（4）防止白蚁，仓库要定期进行白蚁防治检查和消杀，仓库所有工作人员都要对出入库的货物进行白蚁检查，严禁有白蚁的货物出入库房。

（5）切实做好库区内的防盗工作，确保仓库门窗紧固有效，杜绝无关人员进入仓库，对进入仓库操作人员或其他检查人员采取登记制度，仓管人员离开仓库时必须锁上仓库大门，仓库大门不准随便交与他人保管。

（6）在雨季和台风季节到来前，检查仓库大门、窗户是否紧固，墙体、屋顶是否有穿漏，发现问题及时处理，在库区内准备好绳子、篷布等防风、防汛工具，同时，要密切注意天气预报，如有台风来袭，安排人员巡逻值班，发生险情随时报告并组织抢险，确保库内人员、财产安全。

六、货物装卸安全规定

（一）叉车司机安全职责

（1）遵守国家相关安全法规、公司安全管理制度和社会公德，保障自己及他人生命和财产安全。持证上岗，自觉遵守操作流程，防止发生装卸安全责任事故。

（2）爱岗敬业，不断学习，提高叉车操作技能。爱护设备，做好叉车的日常保养，保持车容整洁，做好作业前安全检查，积极消除叉车安全技术隐患。杜绝叉车工作者带病作业。

（3）文明装卸，爱护货物，确保装卸作业安全。

（4）杜绝发生因车辆停放不稳定而盲目作业引发的安全事故。

（5）杜绝叉载超高、超宽、超长货物引发的安全责任事故。

（6）杜绝发生盲目操作而撞击损坏电梯安全责任事故。

（7）严禁把叉车交给无证人员驾驶车辆，杜绝用叉车搭载如何人员，不得擅自使用叉车设备。

（8）严禁酒后驾驶叉车，杜绝疲劳作业，休息时间不可沉湎于网络、麻将。

（9）严格遵守库区消防安全管理制度，积极参加公司应急救援行动。

（二）叉车作业规范

（1）叉车操作人员必须经过培训学习，获得叉车操作资格，并通过体检和视力测试合格，持证上岗。操作过程要确保"三不伤害"。

（2）做好出车前安全检查，检查项目包括叉车刹车系统、方向系统、轮胎、叉臂平衡、灯光、升降及门架是否正常，如有缺陷禁止侥幸作业。

（3）严禁酒后驾驶叉车，行驶途中不准进行饮食、打电话等与驾驶无关的行为。

（4）杜绝利用叉车设备载运任何人员，杜绝用叉车门架载运货物，不准用单一叉臂撬载货物，不能把叉车交给无操作资格的人员操作。

（5）作业前必须根据货物包装规格调整叉臂长度、宽度，并确认叉臂平衡固定。

（6）作业前确认车辆停靠稳定、车轮有三角垫、货物包装正常稳定，方可进行装卸作业。

（7）控制安全行驶速度，空车行驶不准超10公里/小时；叉载货物行驶速度不超5公里/小时，行驶过程应抬高叉臂离地面20～30厘米，叉臂后倾15°。

（8）在出入库门、通道及交叉口时，需遵守"一停、二看、三通过"原则，在作业区门口放置安全提示牌，并减速慢行，鸣笛警示。

（9）在进出仓库门和集装箱箱门及其他狭窄地带作业时，应注意避免碰挂周边设施及人员。叉载货物进入电梯要注意观察，不得撞击电梯，不得在地面和电梯内调整货物位置。

（10）在坡道上行使时，上坡载货时需要叉车正向行驶，下坡应倒车行驶，任何情况下都不允许在斜坡上调头。杜绝在坡道临时停放叉车。

（11）杜绝叉载超高货物，装载货物影响视线时，应倒车运行或专人指挥引导。

七、进出库区人员及车辆安全管理规定

（1）库区保安人员对来访人员、车辆进行登记审核，确认有正常来访目的且无携带危险物品后方可放行；对离开库区的人员、车辆要核查验放，对提货车辆凭出门条核对验放。

（2）保安人员引导外来车辆有序进入库区，监督外来车辆慢速行驶。

（3）要求提交货车辆在制定地方安全停放车辆，严禁堵塞消防通道，确保道路畅通。

（4）保安员及仓库管理人员要加强对提交或司机的管理，要求司机停妥车辆并熄火，严禁司机在库区范围随便走动，严禁司机在车底休息，防止司机在库区抽烟、随意大小便、乱丢垃圾，对违反上述规定者，给予批评教育和警告，对情节严重的给予500元罚款，并报告公司与对方单位进行交涉。

（5）加强库区范围消防管理工作，严禁任何单位或人员携带或载运易燃、易爆等危险物品进入物流基地；严禁任何人员在禁烟区吸烟，库区范围严禁生火或明火作业，如因工作需要进行明火作业时，须经公司安全管理部门审批同意并采取可靠的安全措施后方可作业。

（6）加强安全用电管理，定期检查库区范围的电线路，严防因水浸、虫噬、自然老化等，及时更换老化电路、开关；严禁在物流基地超负荷用电，杜绝在仓库违规使用电烙铁、电熨斗、电饭煲等高功率电器。

（7）加强安全宣传与教育，不断完善消防安全警示标志。

（8）做好库区的安全保卫，积极采取防盗措施，确保24小时巡逻值班，在库区内配备监控器、报警器和必要的防爆工具。

××物流有限公司
2017年5月17日

（摘自：《仓库安全管理制度》，https://wenku.baidu.com/view/a4a79e5ec4da50e2524de518964bcf84b8d52d63.html）

参考文献

[1] 薛威，尹军琪. 仓储作业管理[M]. 北京：高等教育出版社，2014.
[2] 李作聚，叶靖. 仓储配送中心布局与管理[M]. 北京：清华大学出版社，2010.
[3] 朱新民，秦龙有，陈克勤. 物流仓储[M]. 北京：清华大学出版社，2007.
[4] 孙红英，张洪革，刘文博，等. 仓储与配送管理[M]. 北京：中国人民大学出版社，2018.
[5] 马骏. 仓储实务[M]. 北京：中国物资出版社，2012.
[6] 邹晓春. 仓储部规范化管理工具箱[M]. 北京：人民邮电出版社，2008.
[7] 王瑜，邵林，温建明. 仓储与配送管理项目式教程[M]. 北京：北京大学出版社，2012.
[8] 中国物流与采购网 http://www.chinawuliu.com.cn/.
[9] 仓储社区 http://www.iepgf.cn/.
[10] 百度文库 https://wenku.baidu.com/.

附录　教学方法总结

教学方法	实施	能力
关键词陈述法	适用：课上学习 1. 学生在5~10分钟内独立阅读500字左右专业文章 2. 学生独立从文章中提取5个左右关键词，制成关键词卡片 3. 学生使用简短精练的语言口头陈述关键词的含义	1. 阅读书写能力和沟通演示能力 2. 能够独立阅读一篇500字左右的专业文章，提取关键词并进行口头解释
四角方式法	适用：课前导入，课尾总结 教室四角分别摆放白板，贴上不同颜色的纸条：白色、绿色、黄色和蓝色 不同颜色的含义：白色代表否定；黄色倾向于否定；蓝色倾向于肯定；绿色表示非常肯定	1. 沟通演示能力和职业态度 2. 能够清晰表达并阐述对某一事物或学习过程的态度和认识
扩展小组法	适用：课上学习 阶段一：独立工作，独立思考并写出答案 阶段二：2~3人合作，和学伴讨论，对讨论结果进行筛选 阶段三：4~6人小组合作，和学伴讨论，对讨论结果进行筛选，找到共同答案 阶段四：8~10人小组合作，和学伴讨论，对讨论结果进行筛选，写出共同答案	1. 阅读书写能力、沟通演示能力和解决问题能力 2. 能够独立阅读理解某一专业文章要点并与同伴进行沟通交流；能够在交流沟通中吸纳他人观点并与他人达成一致
旋转木马法	适用：课上学习 阶段一：半数学员在内圈，半数学员在外圈，一对一面对面，内圈学员向外圈学员说明学习文本的体会。限时完成 阶段二：内圈学员逆时针移动5个位次，外圈学员向内圈学员说明学习的心得体会。限时完成 阶段三：外圈学员顺时针旋转3个位次，内外圈学员自由谈论学习心得体会。限时完成 教师点评：双方要进行眼神交流，不要仅仅是埋头讲，注意观察听者的反应，必要时可以做记录和总结	1. 阅读书写能力和沟通演示能力 2. 能够独立阅读专业文章，通读理解，找出关键词句，将内容复述给别人；在沟通交流中能够在倾听中理解他人陈述的内容并通过询问把握内容要点；能够在转述过程中把握要点并清楚表达
关键词卡片复习法	适用：课前回顾 1. 请学员（学员由老师决定）解释（复述而非照读，可以查阅资料）随机抽中的卡片上的关键词，每组抽取一张 2. 所有人对其评价并补充答案。学员对其他学员的总结进行补充，当其他学员补充不全面的时候，教师可对解释中的问题进行进一步说明 3. 教师在选取抽取卡片的学员时是带有倾向性的，教师会根据需要"刻意安排"某些学员抽取卡片 4. 教师对学员的行为做"激励式点评"。表扬学员有益的行为。使用"卡片"的作用在于让进行解释的学员有心理上的依赖感，能够有明确的目标和主题 5. 第一次使用这种方法的时候，教师要做出示范并给学员一定的准备时间	1. 沟通演示能力和解决问题能力 2. 能够对专业术语或概念进行理解和记忆；能够清楚简洁地表述对某一特定概念的理解

续表

教学方法	实施	能力
伙伴拼图法	适用：课上学习 第一步：阅读某段专业文章 第二步：领取关键词，再次阅读，使用关键词向其他人进行解释说明 第三步：同伴之间使用关键词进行讨论，分析关键词与文章内容之间的关系 第四步：合作学习—搭档拼图 (1) 要求学伴之间进行文章解释（A、B两组学员结对子，交换信息） (2) 学员站起来寻找非临近学伴 (3) A把自己的关键词卡片依次交给B，向B解释文章内容；B依次返还关键词卡片，向A解释对A文章理解，A在此过程中进行修正补充 (4) B把自己的关键词卡片依次交给A，向A解释文章内容；A依次返还关键词卡片，向B解释对B文章的理解，B在此过程中进行修正补充	1. 阅读书写能力、沟通演示能力和解决问题能力 2. 能够独立阅读一篇500字左右的专业文章，提取关键词并进行口头解释；能够独立阅读专业文章，将内容复述给别人；在沟通交流中能够在倾听中理解他人陈述的内容并通过询问把握内容要点；能够在转述过程中把握要点并清楚表达
关键词海报法	适用：课上学习 1. 阅读并找出关键词，复读并找出关键词相关内容（教师分发小卡片） 2. 小组讨论，画出逻辑关系图，展示成可视化结果（有创造力，图画美观、简洁，图画中出现关键词）	1. 阅读书写能力、沟通演示能力和解决问题能力 2. 能够独立阅读一篇500字左右的专业文章，提取关键词；能够对学习内容进行可视化呈现；能够富于创造力地展现对某一知识点或某一知识结构的理解；能够与同伴协作共同实现对某一知识结构的条理化和逻辑呈现
小组拼图法	适用：课上学习 第一步：6人一组，每位组员从1~6编号，形成原始组 第二步：所有小组中的1号组成1组，2号组成2组，……6号组成6组——专家组 第三步：专家组小组讨论完成任务：讲义任务描述20分钟。六步法中的每一步都是十分重要的，请结合实例说明所在组指代的"某一步"的重要性，并根据由易到难排列"某一步"工作的难度等级。同时思考学生在完成"这一步"工作时教师和学生之间的关系，以及他们各自起到的作用。此外还要思考"每一步"完成过程中学习者非专业能力有哪些 第四步：学员回到原始组，在小组中报告自己在专家组的讨论结果。一人发言讲述最重要的内容，其他学员倾听，记录其他组员陈述的信息，如果没有理解一定要相互提问 实施要点：每个组员都要积极参与，发挥自己的责任感，充分发挥自己的思维特质，专家组中的组员们要互相协助，帮助每一个组员最后回到自己的原始组可以进行交流 教师要清楚解释学习过程的流程，防止学生忘记，可以发放号码卡片防止学生忘记自己的号码。这种方式不建议在学习初期阶段使用，它需要学生具有较好的学习能力基础	1. 阅读书写能力、沟通演示能力、解决问题能力、职业态度和工作方式友善（客户服务意识） 2. 能够独立阅读一篇1000字左右的专业文章；能够将内容复述给别人；在沟通交流中能够在倾听中理解他人陈述的内容并通过询问把握内容要点；能够在团队中准确把握自身责任，完成本职工作；能够通过集体协作完成对某一专业知识结构的全面理解，形成统一认识

续表

教学方法	实施	能力
团队海报法	适用：课上学习 团队建设内容：是什么将我们共同结合在一起？合作中我们关注什么？我们有哪些共同的愿景？需要每个人贡献什么 尽可能有创意，用彩色、图片，文字要少	1. 阅读书写能力、沟通演示能力和解决问题能力 2. 能够独立阅读一篇关于工作过程或方法步骤的 500 字左右的专业文章，提取关键词；能够对学习内容进行流程化、可视化呈现 3. 能够富于创造力地展现对某一知识点或某一知识结构的理解。能够与同伴协作共同实现对某一知识结构的条理化和逻辑呈现
博物馆法	适用：课上评价 将个人或本组的可视化成果进行展示，巡回观看其他人或其他组的学习成果，评价并提问，对本组的成果进行解读并回答提问	1. 沟通演示能力 2. 能够分析评价其他学伴的学习成果，并提出专业性问题；能够精练概要性地口头陈述本组可视化成果的含义和要点，对他人提出的问题进行有针对性的回答解释
学习二重奏法 （伙伴学习法）	适用：课上学习 1. 独立完成某一专业内容的学习 2. 完成者到"停车站"等候其他学伴 3. 完成个人学习的同学结成新的学伴小组，进行交流沟通，对某一专业知识进行深入研讨形成共识 4. 2 人小组再依次拓展为 4 人小组、8 人小组，直至全体达成认知共识	1. 沟通演示能力 2. 能够独立阅读一篇 500 字左右的专业文章，在沟通交流中能够在倾听中理解他人陈述的内容并通过询问把握内容要点
卡片学习总结法	适用：课尾总结 按不同颜色（红、黄、蓝）重新组合小组，每一个小组拿到"某一工作"流程中的某一环节，学员排序后找到自己的位置，排成一排。其中一组作为样板，其他小组进行比照核对	1. 阅读书写能力 2. 能够理解工作流程并清楚认识每一步骤的工作内容和流程关系；能够与团队进行有效协作完成工作任务
三人小组法	适用：课上学习 三人一组进行不同主题的相互介绍，通过阅读、讲述、倾听、转述、纠正达到同时理解三段不同专业文章内容的目的 初级阶段：大家看着图片表格进行讲述和倾听，图片表格事先分工好给每一个人 高级阶段：大家不看图片表格进行倾听，只有陈述者看着图片表格，图片表格的讲述也是随机抽取的 教学目的：训练学习者的倾听、讲述、理解能力和专注度 要求：实施期间学习者不要使用手机 技巧：图片表格中设置一些学习者不熟悉的内容，激活他们的思维和关注度	1. 阅读书写能力、沟通演示能力、职业态度和工作方式 2. 能够独立阅读专业文章，通读理解，找出关键词句，将内容复述给别人；在沟通交流中能够在倾听中理解他人陈述的内容并通过询问把握内容要点；能够在转述过程中把握要点并清楚表达

续表

教学方法	实施	能力
角色扮演法	适用：课上学习，实践训练 学生在实践过程中扮演企业特定工作岗位员工角色，根据工作情境完成模拟岗位工作	1. 沟通演示能力、解决问题能力、职业态度和工作方式友善（客户服务意识） 2. 能够以企业员工的身份与客户进行沟通；能够理解客户要求，有效规划工作任务，完成计划；能够具备时间计划能力，在现实时间内完成工作任务；能够根据工作情境安全、高效、合理、经济地完成工作任务
关键词问答卡片法	适用：课前导入，课尾总结 1. 学生在5～10分钟内独立阅读500字左右的专业文章 2. 学生独立从文章中提取5个左右关键词，制成关键词卡片 3. 在关键词卡片背面写清楚对关键词的解释 4. 向其他同学展示关键词卡片，提问关键词含义 5. 回答其他同学提出的问题 6. 出题人对回答结果进行评价并进一步进行解释	1. 阅读书写能力和沟通演示能力 2. 能够独立阅读一篇500字左右的专业文章，提取关键词；能够对专业术语或概念进行理解和记忆；能够清楚简洁地表述对某一特定概念的理解
你来出题我来猜（谁会成为百万富翁？）	适用：课后总结 各个小组分别就某一阶段学习内容出测试题，小组间轮换测试题完成测试，根据完成情况评价	1. 沟通演示能力和解决问题能力 2. 能够提炼某一阶段学习内容的要点并分析权重；能够完成某一阶段学习相关的专业知识测试
倒立法	适用：课上学习 "倒立法"遵循认知规律，先看到不良现象，再针对不良现象提出预防和避免的手段措施和制度。尤其适用于思维能力偏弱的学生，可以比较直观地帮助学习者学习	1. 沟通演示能力、解决问题能力、职业态度和工作方式 2. 能够尽可能多地列举造成问题或事故的可能性；能够形成安全生产的意识和观念；能够建立批判性思维
停车站法	适用：课上学习 1. 独立完成某一专业内容的学习 2. 完成者到"停车站"等候其他学伴 3. 完成个人学习的同学结成新的学伴小组，进行交流沟通，对某一专业知识进行深入研讨，形成共识	1. 阅读书写能力和沟通演示能力 2. 能够独立阅读一篇500字左右的专业文章；在沟通交流中能够在倾听中理解他人陈述的内容并通过询问把握内容要点
关键词卡片抢答拍卖法	适用：课前导入，课尾总结 1. 学生在5～10分钟内独立阅读500字左右的专业文章 2. 教师从文章中提取关键词，制成关键词卡片，在关键词卡片背面写清对关键词的解释 3. 教师向其他同学展示关键词卡片，提问关键词含义 4. 学生进行抢答，答对者得到卡片，以得到卡片数目多少判定胜负	1. 阅读书写能力和解决问题能力 2. 能够独立阅读一篇500字左右的专业文章，提取关键词；能够对专业术语或概念进行理解和记忆；能够清楚简洁地表述对某一特定概念的理解

续表

教学方法	实施	能力
开心辞典法	适用：课前回顾，课尾总结 1. 教师从专业知识中提取出一些专业知识测试题 2. 学生回答问题，可以寻求帮助	沟通演示能力和解决问题能力
小声交谈法	适用：课上学习 在学习中进行小声交流沟通，保证音量只在沟通人之间能够听见的范围	1. 沟通演示能力 2. 能够在沟通交流中不打扰他人
彩带反思法	适用：课尾总结 使用红、黄、蓝、绿色的彩带表示学习后的情绪感受并说明学习体会	1. 沟通演示能力和解决问题能力 2. 能够对学习过程进行有效总结
情绪图片反思法	适用：课尾总结 学习后选择能够表达自身状态情绪的图片，并进行说明	1. 职业态度和解决问题能力 2. 能够对学习过程进行有效总结
扫码反馈法	适用：课尾总结 扫描二维码，回答对于课程评价的问题	1. 职业态度 2. 能够对学习过程进行简单评价
五指反馈法	适用：课尾总结 总结学习后5方面的感受：①我感觉今天很好的内容是什么？②我感觉今天应该引起注意的是什么？③我感觉今天不好的是什么？④我感觉今天有价值的是什么？⑤我感觉今天想要了解更多的是什么	1. 沟通演示能力和解决问题能力 2. 能够对学习过程进行有效总结
标靶反馈法	适用：课尾总结 总结学习后4方面的感受：学习内容、学习成效、学习积极性和小组学习氛围	1. 沟通演示能力和解决问题能力 2. 能够对学习过程进行有效总结
无领导小组讨论	适用：课上学习，无领导小组讨论 针对某一复杂问题进行讨论，形成对问题的共识，制定出富有创造性的解决方案	1. 沟通演示能力、解决问题能力、职业态度和工作方式 2. 能够小组协作创造性地解决复杂问题，能够在无领导的工作小组中发挥自己可能的作用
学习站法	适用：课上学习，实践训练 1. 主要应用场景：自主学习阶段、巩固加深阶段、练习阶段和复习阶段 2. 实施步骤：①将所有学习材料放在不同的桌子（学习站）上；②每个学习站上学习内容的先后顺序是无所谓的；③每个学习站上有不同的学习主题；④一个主题的多个工作页提供不同的学习难度；⑤每个学习者将拿到一份"任务传阅单"（标注了有多少个学习站，每个学习站上的任务的要求、难度）；⑥学习者必须完成标注的必学任务；⑦每个"学习站"上自认为做得较好的学习者可以自定义为本"学习站"的"专家"，把自己的名字写在另一张"专家表"上；⑧"专家"可以为其他学习过程有问题的学习者提供帮助；⑨教师在教学过程中仅仅提供解答建议；⑩在学生完成学习任务的过程中教师仅作为帮助者存在；⑪教师最终可能会提供一份建议性答案，在学生任务完成后给学生对比参阅；⑫教师可以根据学习内容设计不同学习站使用不同的学习方式（个人完成、2人完成、小组完成）	1. 阅读书写能力、解决问题能力、职业态度和工作方式 2. 能够完成针对某一专业项目的基本实践操作；能够根据自己学习能力和水平接受富有挑战性的任务并努力完成；能够帮助学习困难者完成工作，发挥带动作用

续表

教学方法	实施	能力
	注意：①实际实施的时候，学生拿取工作任务，每次只拿同一组的任务（例如 A 组、B 组、C 组、D 组）；②教师随时检查学生的传阅单，控制学生的学习进度；③本次下发的 A、B、C、D 四组题目，实际实施的时候需要多个工作日的课时，至少 4 到 6 节课；④这一方法需要在较高年级进行实施，对学生的自主学习能力要求很高，不建议在低年级采用；⑤教师可以根据需要，安排每组工作任务的工作形式（个人完成或小组完成）	
三人小组会谈法	适用：课上学习 实施策略：（1）三人小组中每位参与者找出自己最擅长、最愿意讲出来的关键词 （2）第一步是一人讲述、第二人记录关键词、第三人倾听；第二步是第二人复述关键词相关概念内容，第三人给予检查提示。依次轮换 (3)学习初期或针对学习能力较弱的学生或针对比较重要的基础概念，可以在同一个小组中将同一个关键词给三个学员，让学习能力较弱的学生多听几遍，让他能够在小组中陈述表达，继而让这个学生到全班面前进行陈述，锻炼学生的能力	1．阅读书写能力、沟通演示能力、解决问题能力、职业态度和工作方式 2．能够独立阅读专业文章，通读理解，找出关键词句，将内容复述给别人；在沟通交流中能够在倾听中理解他人陈述的内容并通过询问把握内容要点；能够在转述过程中把握要点并清楚表达
小组展示汇报	适用：课上学习，课尾总结 小组对本组制作的海报、流程图、问题解决方案进行集体汇报并回答教师和其他学习者提出的问题 展示规则：①音量：根据空间大小展示人需要调节自己的音量，使所有人听清楚；②语速：适中，不宜过快或过慢；③停顿：适当停顿，给予听众思考消化信息的机会；④发音吐字：清晰易懂；⑤语调：突出重点内容，适当变换语调使其具有吸引力；⑥表情姿态：亲切友好，面部表情明朗、不手插口袋、手指要点、关注观众，永远不要背对观众 评价表：①演示内容：信息完整、有解释说明、图文并茂、表达清晰；②演示语言：强调重点、措辞简洁、没有过多口头语；③行为举止：关注观众，有眼神交流；④演示媒体：PPT、实物投影、黑板板书等，图文并茂、直观易懂——每次演示可以根据主题不同,进行不同的权重设置	1．阅读书写能力、沟通演示能力、解决问题能力、职业态度和工作方式 2．能够独立阅读专业文章，通读理解；能够团队协作清晰简练地口头陈述自己的解决方案或认知成果；能够在汇报展示中达到规则要求
先行组织者图示法	适用：课上学习 1．组织先行图（在德语心理学中称为"先导式组织辅助系统"）是一种在原本教学内容讲授之前所做的学习帮助系统，从根本上讲就是一种"Organizer in advance（预先的组织者）" 2．它体现了内容在其专业逻辑上的关系，而并不深入细节 3．形象地说，它就像一个人从很高的高度拍摄一张风景照（鸟瞰，航拍）	1．阅读书写能力、沟通演示能力和解决问题能力 2．能够独立阅读一篇 500 字左右的专业文章，提取关键词；能够对专业术语或概念进行理解和提炼；能够清楚简洁地表述对某一特定概念的理解；能够与同伴协作共同实现对某一知识结构的条理化和逻辑呈现

续表

教学方法	实施	能力
先行组织者图示法	4. 先行组织者通过提供一个概括性的思维结构（组织者）让新知识易于与已有的（基础）知识的联系或结合起来 5. 让已有专业知识与新的知识产生结合或联系的学习辅助 6. 这是一种指出（学习）路径的学习地图，通过关键词、符号等有目的地吸引学习者注意力，帮助学习者筛选重要的相关信息	
关键词分类讨论法	适用：课上学习 1. 阅读专业文章，找出关键词 2. 学习者个人将关键词分成两摞"我会"和"我不会"——学生剪下关键词卡片，个人自己分类 3. 三人小组法讨论彼此会和不会的关键词，并讨论关键词卡片。请利用机会解答不明白的问题。 学生还可以自己制作超出教师所给的关键词以外的关键词卡片，然后进行交流讨论	1. 阅读书写能力和沟通演示能力 2. 能够独立阅读一篇500字左右的专业文章，提取关键词；能够对专业术语或概念进行理解和记忆；能够清楚简洁地表述对某一特定概念的理解
关键词连线复习法（Bingo）	适用：课前导入，课后总结 教师给出关于某一专业知识内容的数十个关键词，学员每人选取其中的16个，画在一个4×4的表格内。教师随机说出某一关键词的解释，学生在自己的表格中找出对应的关键词并画"√"，四个"√"首先连成一条直线的学生胜出	1. 阅读书写能力和沟通演示能力 2. 能够独立阅读一篇500字左右的专业文章，提取关键词；能够对专业术语或概念进行理解和记忆；能够清楚简洁地表述对某一特定概念的理解
图像化学习笔记法	适用：课上学习，课后学习 三个主要部分：图形、简明扼要的关键词、阐述性文字总结及资料来源（文献来源）	1. 阅读书写能力、沟通演示能力、解决问题能力、职业态度和工作方式 2. 能够独立阅读一篇500字左右的专业文章，提取关键词；能够对专业术语或概念进行理解和提炼；能够清楚简洁地表述对某一特定概念的理解；能够与学伴协作共同实现对某一知识结构的条理化和逻辑呈现
扑克牌法	适用：课前复习，课后总结 使用两张A4纸，分别裁成两半，得到4张卡片。将对教学内容的提问写在正面，把答案写在反面。还可以再多做一张卡片，获得更高奖励。请从非邻座的伙伴中找一位学伴，两位之间互相提问对方一个问题，回答正确得到卡片，回答不正确得不到卡片，同伴需要对错误的答案进行纠正和讲解。赢家是获得卡片最多的学习者。手上没有卡片了就被淘汰	1. 阅读书写能力和沟通演示能力 2. 能够独立阅读一篇500字左右的专业文章，提取关键词；能够对专业术语或概念进行理解和记忆；能够清楚简洁地表述对某一特定概念的理解